Thomas Hürlimanns Auswahl aus dem Werk Gottfried Kellers verzichtet nicht auf schöne Stellen aus dem »Grünen Heinrich« oder die bekannte Novelle »Romeo und Julia auf dem Dorfe«. Zugleich aber finden sich in diesem Lesebuch auch kenntnisreich aufgespürte Briefe und weniger bekannte Texte Kellers. Sie bestätigen seinen epochalen Rang als Autor und zeichnen wie nebenbei das Bild eines Mannes, der voller Tatendrang ins Leben aufbricht und am Ende melancholisch zurückblickt.

Gottfried Keller wurde am 19. Juli 1819 in Zürich geboren. Nach dem Verweis von der Industrieschule Zürich bildete er sich autodidaktisch weiter. 1840 ging er nach München, um sich zum Landschaftsmaler auszubilden. 1842 kehrte er nach Zürich zurück und widmete sich, unterstützt von der Mutter, dem Schreiben. 1848/49 lebte er in Heidelberg, ab 1850 in Berlin, wo sein Roman »Der grüne Heinrich« und der Novellenzyklus »Die Leute von Seldwyla« entstanden. Nach erneuter Rückkehr in die Schweiz wurde er 1861 Erster Staatsschreiber des Kantons Zürich. Nach Aufgabe dieses Amtes arbeitete er an einer Neufassung von »Der grüne Heinrich« und an seinem letzten Roman »Martin Salander«. Gottfried Keller starb am 15. Juli 1890 in Zürich.

Thomas Hürlimann wurde 1950 in Zug, Schweiz, geboren. Er besuchte das Gymnasium an der Stiftsschule Einsiedeln und studierte in Zürich und an der FU Berlin Philosophie. Neben zahlreichen Theaterstücken schrieb er die Romane »Heimkehr«, »Vierzig Rosen« und »Der große Kater« (verfilmt mit Bruno Ganz), die Novellen »Fräulein Stark« und »Das Gartenhaus« sowie den Erzählungsband »Die Tessinerin«. Für sein dramatisches, erzählerisches und essayistisches Werk erhielt er zahlreiche Preise, seine Werke wurden in 21 Sprachen übersetzt. Nach vielen Jahren in Berlin lebt er wieder in seiner Heimat.

Weitere Informationen finden Sie auf www.fischerverlage.de

Gottfried Keller

Das große Lesebuch

Herausgegeben von Thomas Hürlimann
unter Mitarbeit von Fedora Wesseler

[handschriftliche Widmung:]
für Marie-Luise,
Bootshaus, Walchwil,
am 19. Sept. 2011
herzlich Dein Thomas

FISCHER Klassik

Originalausgabe

Erschienen bei FISCHER Taschenbuch
Frankfurt am Main, Juli 2019

© 2019 S. Fischer Verlag GmbH, Hedderichstr. 114,
D-60596 Frankfurt am Main

Satz: Pinkuin Satz und Datentechnik, Berlin
Druck und Bindung: GGP Media GmbH, Pößneck
Printed in Germany
ISBN 978-3-596-90711-3

INHALT

Brief an Rudolf Lehmann

Zürich, 16. September 1845

… Mich und meine Umsattlung anbetreffend, ist die Geschichte kürzlich folgende: Als ich vor nun bald drei Jahren in Zürich ankam, hoffte ich soviel Geld auftreiben zu können, als nötig sei, um wieder nach München zurückzukehren und meine Studien mit besserem Erfolge fortzusetzen. Aber alle Kräfte waren erschöpft. Ich vegetierte den Winter hindurch ziemlich langweilig und elend. Im Frühling 1843 wachte mein Schöpfungstrieb wieder auf; da ich aber im Malen keinen Trost und Erfolg empfand, verfiel ich unwillkürlich und unbewußt aufs Versmachen und entdeckte höchst verwundert, daß ich reimen könne! Ich machte Gedichte die schwere Menge und faßte den Entschluß, sie herauszugeben, damals nur, um eine Summe zu erschwingen, um nach München zu kehren, wohin alle meine Gedanken noch gerichtet waren. Es war aber dummes und schlechtes Zeug, das ich machte, das längst beiseite geworfen ist. Einzelnes davon verschaffte mir aber Aufmunterung, bis ich zuletzt eine Sammlung besserer Sachen beisammen hatte, welche ich kompetenten und einflußreichen Personen mitteilte. Sie wurde hin und her beguckt und geworfen; endlich hieß es, ich sei ein »Dichter«, und von da an kam ich in ausgezeichnete ehrenvolle Gesellschaft, und begann literarische Studien. Das Malen ist nun an den Nagel gehängt, wenigstens als Beruf. Was von mir gedruckt wurde, erschien nur als Beitrag in Zeitschriften und Taschenbüchern, und die Hauptexpedition, die Herausgabe eines Buches, wird erst nächsten Frühling stattfinden. Daneben habe ich dramatische und andere Spukereien die Menge im Kopf, und, falls es nicht ein Strohfeuer gewesen ist, eine schöne Zukunft. Diese wird auch teilweise von der Gestaltung der politischen Dinge abhängen, denn Du mußt wissen, daß ich ein erzradikaler Poet bin, und Freud und Leid mit meiner Partei und meiner Zeit teile.

Das Geheimnis

Dicht zu seinen Füßen lag ein altertümliches Städtlein, wo um ein graues mächtiges Kirchenschiff rund um den Giebel des Rathauses sich einhundert kleine Häuser zusammenkauerten. Heinrich sah in die paar Sträßlein und auf den Platz hinein, wie auf einen Pfannkuchen, und sah zu seiner Verwunderung, daß die ganze Einwohnerschaft trotz des Regenwetters auf den Beinen war und die kleine Öffentlichkeit des Ortes erfüllte. Er bemerkte auch alsbald, daß einige Feuerspritzen, begleitet von vielen Männern in kühnen Feuerkappen, sich durch das Gedränge bewegten, und da er keinen Rauch sah, so nahm er an, daß diese Leute wohl ihre herbstliche Feuermusterung und Spritzenprobe hielten. So war es auch; denn indem um das Rathaus herum Platz gemacht wurde und man Feuerleitern daran anlegte, fingierte man kühnlich einen Brand auf dem Dache desselben, und alle Fenster des Städtleins waren geöffnet und die Einwohner, so nicht auf der Straße waren, harrten vergnügt unter den Fenstern der tapferen jährlichen Bespritzung ihres Rathausgiebels. Um die Übung unternehmender und künstlicher zu gestalten, waren die Spritzen in kleinen Seitengäßchen verteilt, und die langen Schläuche zur Freude der Stadtjugend, die verstohlen darauf herumtrampelte, zogen sich in mäandrischen Windungen bis zu dem unsichtbaren Feuer hinan. Männer standen hoch auf den Leitern und schritten auf dem Dache, die metallenen Wendröhren* in der Hand, während andere ihnen von unten auf Befehlsworte zusandten und sie auf die gefährlichsten Punkte aufmerksam machten. Aber als nun das Abenteuer vonstatten gehen sollte, da gab es eine große Verwirrung, ein Rufen, Schreien, Schelten, und zuletzt ein bedenkliches Durcheinanderdrängen und Puffen, ohne daß die Leute wußten, woran es lag und

* Düse am vorderen Ende des Feuerwehrschlauchs

wie sie sich helfen sollten. Heinrich aber sah ganz herrlich, woher die Not kam, und hätte gern gelacht, wenn er nicht so naß gewesen wäre; denn die Wendrohrführer hatten in der kunstreichen Verschlingung der Schläuche jeder das unrechte Rohr ergriffen, und als sie nun oben auf dem Kapitol ihrer Spritzenmannschaft laut zuriefen, Wasser zu geben oder damit nachzulassen, je nach der Wendung des Abenteuers, da gab immer die Spritze eines andern Wasser oder versiegte plötzlich, so daß ihr Vorkämpfer vergeblich sein Rohr kühnlich emporhielt und klug zielend hin und her schwenkte, während sein Nebenmann, der an nichts dachte, unerwartet Wasser bekam und dem Bürgermeister damit die Perücke abspritzte, der den Kopf aus einer Dachluke streckte. Immer größer ward die Verwirrung, und ein allgemeiner Kampf schien zu entstehen; denn den einfachen Grund, die Verwechslung der Wendröhre, entdeckte niemand, da die verschlungenen Schläuche um die Ecke gingen und keiner die Sachlage übersah.

Heinrich ging still an dem Städtlein vorüber voll Nachdenken über dies wunderbare Gesicht. Dann rief er mit allem Feuer, dessen sein ausgehungertes und erfrorenes Leibwerk noch habhaft war: »Dies ist das Geheimnis! O wer allezeit auf rechte Weise zu sehen verstände, unbefangen mitten in der Teilnahme, ruhig in edler Leidenschaft, selbstbewußt, doch anspruchlos, kunstlos und doch zweckmäßig! Ich will nun aber doch gehen und noch irgend etwas Lebendiges lernen, wodurch ich unter den Menschen etwas wirke und nütze!«

Spiegel, das Kätzchen
Ein Märchen

Wenn ein Seldwyler einen schlechten Handel gemacht hat oder
angeführt worden ist, so sagt man zu Seldwyla: Er hat der Katze
den Schmer* abgekauft! Dies Sprichwort ist zwar auch ander-
wärts gebräuchlich, aber nirgends hört man es so oft wie dort,
was vielleicht daher rühren mag, daß es in dieser Stadt eine alte
Sage gibt über den Ursprung und die Bedeutung dieses Sprich-
wortes.

Vor mehreren hundert Jahren, heißt es, wohnte zu Seldwyla
eine ältliche Person allein mit einem schönen, grau und schwarzen Kätzchen, welches in aller Vergnügtheit und Klugheit mit
ihr lebte und Niemandem, der es ruhig ließ, etwas zu Leide tat.
Seine einzige Leidenschaft war die Jagd, welche es jedoch mit
Vernunft und Mäßigung befriedigte, ohne sich durch den Umstand, daß diese Leidenschaft zugleich einen nützlichen Zweck
hatte und seiner Herrin wohlgefiel, beschönigen zu wollen und
allzusehr zur Grausamkeit hinreißen zu lassen. Es fing und tö-
tete daher nur die zudringlichsten und frechsten Mäuse, welche
sich in einem gewissen Umkreise des Hauses betreten ließen,
aber diese dann mit zuverlässiger Geschicklichkeit; nur selten
verfolgte es eine besonders pfiffige Maus, welche seinen Zorn
gereizt hatte, über diesen Umkreis hinaus und erbat sich in diesem Falle mit vieler Höflichkeit von den Herren Nachbaren
die Erlaubnis, in ihren Häusern ein wenig mausen zu dürfen,
was ihm gerne gewährt wurde, da es die Milchtöpfe stehen ließ,
nicht an die Schinken hinaufsprang, welche etwa an den Wänden hingen, sondern seinem Geschäfte still und aufmerksam
oblag und, nachdem es dieses verrichtet, sich mit dem Mäus-
lein im Maule anständig entfernte. Auch war das Kätzchen gar

* Fett

10

nicht scheu und unartig, sondern zutraulich gegen Jedermann, und floh nicht vor vernünftigen Leuten; vielmehr ließ es sich von solchen einen guten Spaß gefallen und selbst ein bißchen an den Ohren zupfen, ohne zu kratzen; dagegen ließ es sich von einer Art dummer Menschen, von welchen es behauptete, daß die Dummheit aus einem unreifen und nichtsnutzigen Herzen käme, nicht das Mindeste gefallen und ging ihnen entweder aus dem Wege, oder versetzte ihnen einen ausreichenden Hieb über die Hand, wenn sie es mit seiner Plumpheit molestierten.

Spiegel, so war der Name des Kätzchens wegen seines glatten und glänzenden Pelzes, lebte so seine Tage heiter, zierlich und beschaulich dahin, in anständiger Wohlhabenheit und ohne Überhebung. Er saß nicht zu oft auf der Schulter seiner freundlichen Gebieterin, um ihr die Bissen von der Gabel wegzufangen, sondern nur, wenn er merkte, daß ihr dieser Spaß angenehm war; auch lag und schlief er den Tag über selten auf seinem warmen Kissen hinter dem Ofen, sondern hielt sich munter und liebte es eher, auf einem schmalen Treppengeländer oder in der Dachrinne zu liegen und sich philosophischen Betrachtungen und der Beobachtung der Welt zu überlassen. Nur jeden Frühling und Herbst einmal wurde dies ruhige Leben eine Woche lang unterbrochen, wenn die Veilchen blühten oder die milde Wärme des Alteweibersommers die Veilchenzeit nachäffte. Alsdann ging Spiegel seine eigenen Wege, streifte in verliebter Begeisterung über die fernsten Dächer und sang die allerschönsten Lieder. Als ein rechter Don Juan bestand er bei Tag und Nacht die bedenklichsten Abenteuer, und wenn er sich zur Seltenheit einmal im Hause sehen ließ, so erschien er mit einem so verwegenen, burschikosen, ja liederlichen und zerzaus'ten Aussehen, daß die stille Person, seine Gebieterin, fast unwillig ausrief: »Aber Spiegel! Schämst Du Dich denn nicht, ein solches Leben zu führen?« Wer sich aber nicht schämte, war Spiegel; als ein Mann von Grundsätzen, der wohl wußte, was er sich zur wohltätigen Abwechslung erlauben durfte, beschäftigte er sich ganz ruhig damit, die Glätte seines Pelzes und die unschuldige Munterkeit seines Aussehens wieder herzustellen, und er fuhr sich so unbefangen mit dem feuchten Pfötchen über die Nase, als ob gar nichts geschehen wäre.

Allein dies gleichmäßige Leben nahm plötzlich ein trauriges Ende. Als das Kätzchen Spiegel eben in der Blüte seiner Jahre stand, starb die Herrin unversehens an Altersschwäche und ließ das schöne Kätzchen herrenlos und verwaist zurück. Es war das erste Unglück, welches ihm widerfuhr, und mit jenen Klagetönen, welche so schneidend den bangen Zweifel an der wirklichen und rechtmäßigen Ursache eines großen Schmerzes ausdrücken, begleitete es die Leiche bis auf die Straße und strich den ganzen übrigen Tag ratlos im Hause und rings um dasselbe her. Doch seine gute Natur, seine Vernunft und Philosophie geboten ihm bald, sich zu fassen, das Unabänderliche zu tragen und seine dankbare Anhänglichkeit an das Haus seiner toten Gebieterin dadurch zu beweisen, daß er ihren lachenden Erben seine Dienste anbot und sich bereit machte, denselben mit Rat und Tat beizustehen, die Mäuse ferner im Zaume zu halten und überdies ihnen manche gute Mitteilung zu machen, welche die Törichten nicht verschmäht hätten, wenn sie eben nicht unvernünftige Menschen gewesen wären. Aber diese Leute ließen Spiegel gar nicht zu Worte kommen, sondern warfen ihm die Pantoffeln und das artige Fußschemelchen der Seligen an den Kopf, so oft er sich blicken ließ, zankten sich acht Tage lang untereinander, begannen endlich einen Prozeß und schlossen das Haus bis auf Weiteres zu, so daß nun gar Niemand darin wohnte.

Da saß nun der arme Spiegel traurig und verlassen auf der steinernen Stufe vor der Haustüre und hatte Niemand, der ihn hinein ließ. Des Nachts begab er sich wohl auf Umwegen unter das Dach des Hauses, und im Anfang hielt er sich einen großen Teil des Tages dort verborgen und suchte seinen Kummer zu verschlafen; doch der Hunger trieb ihn bald an das Licht und nötigte ihn, an der warmen Sonne und unter den Leuten zu erscheinen, um bei der Hand zu sein und zu gewärtigen, wo sich etwa ein Maul voll geringer Nahrung zeigen möchte. Je seltener dies geschah, desto aufmerksamer wurde der gute Spiegel, und alle seine moralischen Eigenschaften gingen in dieser Aufmerksamkeit auf, so daß er sehr bald sich selber nicht mehr gleich sah. Er machte zahlreiche Ausflüge von seiner Haustüre aus und stahl sich scheu und flüchtig über die Straße, um manchmal mit einem schlechten unappetitlichen Bissen, dergleichen er früher nie angesehen, manchmal mit gar Nichts zurückzukehren. Er wurde von Tag zu Tag magerer und zerzaus'ter, dabei gierig, kriechend und feig; all' sein Mut, seine zierliche Katzenwürde, seine Vernunft und Philosophie waren dahin. Wenn die Buben aus der Schule kamen, so kroch er in einen verborgenen Winkel, sobald er sie kommen hörte, und guckte nur hervor, um aufzupassen, welcher von ihnen etwa eine Brotrinde wegwürfe und merkte sich den Ort, wo sie hinfiel. Wenn der schlechteste Köter von weitem ankam, so sprang er hastig fort, während er früher gelassen der Gefahr in's Auge geschaut und böse Hunde oft tapfer gezüchtigt hatte. Nur wenn ein grober und einfältiger Mensch daher kam, dergleichen er sonst klüglich gemieden, blieb er sitzen, obgleich das arme Kätzchen mit dem Reste seiner Menschenkenntnis den Lümmel recht gut erkannte; allein die Not zwang Spiegelchen, sich zu täuschen und zu hoffen, daß der Schlimme ausnahmsweise einmal es freundlich streicheln und ihm einen Bissen darreichen werde. Und selbst wenn er statt dessen nun doch geschlagen oder in den Schwanz gekneift wurde, so kratzte er nicht, sondern duckte sich lautlos zur Seite und sah dann noch verlangend nach der Hand, die es geschlagen und gekneift, und welche nach Wurst oder Hering roch.

Als der edle und kluge Spiegel so heruntergekommen war, saß er eines Tages ganz mager und traurig auf seinem Stein und blinzelte in der Sonne. Da kam der Stadthexenmeister Pineiß des Weges, sah das Kätzchen und stand vor ihm still. Etwas Gutes hoffend, obgleich es den Unheimlichen wohl kannte, saß Spiegelchen demütig auf dem Stein und erwartete, was der Herr Pineiß etwa tun oder sagen würde. Als dieser aber begann und sagte: »Na, Katze! Soll ich Dir Deinen Schmer abkaufen?« da verlor es die Hoffnung, denn es glaubte, der Stadthexenmeister wolle es seiner Magerkeit wegen verhöhnen. Doch erwiderte er bescheiden und lächelnd um es mit Niemand zu verderben: »Ach, der Herr Pineiß belieben zu scherzen!« »Mit Nichten!« rief Pineiß, »es ist mir voller Ernst! Ich brauche Katzenschmer vorzüglich zur Hexerei; aber er muß mir vertragsmäßig und freiwillig von den werten Herren Katzen abgetreten werden, sonst ist er unwirksam. Ich denke, wenn je ein wackeres Kätz-lein in der Lage war, einen vorteilhaften Handel abzuschließen, so bist es Du! Begib Dich in meinen Dienst; ich füttere Dich herrlich heraus, mache Dich fett und kugelrund mit Würstchen und gebratenen Wachteln. Auf dem ungeheuer hohen alten Dache meines Hauses, welches nebenbei gesagt das köstlichste Dach von der Welt ist für eine Katze, voll interessanter Gegen-den und Winkel, wächst auf den sonnigsten Höhen treffliches Spitzgras, grün wie Smaragd, schlank und fein in den Lüften schwankend, Dich einladend, die zartesten Spitzen abzubei-ßen und zu genießen, wenn Du Dir an meinen Leckerbissen eine leichte Unverdaulichkeit zugezogen hast. So wirst Du bei trefflicher Gesundheit bleiben und mir dereinst einen kräftigen brauchbaren Schmer liefern!«

Spiegel hatte schon längst die Ohren gespitzt und mit wäs-serndem Mäulchen gelauscht; doch war seinem geschwächten Verstande die Sache noch nicht klar und er versetzte daher: »Das ist soweit nicht übel, Herr Pineiß! Wenn ich nur wüßte, wie ich alsdann, wenn ich doch, um euch meinen Schmer abzutreten, mein Leben lassen muß, des verabredeten Preises habhaft wer-den und ihn genießen soll, da ich nicht mehr bin?« »Des Prei-ses habhaft werden?« sagte der Hexenmeister verwundert, »den Preis genießest Du ja eben in den reichlichen und üppigen Spei-sen, womit ich Dich fett mache, das versteht sich von selber! Doch will ich Dich zu dem Handel nicht zwingen!« Und er machte Miene, sich von dannen begeben zu wollen. Aber Spie-gel sagte hastig und ängstlich: »Ihr müßt mir wenigstens eine mäßige Frist gewähren über die Zeit meiner höchsten erreichten Rundheit und Fettigkeit hinaus, daß ich nicht so jählings von hinnen gehen muß, wenn jener angenehme und ach! so traurige Zeitpunkt herangekommen und entdeckt ist!«

»Es sei!« sagte Herr Pineiß mit anscheinender Gutmütigkeit, »bis zum nächsten Vollmond sollst Du Dich alsdann Deines angenehmen Zustandes erfreuen dürfen, aber nicht länger! denn in den abnehmenden Mond hinein darf es nicht gehen, weil dieser einen vermindernden Einfluß auf mein wohlerworbenes Eigentum ausüben würde.«

Das Kätzchen beeilte sich zuzuschlagen und unterzeichnete einen Vertrag, welchen der Hexenmeister im Vorrat bei sich führte, mit seiner scharfen Handschrift, welche sein letztes Besitztum und Zeichen besserer Tage war.

»Du kannst Dich nun zum Mittagessen bei mir einfinden, Kater!« sagte der Hexer, »Punkt zwölf Uhr wird gegessen!« »Ich werde so frei sein, wenn Ihr's erlaubt!« sagte Spiegel und fand sich pünktlich um die Mittagsstunde bei Herrn Pineiß ein. Dort begann nun während einiger Monate ein höchst angenehmes Leben für das Kätzchen; denn es hatte auf der Welt weiter nichts zu tun, als die guten Dinge zu verzehren, die man ihm vorsetzte, dem Meister bei der Hexerei zuzuschauen, wenn es mochte, und auf dem Dache spazieren zu gehen. Dies Dach glich einem ungeheuren schwarzen Nebelspalter* oder Dreiröhrenhut, wie man die großen Hüte der schwäbischen Bauern nennt, und wie ein solcher Hut ein Gehirn voller Nücken und Finten überschattet, so bedeckte dies Dach ein großes, dunkles und winkliges Haus voll Hexenwerk und Tausendsgeschichten. Herr Pineiß war ein Kann-Alles, welcher hundert Ämtchen versah, Leute kurierte, Wanzen vertilgte, Zähne auszog und Geld auf Zinsen lieh; er war der Vormünder aller Waisen und Witwen, schnitt in seinen Mußestunden Federn, das Dutzend für einen Pfennig, und machte schöne schwarze

---

* dreispitziger Hut

Dinte; er handelte mit Ingwer und Pfeffer, mit Wagenschmiere und Rosoli*, mit Heftlein und Schuhnägeln, er renovierte die Turmuhr und machte jährlich den Kalender mit der Witterung, den Bauernregeln, und dem Aderlaßmännchen; er verrichtete zehntausend rechtliche Dinge am hellen Tag um mäßigen Lohn, und einige unrechtliche nur in der Finsternis und aus Privatleidenschaft, oder hing auch den rechtlichen, ehe er sie aus seiner Hand entließ, schnell noch ein unrechtliches Schwänzchen an, so klein wie die Schwänzchen der jungen Frösche, gleichsam nur der Possierlichkeit wegen. Überdies machte er das Wetter in schwierigen Zeiten, überwachte mit seiner Kunst die Hexen, und wenn sie reif waren, ließ er sie verbrennen; für sich trieb er die Hexerei nur als wissenschaftlichen Versuch und zum Hausgebrauch, sowie er auch die Stadtgesetze, die er redigierte und ins Reine schrieb, unter der Hand probierte und verdrehte, um ihre Dauerhaftigkeit zu ergründen. Da die Seldwyler stets einen solchen Bürger brauchten, der alle unlustigen kleinen und großen Dinge für sie tat, so war er zum Stadthexenmeister ernannt worden und bekleidete dies Amt schon seit vielen Jahren mit unermüdlicher Hingebung und Geschicklichkeit, früh und spät. Daher war sein Haus von unten bis oben vollgestopft mit allen erdenklichen Dingen, und Spiegel hatte viel Kurzweil, Alles zu besehen und zu beriechen.

Doch im Anfang gewann er keine Aufmerksamkeit für andere Dinge, als für das Essen. Er schlang gierig alles hinunter, was Pineiß ihm darreichte, und mochte kaum von einer Zeit zur andern warten. Dabei überlud er sich den Magen und mußte wirklich auf das Dach gehen, um dort von den grünen Gräsern abzubeißen und sich von allerhand Unwohlsein zu kurieren. Als der Meister diesen Heißhunger bemerkte, freute er sich und dachte, das Kätzchen würde solcherweise recht bald fett werden, und je besser er daran wende, desto klüger verfahre und spare er im Ganzen. Er baute daher für Spiegel eine ordentliche

* Likör

16

Landschaft in seiner Stube, indem er ein Wäldchen von Tannenbäumchen aufstellte, kleine Hügel von Steinen und Moos errichtete und einen kleinen See anlegte. Auf die Bäumchen setzte er duftig gebratene Lerchen, Finken, Meisen und Sperlinge, je nach der Jahreszeit, so daß da Spiegel immer etwas herunter zu holen und zu knabbern vorfand. In die kleinen Berge versteckte er in künstlichen Mauslöchern herrliche Mäuse, welche er sorgfältig mit Weizenmehl gemästet, dann ausgeweidet, mit zarten Speckriemchen gespickt und gebraten hatte. Einige dieser Mäuse konnte Spiegel mit der Hand hervorholen, andere waren zur Erhöhung des Vergnügens tiefer verborgen, aber an einen Faden gebunden, an welchem Spiegel sie behutsam hervorziehen mußte, wenn er diese Lustbarkeit einer nachgeahmten Jagd genießen wollte. Das Becken des Sees aber füllte Pineiß alle Tage mit frischer Milch, damit Spiegel in der süßen seinen Durst lösche, und ließ gebratene Gründlinge darin schwimmen, da er wußte, daß Katzen zuweilen auch die Fischerei lieben. Aber da nun Spiegel ein so herrliches Leben führte, tun und lassen, essen und trinken konnte, was ihm beliebte und wann es ihm einfiel, so gedieh er allerdings zusehends an seinem Leibe; sein Pelz wurde wieder glatt und glänzend und sein Auge munter; aber zugleich nahm er, da sich seine Geisteskräfte in gleichem Maße wieder ansammelten, bessere Sitten an; die wilde Gier legte sich, und weil er jetzt eine traurige Erfahrung hinter sich hatte, so wurde er nun klüger als zuvor. Er mäßigte sich in seinen Gelüsten und fraß nicht mehr als ihm zuträglich war, indem er zugleich wieder vernünftigen und tiefsinnigen Betrachtungen nachhing und die Dinge wieder durchschaute. So holte er eines Tages einen hübschen Krammetsvogel von den Ästen herunter, und als er denselben nachdenklich zerlegte, fand er dessen kleinen Magen ganz kugelrund angefüllt mit frischer unversehrter Speise. Grüne Kräutchen, artig zusammengerollt, schwarze und weiße Samenkörner und eine glänzend rote Beere waren da so niedlich und dicht in einander gepfropft, als ob ein Mütterchen für ihren Sohn das Ränzchen zur Reise gepackt hätte. Als Spiegel den

Vogel langsam verzehrt und das so vergnüglich gefüllte Mäglein an seine Klaue hing und philosophisch betrachtete, rührte ihn das Schicksal des armen Vogels, welcher nach so friedlich verbrachtem Geschäft so schnell sein Leben lassen gemußt, daß er nicht einmal die eingepackten Sachen verdauen konnte. »Was hat er nun davon gehabt, der arme Kerl«, sagte Spiegel, »daß er sich so fleißig und eifrig genährt hat, daß dies kleine Säckchen aussieht, wie ein wohlvollbrachtes Tagewerk? Diese rote Beere ist es, die ihn aus dem freien Walde in die Schlinge des Vogelstellers gelockt hat. Aber er dachte doch, seine Sache noch besser zu machen und sein Leben an solchen Beeren zu fristen, während ich, der ich soeben den unglücklichen Vogel gegessen, daran mich nur um einen Schritt näher zum Tode gegessen habe! Kann man einen elenderen und feigeren Vertrag abschließen, als sein Leben noch ein Weilchen fristen zu lassen, um es dann um diesen Preis doch zu verlieren? Wäre nicht ein freiwilliger und schneller Tod vorzuziehen gewesen für einen entschlossenen Kater? Aber ich habe keine Gedanken gehabt, und nun da ich wieder solche habe, sehe ich nichts vor mir, als das Schicksal dieses Krammetsvogels; wenn ich rund genug bin, so muß ich von hinnen, aus keinem andern Grunde, als weil ich rund bin. Ein schöner Grund für einen lebenslustigen und gedankenreichen Katzmann! Ach, könnte ich aus dieser Schlinge kommen!«

Er vertiefte sich nun in vielfältige Grübeleien, wie das gelingen möchte; aber da die Zeit der Gefahr noch nicht da war, so wurde es ihm nicht klar und er fand keinen Ausweg; aber als ein kluger Mann ergab er sich bis dahin der Tugend und der Selbstbeherrschung, welches immer die beste Vorschule und Zeitverwendung ist, bis sich etwas entscheiden soll. Er verschmähte das weiche Kissen, welches ihm Pineiß zurechtgelegt hatte, damit er fleißig darauf schlafen und fett werden sollte, und zog es vor, wieder auf schmalen Gesimsen und hohen gefährlichen Stellen zu liegen, wenn er ruhen wollte. Ebenso verschmähte er die gebratenen Vögel und die gespickten Mäuse und fing sich lieber auf den Dächern, da er nun wieder einen rechtmäßigen Jagd-

grund hatte, mit List und Gewandtheit einen schlichten lebendigen Sperling, oder auf den Speichern eine flinke Maus, und
solche Beute schmeckte ihm vortrefflicher, als das gebratene
Wild in Pineißens künstlichem Gehege, während sie ihn nicht
zu fett machte; auch die Bewegung und Tapferkeit, sowie der
wiedererlangte Gebrauch der Tugend und Philosophie verhin-
derten ein zu schnelles Fettwerden, so daß Spiegel zwar gesund
und glänzend aussah, aber zu Pineißens Verwunderung auf einer
gewissen Stufe der Beleibtheit stehen blieb, welche lange nicht
das erreichte, was der Hexenmeister mit seiner freundlichen
Mästung bezweckte; denn dieser stellte sich darunter ein kugel-
rundes, schwerfälliges Tier vor, welches sich nicht vom Ruhe-
kissen bewegte und aus eitel Schmer bestand. Aber hierin hatte
sich seine Hexerei eben geirrt und er wußte bei aller Schlauheit
nicht, daß wenn man einen Esel füttert, derselbe ein Esel bleibt,
wenn man aber einen Fuchsen speiset, derselbe nichts anders
wird als ein Fuchs; denn jede Kreatur wächst sich nach ihrer
Weise aus. Als Herr Pineiß entdeckte, wie Spiegel immer auf
demselben Punkte einer wohlgenährten, aber geschmeidigen
und rüstigen Schlankheit stehen blieb, ohne eine erkleckliche
Fettigkeit anzusetzen, stellte er ihn eines Abends plötzlich zur
Rede und sagte barsch: »Was ist das, Spiegel? Warum frissest
Du die guten Speisen nicht, die ich Dir mit so viel Sorgfalt und
Kunst präpariere und herstelle? Warum fängst Du die gebratenen Vögel nicht auf den Bäumen, warum suchst Du die lek-
keren Mäuschen nicht in den Berghöhlen? Warum fischest Du
nicht mehr in dem See? Warum pflegst Du Dich nicht? Warum
schläfst Du nicht auf dem Kissen? Warum strapazierst Du Dich
und wirst mir nicht fett?« »Ei, Herr Pineiß!« sagte Spiegel, »weil
es mir wohler ist auf diese Weise! Soll ich meine kurze Frist
nicht auf die Art verbringen, die mir am angenehmsten ist?«
»Wie!« rief Pineiß, »Du sollst so leben, daß Du dick und rund
wirst und nicht Dich abjagen! Ich merke aber wohl, wo Du
hinaus willst! Du denkst mich zu äffen und hinzuhalten, daß ich
Dich in Ewigkeit in diesem Mittelzustande herumlaufen lasse?

Mit nichten soll Dir das gelingen! Es ist Deine Pflicht, zu essen und zu trinken und Dich zu pflegen, auf daß Du dick werdest und Schmer bekommst! Auf der Stelle entsage daher dieser hinterlistigen und kontraktwidrigen Mäßigkeit, oder ich werde ein Wörtlein mit Dir sprechen!«

Spiegel unterbrach sein behagliches Spinnen*, das er angefangen, um seine Fassung zu behaupten, und sagte: »Ich weiß kein Sterbenswörtchen davon, daß in dem Kontrakt steht, ich solle der Mäßigkeit und einem gesunden Lebenswandel entsagen! Wenn der Herr Stadthexenmeister darauf gerechnet hat, daß ich ein fauler Schlemmer sei, so ist das nicht meine Schuld! Ihr tut tausend rechtliche Dinge des Tages, so lasset dieses auch noch hinzukommen und uns beide hübsch in der Ordnung bleiben; denn Ihr wißt ja wohl, daß Euch mein Schmer nur nützlich ist, wenn er auf rechtliche Weise erwachsen!« »Ei du Schwätzer! rief Pineiß erbos't, willst Du mich belehren? Zeig' her, wie weit bist Du denn eigentlich gediehen, Du Müßiggänger? Vielleicht kann man Dich doch bald abtun!« Er griff dem Kätzchen an den Bauch; allein dieses fühlte sich dadurch unangenehm gekitzelt und hieb dem Hexenmeister einen scharfen Kratz über die Hand. Diesen betrachtete Pineiß aufmerksam, dann sprach er: »Stehen wir so miteinander, du Bestie? Wohlan, so erkläre ich Dich hiermit feierlich, kraft des Vertrages, für fett genug! ich begnüge mich mit dem Ergebnis und werde mich desselben zu versichern wissen! In fünf Tagen ist der Mond voll, und bis dahin magst Du Dich noch Deines Lebens erfreuen, wie es geschrieben steht, und nicht eine Minute länger!« Damit kehrte er ihm den Rücken und überließ ihn seinen Gedanken.

Diese waren jetzt sehr bedenklich und düster; so war denn die Stunde doch nahe, wo der gute Spiegel seine Haut lassen sollte? Und war mit aller Klugheit gar nichts mehr zu machen? Seufzend stieg er auf das hohe Dach, dessen Firste dunkel in den schönen Herbstabendhimmel emporragten. Da ging der Mond

* Schnurren

über der Stadt auf und warf seinen Schein auf die schwarzen bemoosten Hohlziegel des alten Daches, ein lieblicher Gesang tönte in Spiegels Ohren und eine schneeweiße Kätzin wandelte glänzend über einen benachbarten First weg. Sogleich vergaß Spiegel die Todesaussichten, in welchen er lebte, und erwiderte mit seinem schönsten Katerliede den Lobgesang der Schönen. Er eilte ihr entgegen und war bald im hitzigen Gefecht mit drei fremden Katern begriffen, die er mutig und wild in die Flucht schlug. Dann machte er der Dame feurig und ergeben den Hof und brachte Tag und Nacht bei ihr zu, ohne an den Pineiß zu denken oder im Hause sich sehen zu lassen. Er sang wie eine Nachtigall die schönen Mondnächte hindurch, jagte hinter der weißen Geliebten her über die Dächer, durch die Gärten, und rollte mehr als einmal im heftigen Minnespiel oder im Kampfe mit den Rivalen über hohe Dächer hinunter und fiel auf die Straße; aber nur um sich aufzuraffen, das Fell zu schütteln und die wilde Jagd seiner Leidenschaften von Neuem anzuheben. Stille und laute Stunden, süße Gefühle und zorniger Streit, anmutiges Zwiegespräch, witziger Gedankenaustausch, Ränke und Schwänke der Liebe und Eifersucht, Liebkosungen und Raufereien, die Gewalt des Glückes und die Leiden des Unsterns ließen den verliebten Spiegel nicht zu sich selbst kommen, und als die Scheibe des Mondes voll geworden, war er von allen diesen Aufregungen und Leidenschaften so heruntergekommen, daß er jämmerlicher, magerer und zerzaus'ter aussah, als je. Im selben Augenblicke rief ihm Pineiß aus einem Dachtürmchen: »Spiegelchen, Spiegelchen! Wo bist Du? Komm doch ein Bißchen nach Hause!«

Da schied Spiegel von der weißen Freundin, welche zufrieden und kühl miauend ihrer Wege ging, und wandte sich stolz seinem Henker zu. Dieser stieg in die Küche hinunter, raschelte mit dem Kontrakt und sagte: »Komm Spiegelchen, komm Spiegelchen!« und Spiegel folgte ihm und setzte sich in der Hexenküche trotzig vor den Meister hin in all' seiner Magerkeit und Zerzaus'theit. Als Herr Pineiß erblickte, wie er so schmählich um seinen Gewinn gebracht war, sprang er wie besessen in die Höhe und schrie wütend: »Was seh' ich? Du Schelm, Du gewissenloser Spitzbube! Was hast Du mir getan?« Außer sich vor Zorn griff er nach einem Besen und wollte Spiegelein schlagen; aber dieser krümmte den schwarzen Rücken, ließ die Haare emporstarren, daß ein fahler Schein darüber knisterte, legte die Ohren zurück, prustete und funkelte den Alten so grimmig an, daß dieser voll Furcht und Entsetzen drei Schritt zurück sprang. Er begann zu fürchten, daß er einen Hexenmeister vor sich habe, welcher ihn foppe und mehr könne, als er selbst. Ungewiß und kleinlaut sagte er: »Ist der ehrsame Herr Spiegel vielleicht vom Handwerk? Sollte ein gelehrter Zaubermeister beliebt haben, sich in dero äußere Gestalt zu verkleiden, da er nach Gefallen über sein Leibliches gebieten und genau so beleibt werden kann, als es ihm angenehm dünkt, nicht zu wenig und nicht zu viel, oder unversehens so mager wird, wie ein Gerippe, um dem Tode zu entschlüpfen?«

Spiegel beruhigte sich wieder und sprach ehrlich: »Nein, ich bin kein Zauberer! Es ist allein die süße Gewalt der Leidenschaft, welche mich so heruntergebracht und zu meinem Vergnügen Euer Fett dahin genommen hat. Wenn wir übrigens jetzt unser Geschäft von neuem beginnen wollen, so will ich tapfer dabei sein und drein beißen! Setzt mir nur eine recht schöne und große Bratwurst vor, denn ich bin ganz erschöpft und hungrig!« Da packte Pineiß den Spiegel wütend am Kragen, sperrte ihn in den Gänsestall, der immer leer war, und schrie: »Da sieh zu, ob Dir Deine süße Gewalt der Leidenschaft noch einmal heraushilft und ob sie stärker ist, als die Gewalt der Hexerei und meines rechtlichen Vertrages! Jetzt heißt's: Vogel friß und stirb!« Sogleich briet er eine lange Wurst, die so lecker duftete, daß er sich nicht enthalten konnte, selbst ein Bißchen an beiden Zipfeln zu schlecken, ehe er sie durch das Gitter steckte. Spiegel fraß sie von vorn bis hinten auf, und indem er sich behaglich den Schnurrbart putzte und den Pelz leckte, sagte er zu sich selber: »Meiner Seel! es ist doch eine schöne Sache um die Liebe!

Die hat mich für diesmal wieder aus der Schlinge gezogen. Jetzt will ich mich ein wenig ausruhen und trachten, daß ich durch Beschaulichkeit und gute Nahrung wieder zu vernünftigen Gedanken komme! Alles hat seine Zeit! Heute ein Bißchen Leidenschaft, morgen ein wenig Besonnenheit und Ruhe, ist jedes in seiner Weise gut. Dies Gefängnis ist gar nicht so übel und es läßt sich gewiß etwas Ersprießliches darin ausdenken!« Pineiß aber nahm sich nun zusammen und bereitete alle Tage mit aller seiner Kunst solche Leckerbissen und in solch reizender Abwechslung und Zuträglichkeit, daß der gefangene Spiegel denselben nicht widerstehen konnte; denn Pineißens Vorrat an freiwilligem und rechtmäßigem Katzenschmer nahm alle Tage mehr ab und drohte nächstens ganz auszugehen, und dann war der Hexer ohne dies Hauptmittel ein geschlagener Mann. Aber der gute Hexenmeister nährte mit dem Leibe Spiegels dessen Geist immer wieder mit, und es war durchaus nicht von dieser unbequemen Zutat loszukommen, weshalb auch seine Hexerei sich hier als lückenhaft erwies.

Als Spiegel in seinem Käfig ihm endlich fett genug dünkte, säumte er nicht länger, sondern stellte vor den Augen des aufmerksamen Katers alle Geschirre zurecht und machte ein helles Feuer auf dem Herd, um den lang ersehnten Gewinn auszukochen. Dann wetzte er ein großes Messer, öffnete den Kerker, zog Spiegelchen hervor, nachdem er die Küchentüre wohl verschlossen, und sagte wohlgemut: »Komm, Du Sapperlöter! wir wollen Dir den Kopf abschneiden vor der Hand, und dann das Fell abziehen! Dieses wird eine warme Mütze für mich geben, woran ich Einfältiger noch gar nicht gedacht habe! Oder soll ich Dir erst das Fell abziehen und dann den Kopf abschneiden?« »Nein, wenn es Euch gefällig ist, sagte Spiegel demütig, lieber zuerst den Kopf abschneiden!« »Hast Recht, Du armer Kerl!« sagte Herr Pineiß, »wir wollen Dich nicht unnütz quälen! Alles was Recht ist!« »Dies ist ein wahres Wort!« sagte Spiegel mit einem erbärmlichen Seufzer und legte das Haupt ergebungsvoll auf die Seite, »o hätt' ich doch jederzeit getan, was Recht ist, und nicht eine so wichtige Sache leichtsinnig unterlassen, so könnte ich jetzt mit besserem Gewissen sterben, denn ich sterbe gern; aber ein Unrecht erschwert mir den sonst so willkommenen Tod; denn was bietet mir das Leben? Nichts als Furcht, Sorge und Armut und zur Abwechslung einen Sturm verzehrender Leidenschaft, die noch schlimmer ist, als die stille zitternde Furcht!« »Ei, welches Unrecht, welche wichtige Sache?« fragte Pineiß neugierig. »Ach, was hilft das Reden jetzt noch, seufzte Spiegel, geschehen ist geschehen und jetzt ist Reue zu spät!« »Siehst Du Sappermenter, was für ein Sünder Du bist?« sagte Pineiß, »und wie wohl Du Deinen Tod verdienst? Aber was Tausend hast Du denn angestellt? Hast Du mir vielleicht etwas entwendet, entfremdet, verdorben? Hast Du mir ein himmelschreiendes Unrecht getan, von dem ich noch gar nichts weiß, ahne, vermute, Du Satan? Das sind mir schöne Geschichten! Gut, daß ich noch dahinter komme! Auf der Stelle beichte mir, oder ich schinde und siede Dich lebendig aus! Wirst Du sprechen oder nicht?« »Ach nein!« sagte Spiegel, »wegen Euch habe ich mir nichts vorzuwerfen. Es betrifft die zehntausend Goldgülden meiner seligen Gebieterin – aber was hilft Reden! – Zwar – wenn ich bedenke und Euch ansehe, so möchte es vielleicht doch nicht ganz zu spät sein – wenn ich Euch betrachte, so sehe ich, daß Ihr ein noch ganz schöner und rüstiger Mann seid, in den besten Jahren – sagt doch, Herr Pineiß! Habt Ihr noch nie etwa den Wunsch verspürt, Euch zu verehelichen, ehrbar und vorteilhaft? Aber was schwatze ich! Wie wird ein so kluger und kunstreicher Mann auf dergleichen müßige Gedanken kommen! Wie wird ein so nützlich beschäftigter Meister an törichte Weiber denken! Zwar allerdings hat auch die Schlimmste noch irgendwas an sich, was etwa nützlich für einen Mann ist, das ist nicht abzuleugnen! Und wenn sie nur halbwegs was taugt, so ist eine gute Hausfrau etwa weiß am Leibe, sorgfältig im Sinne, zutulich von Sitten, treu von Herzen, sparsam im Verwalten, aber verschwenderisch in der Pflege ihres Mannes, kurzweilig in Worten und angenehm in ihren Taten, einschmeichelnd in ihren Handlungen! Sie küßt den Mann mit ihrem Munde und streichelt ihm den Bart, sie umschließt ihn mit ihren Armen und kraut ihm hinter den Ohren, wie er es wünscht, kurz, sie tut tausend Dinge, die nicht zu verwerfen sind. Sie hält sich ihm ganz nah zu oder in bescheidener Entfernung, je nach seiner Stimmung, und wenn er seinen Geschäften nachgeht, so stört sie ihn nicht, sondern verbreitet unterdessen sein Lob in und außer dem Hause; denn sie läßt nichts an ihn kommen und rühmt Alles, was an ihm ist! Aber das Anmutigste ist die wunderbare Beschaffenheit ihres zarten leiblichen Daseins, welches die Natur so verschieden gemacht hat von unserm Wesen bei anscheinender Menschenähnlichkeit, daß es ein fortwährendes Meerwunder in einer glückhaften Ehe bewirkt und eigentlich die allerdurchtriebenste Hexerei in sich birgt! Doch was schwatze ich da wie ein Tor an der Schwelle des Todes! Wie wird ein weiser Mann auf dergleichen Eitelkeiten sein Augenmerk richten! Verzeiht, Herr Pineiß, und schneidet mit den Kopf ab!«

Pineiß aber rief heftig: »So halt doch endlich inne, Du Schwätzer! und sage mir: Wo ist eine Solche und hat sie zehntausend Goldgülden?«

»Zehntausend Goldgülden?« sagte Spiegel.

»Nun ja, rief Pineiß ungeduldig, sprachest Du nicht eben erst davon?«

»Nein«, antwortete jener, »das ist eine andere Sache! Die liegen vergraben an einem Orte!«

»Und was tun sie da, wem gehören sie?« schrie Pineiß.

»Niemand gehören sie, das ist eben meine Gewissensbürde, denn ich hätte sie unterbringen sollen! Eigentlich gehören sie jenem, der eine solche Person heiratet, wie ich eben beschrieben habe. Aber wie soll man drei solche Dinge zusammenbringen in dieser gottlosen Stadt. Zehntausend Goldgülden, eine weise feine und gute Hausfrau, und einen weisen rechtschaffenen Mann? Daher ist eigentlich meine Sünde nicht allzugroß, denn der Auftrag war zu schwer für eine arme Katze!«

»Wenn Du jetzt, rief Pineiß, nicht bei der Sache bleibst, und sie verständlich der Ordnung nach dartust, so schneide ich Dir vorläufig den Schwanz und beide Ohren ab! jetzt fang an!«

»Da Ihr es befehlt, so muß ich die Sache wohl erzählen«, sagte Spiegel und setzte sich gelassen auf seine Hinterfüße, »obgleich dieser Aufschub meine Leiden nur vergrößert!« Pineiß steckte das scharfe Messer zwischen sich und Spiegel in die Diele und setzte sich neugierig auf ein Fäßchen, um zuzuhören, und Spiegel fuhr fort:

»Ihr wisset doch, Herr Pineiß, daß die brave Person, meine selige Meisterin, unverheiratet gestorben ist als eine alte Jungfer, die in aller Stille viel Gutes getan und Niemandem zuwider gelebt hat. Aber nicht immer war es um sie her so still und ruhig zugegangen, und obgleich sie niemals von bösem Gemüt gewesen, so hatte sie doch einst viel Leid und Schaden angerichtet; denn in ihrer Jugend war sie das schönste Fräulein weit und breit, und was von jungen Herren und kecken Gesellen in der Gegend war oder des Weges kam, verliebte sich in sie und wollte sie durchaus heiraten. Nun hatte sie wohl große Lust, zu heiraten und einen hübschen, ehrenfesten und klugen Mann zu nehmen und sie hatte die Auswahl, da sich Einheimische und Freunde um sie stritten und einander mehr als ein Mal die Degen in den Leib rannten, um den Vorrang zu gewinnen. Es bewarben sich um sie und versammelten sich kühne und verzagte, listige und treuherzige, reiche und arme Freier, solche mit einem guten und anständigen Geschäft, und solche, welche als Kavaliere zierlich von ihren Renten lebten; dieser mit diesen, jener mit jenen Vorzügen, beredt oder schweigsam, der Eine munter und liebenswürdig, und ein Anderer schien es mehr in sich zu haben, wenn er auch etwas einfältig aussah; kurz, das Fräulein hatte eine so vollkommene Auswahl, wie es ein mannbares Frauenzimmer sich nur wünschen kann. Allein sie besaß außer ihrer Schönheit ein schönes Vermögen von vielen tausend Goldgülden und diese waren die Ursache, daß sie nie dazu kam, eine Wahl treffen und einen Mann nehmen zu können, denn sie verwaltete ihr Gut mit trefflicher Umsicht und Klugheit und legte einen großen Wert auf dasselbe, und da nun der Mensch immer von seinen eigenen Neigungen aus andere beurteilt, so geschah es, daß sie, sobald sich ihr ein achtungswerter Freier genähert und ihr halbwegs gefiel, alsobald sich einbildete, derselbe begehre sie nur um ihres Gutes willen. War einer reich, so glaubte sie, er würde sie doch nicht begehren, wenn sie nicht auch reich wäre, und von den Unbemittelten nahm sie vollends als gewiß an, daß sie nur ihre Goldgülden im Auge hätten und sich daran gedächten gütlich zu tun, und das arme Fräulein, welches jedoch selbst so große Dinge auf den irdischen Besitz hielt, war nicht im Stande, diese Liebe zu Geld und Gut an ihren Freiern von der Liebe zu ihr selbst zu unterscheiden, oder, wenn sie wirklich etwa vorhanden war, dieselbe nachzusehen und zu verzeihen. Mehrere Male war sie schon so gut wie verlobt und ihr Herz klopfte endlich stärker; aber plötzlich glaubte sie aus irgendeinem Zuge zu entnehmen, daß sie verraten sei und man einzig an ihr Vermögen denke, und sie brach unverweilt die Geschichte entzwei und zog sich voll Schmerzen, aber unerbittlich zurück. Sie prüfte Alle, welche ihr nicht mißfielen, auf hundert Arten, so daß eine große Gewandtheit dazu gehörte, nicht in die Falle zu gehen, und zuletzt Keiner mehr sich mit einiger Hoffnung nähern konnte, als wer ein durchaus geriebener und verstellter Mensch war, so daß schon aus diesen Gründen endlich die Wahl wirklich schwer wurde, weil solche Menschen dann zuletzt doch eine unheimliche Unruhe erwecken und die peinlichste Ungewißheit bei einer Schönen zurücklassen, je geriebener und geschickter sie sind. Das Hauptmittel ihre Anbeter zu prüfen, war, daß sie ihre Uneigennützigkeit auf die Probe stellte und sie alle Tage zu großen Ausgaben, zu reichen Geschenken und zu wohltätigen Handlungen veranlaßte. Aber sie mochten es machen, wie sie wollten, so trafen sie doch nie das Rechte; denn zeigten sie sich freigebig und aufopfernd, gaben sie glänzende Feste, brachten sie ihr Geschenke dar, oder anvertrauten ihr beträchtliche Gelder für die Armen, so sagte sie plötzlich, dies Alles geschehe nur, um mit einem Würmchen den

Lachs zu fangen, oder mit der Wurst nach der Speckseite zu werfen, wie man zu sagen pflegt. Und sie vergabte die Geschenke sowohl wie das anvertraute Geld an Klöster und milde Stiftungen und speisete die Armen; aber die betrogenen Freier wies sie unharmherzig ab. Bezeigten sich dieselben aber zurückhaltend oder gar knauserig, so war der Stab sogleich über sie gebrochen, da sie das noch viel übler nahm und daran eine schnöde und nackte Rücksichtslosigkeit und Eigenliebe zu erkennen glaubte. So kam es, daß sie, welche ein reines und nur ihrer Person hingegebenes Herz suchte, zuletzt von lauter verstellten, listigen und eigensüchtigen Freiersleuten umgeben war, aus denen sie nie klug wurde und die ihr das Leben verbitterten. Eines Tages fühlte sie sich mißmutig und trostlos, daß sie ihren ganzen Hof aus dem Hause wies, dasselbe zuschloß und nach Mailand verreis'te, wo sie eine Base hatte. Als sie über den St. Gotthard ritt auf einem Eselein, war ihre Gesinnung so schwarz und schaurig, wie das wilde Gestein, das sich aus den Abgründen empor türmte, und sie fühlte die heftigste Versuchung, sich von der Teufelsbrücke in die tobenden Gewässer der Reuß hinabzustürzen. Nur mit der größten Mühe gelang es den zwei Mägden, die sie bei sich hatte, und die ich selbst noch gekannt habe, welche aber nun schon lange tot sind, und dem Führer, sie zu beruhigen und von der finstern Anwandlung abzubringen. Doch langte sie bleich und traurig in dem schönen Land Italien an, und so blau dort der Himmel war, wollten sich ihre dunklen Gedanken doch nicht aufhellen. Aber als sie einige Tage bei ihrer Base verweilt, sollte unverhofft eine andere Melodie ertönen und ein Frühlingsanfang in ihr aufgehen, von dem sie bis dato noch nicht viel gewußt. Denn es kam ein junger Landsmann in das Haus der Base, der ihr gleich beim ersten Anblick so wohl gefiel, daß man wohl sagen kann, sie verliebte sich jetzt von selbst und zum ersten Mal. Es war ein schöner Jüngling, von guter Erziehung und edlem Benehmen, nicht arm und nicht reich zur Zeit, denn er hatte nichts als zehntausend Goldgulden, welche er von seinen verstorbenen Eltern ererbt und womit er, da er die Kaufmannschaft erlernt hatte, in Mailand einen Handel mit Seide begründen wollte; denn er war unternehmend und klar von Gedanken und hatte eine glückliche Hand, wie es unbefangene und unschuldige Leute oft haben; denn auch dies war der junge Mann; er schien, so wohlgelehrt er war, doch so arglos und unschuldig wie ein Kind. Und obgleich er ein Kaufmann war und ein so unbefangenes Gemüt, was schon zusammen eine köstliche Seltenheit ist, so war er doch fest und ritterlich in seiner Haltung und trug sein Schwert so keck zur Seite, wie nur ein geübter Kriegsmann es tragen kann. Dies Alles, sowie seine frische Schönheit und Jugend bezwangen das Herz des Fräuleins dermaßen, daß sie kaum an sich halten konnte und ihm mit großer Freundlichkeit begegnete. Sie wurde wieder heiter, und wenn sie dazwischen auch traurig war, so geschah dies in dem Wechsel der Liebesfurcht und Hoffnung, welche immerhin ein edleres und angenehmeres Gefühl war, als jene peinliche Verlegenheit in der Wahl, welche sie früher unter den vielen Freiern empfunden. Jetzt kannte sie nur eine Mühe und Besorgnis, diejenige nämlich, dem schönen und guten Jüngling zu gefallen, und je schöner sie selbst war, desto demütiger und unsicherer war sie jetzt, da sie zum ersten Male eine wahre Neigung gefaßt hatte. Aber auch der junge Kaufmann hatte noch nie eine solche Schönheit gesehen, oder war wenigstens noch keiner so nahe gewesen und von ihr so freundlich und artig behandelt worden. Da sie nun, wie gesagt, nicht nur schön, sondern auch gut von Herzen und fein von Sitten war, so ist es nicht zu verwundern, daß der offene und frische Jüngling, dessen Herz noch ganz frei und unerfahren war, sich ebenfalls in sie verliebte und das mit aller Kraft und Rückhaltlosigkeit, die in seiner ganzen Natur lag. Aber vielleicht hätte das nie Jemand erfahren, wenn er in seiner Einfalt nicht aufgemuntert worden wäre durch des Fräuleins Zutulichkeit, welche er mit heimlichem Zittern und Zagen für eine Erwiderung seiner Liebe zu halten wagte, da er selber keine Verstellung kannte. Doch bezwang er sich einige Wochen und glaubte die Sache zu verheimlichen; aber Jeder sah ihm von Weitem an, daß er zum Sterben verliebt war, und wenn er irgend in die Nähe des Fräuleins geriet oder sie nur genannt wurde, so sah man auch gleich, in wen er verliebt war. Er war aber nicht lange verliebt, sondern begann wirklich zu lieben mit aller Heftigkeit seiner Jugend, so daß ihm das Fräulein das Höchste und Beste auf der Welt wurde, an welches er ein für allemal das Heil und den ganzen Wert seiner eigenen Person setzte. Dies gefiel ihr über die Maßen wohl; denn es war in allem, was er sagte oder tat, eine andere Art, als sie bislang erfahren, und dies bestärkte und rührte sie so tief, daß sie nun gleichermaßen der stärksten Liebe anheim fiel und nun nicht mehr von einer Wahl für sie die Rede war. Jedermann sah diese Geschichte spielen und es wurde offen darüber gesprochen und vielfach gescherzt. Dem Fräulein war es höchlich wohl dabei, und indem ihr das Herz vor banger Erwartung zerspringen wollte, half sie den Roman von ihrer Seite doch ein wenig verwickeln und ausspinnen, um ihn recht auszukosten und zu genießen. Denn der junge Mann beging in seiner Verwirrung so köstliche und kindliche Dinge, dergleichen sie niemals erfahren, und für sie ein Mal schmeichelhafter und angenehmer waren, als das andere. Er aber in seiner Gradheit und Ehrlichkeit konnte es nicht lange so aushalten; da Jeder darauf anspielte und sich einen Scherz erlaubte, so schien es ihm eine Komödie zu werden, als deren Gegenstand ihm seine Geliebte viel zu gut und heilig war, und was ihr ausnehmend behagte, das machte ihn bekümmert, ungewiß und verlegen um sie selber. Auch glaubte er sie zu beleidigen und zu hintergehen, wenn er da lange eine so heftige Leidenschaft zu ihr herumtrüge und unaufhörlich an sie denke, ohne daß sie eine Ahnung davon habe, was doch gar nicht schicklich sei und ihm selber nicht recht! Daher sah man ihm eines Morgens von Weitem an, daß er etwas vorhatte und er bekannte ihr seine Liebe in einigen Worten, um es Ein Mal und nie zum zweiten Mal zu sagen, wenn er nicht glücklich sein sollte. Denn er war nicht gewohnt zu denken, daß ein solches schönes und wohlbeschaffenes Fräulein etwa nicht ihre wahre Meinung sagen und nicht auch gleich zum ersten Mal ihr unwiderrufliches Ja oder Nein erwidern sollte. Er war eben so zart gesinnt, als heftig verliebt, eben so spröde als kindlich und eben so stolz als unbefangen, und bei ihm galt es gleich auf Tod und Leben, auf Ja oder Nein, Schlag um Schlag. In demselben Augenblicke aber, in welchem das Fräulein sein Geständnis anhörte, das sie so sehnlich erwartet, überfiel sie ihr altes Mißtrauen und es fiel ihr zur unglücklichen Stunde ein, daß ihr Liebhaber ein Kaufmann sei, welcher am Ende nur ihr Vermögen zu erlangen wünsche, um seine Unternehmungen zu erweitern. Wenn er daneben auch ein wenig in ihre Person verliebt sein sollte, so wäre ja das bei ihrer Schönheit kein sonderliches Verdienst und nur um so empörender, wenn sie eine bloße wünschbare Zugabe zu ihrem Golde vorstellen sollte. Anstatt ihm daher ihre Gegenliebe zu gestehen und ihn wohl aufzunehmen, wie sie am liebsten getan hätte, ersann sie auf der Stelle eine neue List, um seine Hingebung zu prüfen, und nahm eine ernste fast traurige Miene an, indem sie ihm vertraute, wie sie bereits mit einem jungen Mann verlobt sei in ihrer Heimat, welchen sie auf das Allerherzlichste liebe. Sie habe ihm das schon mehrmals mitteilen wollen, da sie ihn, den Kaufmann nämlich, als Freund sehr lieb habe, wie er wohl habe sehen können aus ihrem Benehmen, und sie vertraue ihm wie einem Bruder. Aber die ungeschickten Scherze, welche in der Gesellschaft aufgekommen seien, hätten ihr eine vertrauliche Unterhaltung erschwert; da er nun aber selbst sie mit seinem braven und edlen Herzen überrascht und dasselbe vor ihr aufgetan, so könne sie ihm für seine Neigung nicht besser danken, als indem sie ihm eben so offen sich anvertraue. Ja, fuhr sie fort, nur demjenigen könne sie angehören, welchen sie einmal erwählt habe, und nie würde es ihr möglich sein, ihr Herz einem anderen Mannesbilde zuzuwenden, dies stehe mit goldenem Feuer in ihrer Seele geschrieben und der liebe Mann wisse selbst nicht, wie lieb er ihr sei, so wohl er sie auch kenne! Aber ein trüber Unstern hätte sie betroffen; ihr Bräutigam sei ein Kaufmann, aber so arm wie eine Maus; darum hätten sie den Plan gefaßt, daß er aus den Mitteln der Braut einen Handel begründen solle; der Anfang sei gemacht und Alles auf das Beste eingeleitet, die Hochzeit sollte in diesen Tagen gefeiert werden, da wollte ein unverhofftes Mißgeschick, daß ihr ganzes Vermögen plötzlich ihr angetastet und abgestritten wurde und vielleicht für immer verloren gehe, während der arme Bräutigam in nächster Zeit seine ersten Zahlungen zu leisten habe an die Mailänder und Venetianischen Kaufleute, worauf sein ganzer Kredit, sein Gedeihen und seine Ehre beruhe, nicht zu sprechen von ihrer Vereinigung und glücklichen Hochzeit! Sie sei in der Eile nach Mailand gekommen, wo sie begüterte Verwandte habe, um da Mittel und Auswege zu finden; aber zu einer schlimmen Stunde sei sie gekommen; denn nichts wolle sich fügen und schicken, während der Tag immer näher rücke, und wenn sie ihrem Geliebten nicht helfen könne, so müsse sie sterben vor Traurigkeit. Denn es sei der liebste und beste Mensch, den man sich denken könne, und würde sicherlich ein großer Kaufherr werden, wenn ihm geholfen würde, und sie kenne kein anderes Glück mehr auf Erden, als dann dessen Gemahlin zu sein! Als sie diese Erzählung beendet, hatte sich der arme schöne Jüngling schon lange entfärbt und war bleich wie ein weißes Tuch. Aber er ließ keinen Laut der Klage vernehmen und sprach nicht ein Sterbenswörtchen mehr von sich selbst und von seiner Liebe, sondern fragte bloß traurig, auf wie viel sich denn die eingegangenen Verpflichtungen des glücklich unglücklichen Bräutigams beliefen? Auf zehntausend Goldgulden! antwortete sie noch viel trauriger. Der junge traurige Kaufherr stand auf, ermahnte das Fräulein, guten Mutes zu sein, da sich gewiß ein Ausweg zeigen werde, und entfernte sich von ihr, ohne daß er sie anzusehen wagte, so sehr fühlte er sich betroffen und beschämt, daß er sein Auge auf eine Dame geworfen, die so treu und leidenschaftlich einen Andern liebte. Denn der Arme glaubte jedes Wort von ihrer Erzählung wie ein Evangelium. Dann begab er sich ohne Säumnis zu seinen Handelsfreunden und brachte sie durch Bitten und Einbüßung einer gewissen Summe dahin, seine Bestellungen und Einkäufe wieder rückgängig zu machen, welche er selbst in diesen Tagen auch grad mit seinen zehntausend Goldgulden bezahlen sollte und worauf er seine ganze Laufbahn bauete, und ehe sechs Stunden verflossen waren, erschien er wieder bei dem Fräulein mit seinem ganzen Besitztum und bat sie um Gotteswillen, diese Aushülfe von ihm annehmen zu wollen. Ihre Augen funkelten vor freudiger Überraschung und ihre Brust pochte wie ein Hammerwerk; sie fragte ihn, wo er denn dies Kapital hergenommen, und er erwiderte, er habe es auf seinen guten Namen geliehen und würde es, da seine Geschäfte sich glücklich wendeten, ohne Unbequemlichkeit zurückerstatten können. Sie sah ihm deutlich an, daß er log und daß es sein einziges Vermögen und ganze Hoffnung war, welche er ihrem Glücke opferte; doch stellte sie sich, als glaubte sie seinen Worten. Sie ließ ihren freudigen Empfindungen freien Lauf und tat grausamer Weise, als ob diese dem Glücke gälten, nun doch ihren Erwählten retten und heiraten zu dürfen, und sie konnte nicht Worte finden, ihre Dankbarkeit auszudrücken. Doch plötzlich besann sie sich und erklärte, nur unter Einer Bedingung die großmütige Tat annehmen zu können, da sonst Alles Zureden unnütz wäre. Befragt, worin diese Bedingung bestehe, verlangte sie das heilige Versprechen, daß er an einem bestimmten Tage sich bei ihr einfinden wolle, um ihrer Hochzeit beizuwohnen und der beste Freund und Gönner ihres zukünftigen Ehegemahls zu werden, sowie der treuste Freund, Schützer und Berater ihrer selbst. Errötend bat er sie, von diesem Begehren abzustehen; aber umsonst wandte er alle Gründe an, um sie davon abzubringen, umsonst stellte er ihr vor, daß seine Angelegenheiten jetzt nicht erlaubten, nach der Schweiz zurückzureisen, und daß er von einem solchen Abstecher einen erheblichen Schaden erleiden würde. Sie beharrte entschieden auf ihrem Verlangen und schob ihm sogar sein Gold wieder zu, da er sich nicht dazu verstehen wollte. Endlich versprach er es, aber er mußte ihr die Hand darauf geben und es ihr bei seiner

Ehre und Seligkeit beschwören. Sie bezeichnete ihm genau den Tag und die Stunde, wann er eintreffen solle und alles dies mußte er bei seinem Christenglauben und bei seiner Seligkeit beschwören. Erst dann nahm sie sein Opfer an und ließ den Schatz vergnügt in ihre Schlafkammer tragen, wo sie ihn eigenhändig in ihrer Reisetruhe verschloß und den Schlüssel in den Busen steckte. Nun hielt sie sich nicht länger in Mailand auf, sondern reiste eben so fröhlich über den Sankt Gotthard zurück, als schwermütig sie hergekommen war. Auf der Teufelsbrücke, wo sie hatte hinabspringen wollen, lachte sie wie eine Unkluge und warf mit hellem Jauchzen ihrer wohlklingenden Stimme einen Granatblütenstrauß in die Reuß, welchen sie vor der Brust trug, kurz ihre Lust war nicht zu bändigen, und es war die fröhlichste Reise, die je getan wurde. Heimgekehrt, öffnete und lüftete sie ihr Haus von oben bis unten und schmückte es, als ob sie einen Prinzen erwartete. Aber zu Häupten ihres Bettes legte sie den Sack mit den zehntausend Goldgulden und legte des Nachts den Kopf so glückselig auf den harten Klumpen und schlief darauf, wie wenn es das weichste Flaumkissen gewesen wäre. Kaum konnte sie den verabredeten Tag erwarten, wo sie ihn sicher kommen sah, da sie wußte, daß er nicht das einfachste Versprechen, geschweige denn einen Schwur brechen würde, und wenn es ihm um das Leben ginge. Aber der Tag brach an und der Geliebte erschien nicht und es vergingen viele Tage und Wochen, ohne daß er von sich hören ließ. Da fing sie an an allen Gliedern zu zittern und verfiel in die größte Angst und Bangigkeit; sie schickte Briefe über Briefe nach Mailand, aber Niemand wußte ihr zu sagen, wo er geblieben sei. Endlich aber stellte es sich durch einen Zufall heraus, daß der junge Kaufherr aus einem blutroten Stück Seidendamast, welches er von seinem Handelsanfang her im Haus liegen und bereits bezahlt hatte, sich ein Kriegskleid hatte anfertigen lassen und unter die Schweizer gegangen war, welche damals eben im Solde des Königs Franz von Frankreich den Mailändischen Krieg mitstritten. Nach der Schlacht von Pavia, in welcher so viele Schweizer das

Leben verloren, wurde er auf einem Haufen erschlagener Spaniolen liegend gefunden, von vielen tödlichen Wunden zerrissen und sein rotes Seidengewand von unten bis oben zerschlitzt und zerfetzt. Eh' er den Geist aufgab, sagte er einem neben ihm liegenden Seldwyler, der minder übel zugerichtet war, folgende Botschaft in's Gedächtnis und bat ihn, dieselbe auszurichten, wenn er mit dem Leben davon käme: ›Liebstes Fräulein! Obgleich ich Euch bei meiner Ehre, bei meinem Christenglauben und bei meiner Seligkeit geschworen habe, auf Euerer Hochzeit zu erscheinen, so ist es mir dennoch nicht möglich gewesen, Euch nochmals zu sehen und einen Andern des höchsten Glükkes teilhaftig zu erblicken, das es für mich geben könnte. Dieses habe ich erst in Euerer Abwesenheit verspürt und habe vorher nicht gewußt, welch' eine strenge und unheimliche Sache es ist um solche Liebe, wie ich zu Euch habe, sonst würde ich mich zweifelsohne besser davor gehütet haben. Da es aber einmal so ist, so wollte ich lieber meiner weltlichen Ehre und meiner geistlichen Seligkeit verloren und in die ewige Verdammnis eingehen als ein Meineidiger, denn noch einmal in Euerer Nähe erscheinen mit einem Feuer in der Brust, welches stärker und unauslöschlicher ist, als das Höllenfeuer, und mich dieses kaum wird verspüren lassen. Betet nicht etwa für mich, schönstes Fräulein, denn ich kann und werde nie selig werden ohne Euch, sei es hier oder dort, und somit lebt glücklich und seid gegrüßt!‹ So hatte in dieser Schlacht, nach welcher König Franziskus sagte: ›Alles verloren, außer der Ehre!‹ der unglückliche Liebhaber alles verloren, die Hoffnung, die Ehre, das Leben und die ewige Seligkeit, nur die Liebe nicht, die ihn verzehrte. Der Seldwyler kam glücklich davon, und sobald er sich in etwas erholt und außer Gefahr sah, schrieb er die Worte des Umgekommenen getreu auf seine Schreibtafel, um sie nicht zu vergessen, reis'te nach Hause, meldete sich bei dem unglücklichen Fräulein und las ihr die Botschaft so steif und kriegerisch vor, wie er zu tun gewohnt war, wenn er sonst die Mannschaft seines Fähnleins verlas; denn es war ein Feldlieutenant. Das Fräulein aber zerraufte sich die Haare, zerriß ihre Kleider und begann so laut zu schreien und zu weinen, daß man es die Straße auf und nieder hörte und die Leute zusammenliefen. Sie schleppte wie wahnsinnig die zehntausend Goldgulden herbei, zerstreute sie auf dem Boden, warf sich der Länge nach darauf hin und küßte die glänzenden Goldstücke. Ganz von Sinnen, suchte sie den umherrollenden Schatz zusammen zu raffen und zu umarmen, als ob der verlorene Geliebte darin zugegen wäre. Sie lag Tag und Nacht auf dem Golde und wollte weder Speise noch Trank zu sich nehmen; unaufhörlich liebkoste und küßte sie das kalte Metall, bis sie mitten in einer Nacht plötzlich aufstand, den Schatz emsig hin und her eilend nach dem Garten trug und dort unter bittern Tränen in den tiefen Brunnen warf und einen Fluch darüber aussprach, daß er niemals Jemand anderm angehören solle.«

Als Spiegel soweit erzählt hatte, sagte Pineiß: »Und liegt das schöne Geld noch in dem Brunnen?« »Ja, wo sollte es sonst liegen?« antwortete Spiegel, »denn nur ich kann es herausbringen und habe es bis zur Stunde noch nicht getan!« »Ei ja so, richtig!« sagte Pineiß, »ich habe es ganz vergessen über Deiner Geschichte! Du kannst nicht übel erzählen, Du Sapperlöter! und es ist mir ganz gelüstig worden nach einem Weibchen, die so für mich eingenommen wäre; aber sehr schön müßte sie sein! Doch erzähle jetzt schnell noch, wie die Sache eigentlich zusammen hängt!« »Es dauerte manche Jahre«, sagte Spiegel, »bis das Fräulein aus bittern Seelenleiden so weit zu sich kam, daß sie anfangen konnte, die stille alte Jungfer zu werden, als welche ich sie kennen lernte. Ich darf mich berühmen, daß ich ihr einziger Trost und ihr vertrautester Freund geworden bin in ihrem einsamen Leben bis an ihr stilles Ende. Als sie aber dieses herannahen sah, vergegenwärtigte sie sich noch ein Mal die Zeit ihrer fernen Jugend und Schönheit und erlitt noch einmal mit milderen ergebenen Gedanken erst die süßen Erregungen und dann die bittern Leiden jener Zeit, und sie weinte still sieben Tage und Nächte hindurch über die Liebe des Jünglings, deren Genuß sie durch ihr

36

Mißtrauen verloren hatte, so daß ihre alten Augen noch kurz vor dem Tode erblindeten. Dann bereute sie den Fluch, welchen sie über jenen Schatz ausgesprochen und sagte zu mir, indem sie mich mit dieser wichtigen Sache beauftragte: »Ich bestimme nun anders, lieber Spiegel! und gebe Dir die Vollmacht, daß Du meine Verordnung vollziehest. Sieh' Dich um und suche, bis Du eine bildschöne, aber unbemittelte Frauensperson findest, welcher es ihrer Armut wegen an Freiern gebricht! Wenn sich dann ein verständiger, rechtlicher und hübscher Mann finden sollte, der sein gutes Auskommen hat, und die Jungfrau ungeachtet ihrer Armut, nur allein von ihrer Schönheit bewegt, zur Frau begehrt, so soll dieser Mann mit den stärksten Eiden sich verpflichten, derselben so treu, aufopfernd und unabänderlich ergeben zu sein, wie es mein unglücklicher Liebster gewesen ist, und dieser Frau sein Leben lang in allen Dingen zu willfahren. Dann gib der Braut die zehntausend Goldgülden, welche im Brunnen liegen, zur Mitgift, daß sie ihren Bräutigam am Hochzeitmorgen damit überrasche!‹ So sprach die Selige und ich habe meiner widrigen Geschicke wegen versäumt, dieser Sache nachzugehen, und muß nun befürchten, daß die Arme deswegen im Grabe noch beunruhigt sei, was für mich eben auch nicht die angenehmsten Folgen haben kann!«

Pineiß sah den Spiegel mißtrauisch an und sagte: »Wärst Du wohl im Stande, Bürschchen! mir den Schatz ein wenig nachzuweisen und augenscheinlich zu machen?«

»Zu jeder Stunde!« versetzte Spiegel, »aber Ihr müßt wissen, Herr Stadthexenmeister! daß Ihr das Gold nicht etwa so ohne Weiteres herausfischen dürftet. Man würde Euch unfehlbar das Genick umdrehen; denn es ist nicht ganz geheuer in dem Brunnen, ich habe darüber bestimmte Inzichten*, welche ich aus Rücksichten nicht näher berühren darf!«

»Hei, wer spricht denn von Herausholen?« sagte Pineiß etwas furchtsam, »führe mich einmal hin und zeige mir den Schatz!

* Ansichten, Erkenntnisse

Oder vielmehr will ich Dich führen an einem guten Schnürlein, damit Du mir nicht entwischest!«

»Wie Ihr wollt!« sagte Spiegel, »aber nehmt auch eine andere lange Schnur mit und eine Blendlaterne, welche Ihr daran in den Brunnen hinablassen könnt; denn der ist sehr tief und dunkel!« Pineiß befolgte diesen Rat und führte das muntere Kätzchen nach dem Garten jener Verstorbenen. Sie überstiegen mit einander die Mauer und Spiegel zeigte dem Hexer den Weg zu dem alten Brunnen, welcher unter verwildertem Gebüsche verborgen war. Dort ließ Pineiß sein Laternchen hinunter, begierig nachblickend, während er den angebundenen Spiegel nicht von der Hand ließ. Aber richtig sah er in der Tiefe das Gold funkeln unter dem grünlichen Wasser und rief: »Wahrhaftig, ich seh's, es ist wahr! Spiegel Du bist ein Tausendskerl!« Dann guckte er wieder eifrig hinunter und sagte: »Mögen es auch zehntausend sein?« »Ja, das ist nun nicht zu schwören!« sagte Spiegel, »ich bin nie da unten gewesen und hab's nicht gezählt! Ist auch möglich, daß die Dame dazumal einige Stücke auf dem Wege verloren hat, als sie den Schatz hieher trug, da sie in einem sehr aufgeregten Zustande war.« »Nun, seien es auch ein Dutzend oder mehr weniger!« sagte Herr Pineiß, »es soll mir darauf nicht ankommen!« Er setzte sich auf den Rand des Brunnens, Spiegel setzte sich auch nieder und leckte sich das Pfötchen. »Da wäre nun der Schatz!« sagte Pineiß, indem er sich hinter den Ohren kratzte, »und hier wäre auch der Mann dazu; fehlt nur noch das bildschöne Weib!« »Wie?« sagte Spiegel. »Ich meine, es fehlt nur noch diejenige, welche die Zehntausend als Mitgift bekommen soll, um mich damit zu überraschen am Hochzeitmorgen, und welche alle jene angenehmen Tugenden hat, von denen Du gesprochen!« »Hm!« versetzte Spiegel, »die Sache verhält sich nicht ganz so, wie Ihr sagt! Der Schatz ist da, wie Ihr richtig einseht; das schöne Weib habe ich, um es aufrichtig zu gestehen, allbereits auch schon ausgespürt; aber mit dem Mann, der sie unter diesen schwierigen Umständen heiraten möchte, da hapert es eben; denn heutzutage muß die Schönheit obenein vergoldet sein, wie die Weihnachtsnüsse, und je hohler die Köpfe werden, desto mehr sind sie bestrebt, die Leere mit einigem Weibergut nachzufüllen, damit sie die Zeit besser zu verbringen vermögen; da wird dann mit wichtigem Gesicht ein Pferd besehen und ein Stück Sammet gekauft, mit Laufen und Rennen eine gute Armbrust bestellt, und der Büchsenschmied kommt nicht aus dem Hause; da heißt es, ich muß meinen Wein einheimsen und meine Fässer putzen, meine Bäume putzen lassen und mein Dach dekken! ich muß meine Frau in's Bad schicken, sie kränkelt und kostet mich viel Geld, und muß mein Holz fahren lassen und mein Ausstehendes eintreiben; ich habe ein Paar Windspiele gekauft und meine Bracken* vertauscht, ich habe einen schönen eichenen Ausziehtisch eingehandelt und meine große Nußbaumlade dran gegeben; ich habe meine Bohnenstangen geschnitten, meinen Gärtner fortgejagt, mein Heu verkauft und meinen Salat gesäet, immer mein und mein vom Morgen bis zu Abend. Manche sagen sogar: ich habe meine Wäsche die nächste Woche, ich muß meine Betten sonnen, ich muß eine Magd dingen und einen neuen Metzger haben, denn den alten will ich abschaffen; ich habe ein allerliebstes Waffeleisen erstanden, durch Zufall, und habe mein silbernes Zimmetbüchschen verkauft, es war mir so nichts nütze; alles das sind wohlverstanden die Sachen der Frau, und so verbringt ein solcher Kerl die Zeit und stiehlt unserm Herrgott den Tag ab, indem er alle diese Verrichtungen aufzählt, ohne einen Streich zu tun. Wenn es hoch kommt und ein solcher Patron sich etwa ducken muß, so wird er vielleicht sagen: unsere Kühe und unsere Schweine, aber –« Pineiß riß den Spiegel an der Schnur, daß er miau! schrie, und rief: »Genug, Du Plappermaul! Sag' jetzt unverzüglich: wo ist sie, von der Du weißt?« Denn die Aufzählung aller dieser Herrlichkeiten und Verrichtungen, die mit einem Weibergute verbunden sind, hatte dem dürren Hexenmeister den Mund nur noch wässeriger gemacht. Spiegel sagte erstaunt: »Wollt Ihr denn wirklich das Ding unternehmen, Herr Pineiß?«

* Jagdhunde

»Versteht sich will ich! Wer sonst als ich? Drum heraus damit: wo ist Diejenige?«

»Damit Ihr hingehen und sie freien könnt?«

»Ohne Zweifel!« »So wisset, die Sache geht nur durch meine Hand!, mit mir müßt Ihr sprechen, wenn Ihr Geld und Frau wollt!« sagte Spiegel kaltblütig und gleichgültig und fuhr sich mit den beiden Pfoten eifrig über die Ohren, nachdem er sie jedesmal ein bißchen naß gemacht. Pineiß besann sich sorgfältig, stöhnte ein bißchen und sagte: »Ich merke, Du willst unsern Kontrakt aufheben und Deinen Kopf salvieren!«

»Schiene Euch das so uneben und unnatürlich?«

»Du betrügst mich am Ende und belügst mich, wie ein Schelm!«

»Dies ist auch möglich!« sagte Spiegel.

»Ich sage Dir: Betrüge mich nicht!« rief Pineiß gebieterisch.

»Gut, so betrüge ich Euch nicht!« sagte Spiegel.

»Wenn Du's tust!«

»So tu' ich's.«

»Quäle mich nicht, Spiegelchen!« sprach Pineiß beinahe weinerlich, und Spiegel erwiderte jetzt ernsthaft: »Ihr seid ein wunderbarer Mensch, Herr Pineiß! Da haltet Ihr mich an einer Schnur gefangen und zerrt daran, daß mir der Atem vergeht! Ihr lasset das Schwert des Todes über mir schweben seit länger als zwei Stunden, was sag' ich! seit einem halben Jahre! und nun sprecht Ihr: Quäle mich nicht, Spiegelchen!

Wenn Ihr erlaubt, so sage ich Euch in Kürze: Es kann mir nur lieb sein, jene Liebespflicht gegen die Tote doch noch zu erfüllen und für das bewußte Frauenzimmer einen tauglichen Mann zu finden und Ihr scheint mir allerdings in aller Hinsicht zu genügen; es ist keine Leichtigkeit, ein Weibstück wohl unterzubringen, so sehr dies auch scheint, und ich sage noch einmal: ich bin froh, daß Ihr Euch hierzu bereit finden lasset! Aber umsonst ist der Tod! Eh' ich ein Wort weiter spreche, einen Schritt tue, ja eh' ich nur den Mund noch einmal aufmache, will ich erst meine Freiheit wieder haben und mein Leben versichert!

Daher nehmt diese Schnur weg und legt den Kontrakt hier auf den Brunnen, hier auf diesen Stein, oder schneidet mir den Kopf ab, Eins von Beiden!«

»Ei Du Tollhäusler und Obenhinaus!« sagte Pineiß, »Du Hitzkopf, so streng wird es nicht gemeint sein? Das will ordentlich besprochen sein und muß jedenfalls ein neuer Vertrag geschlossen werden!« Spiegel gab keine Antwort mehr und saß unbeweglich da, ein, zwei und drei Minuten. Da ward dem Meister bänglich, er zog seine Brieftasche hervor, klaubte seufzend den Schein heraus, las ihn noch einmal durch und legte ihn dann zögernd vor Spiegel hin. Kaum lag das Papier dort, so schnappte es Spiegel auf und verschlang es; und obgleich er heftig daran zu würgen hatte, so dünkte es ihn doch die beste und gedeihlichste Speise zu sein, die er je genossen, und er hoffte, daß sie ihm noch auf lange wohl bekommen und ihn rundlich und munter machen würde. Als er mit der angenehmen Mahlzeit fertig war, begrüßte er den Hexenmeister höflich und sagte: »Ihr werdet unfehlbar von mir hören, Herr Pineiß, und Weib und Geld sollen Euch nicht entgehen. Dagegen macht Euch bereit, recht verliebt zu sein, damit Ihr jene Bedingungen einer unverbrüchlichen Hingebung an die Liebkosungen Eurer Frau, die schon so gut wie Euer ist, ja beschwören und erfüllen könnt! Und hiermit bedanke ich mich des Vorläufigen für genossene Beköstigung und beurlaube mich!«

Somit ging Spiegel seines Weges und freute sich über die Dummheit des Hexenmeisters, welcher glaubte sich selbst und alle Welt betrügen zu können, indem er ja die gehoffte Braut nicht uneigennützig, aus bloßer Liebe zur Schönheit ehelichen wollte, sondern den Umstand mit den zehntausend Goldgulden vorher wußte. Indessen hatte er schon eine Person im Auge, welche er dem törichten Hexenmeister aufzuhalsen gedachte für seine gebratenen Krammetsvögel, Mäuse und Würstchen.

Dem Hause des Herrn Pineiß gegenüber war ein anderes Haus, dessen vordere Seite auf das Sauberste geweißt war und dessen Fenster immer frisch gewaschen glänzten. Die bescheidenen Fenstervorhänge waren immer schneeweiß und wie so eben geplättet, und eben so weiß war der Habit und das Kopf- und Halstuch einer alten Begine*, welche in dem Hause wohnte, also daß ihr nonnenartiger Kopfputz, der ihre Brust bekleidete, immer wie aus Schreibpapier gefaltet aussah, so daß man gleich darauf hätte schreiben mögen; das hätte man wenigstens auf der Brust bequem tun können, da sie so eben und so hart war wie ein Brett. So scharf die weißen Kanten und Ecken ihrer Kleidung, so scharf war auch die lange Nase und das Kinn der Begine, ihre Zunge und der böse Blick ihrer Augen; doch sprach sie nur wenig mit der Zunge und blickte wenig mit den Augen, da sie die Verschwendung nicht liebte und Alles nur zur rechten Zeit und mit Bedacht verwendete. Alle Tage ging sie drei Mal in die Kirche, und wenn sie in ihrem frischen, weißen und knitternden Zeuge und mit ihrer weißen spitzigen Nase über die Straße ging, liefen die Kinder furchtsam davon und selbst erwachsene Leute traten gern hinter die Haustüre, wenn es noch Zeit war. Sie stand aber wegen ihrer strengen Frömmigkeit und Eingezogenheit in großem Rufe und besonders bei der Geistlichkeit in hohem Ansehen, aber selbst die Pfaffen verkehrten lieber schriftlich mit ihr, als mündlich, und wenn sie beichtete, so schoß der Pfarrer jedesmal so schweißtriefend aus dem Beichtstuhl heraus, als ob er aus einem Backofen käme. So lebte die fromme Begine, die keinen Spaß verstand, in tiefem Frieden und blieb ungeschoren. Sie machte sich auch mit Niemand zu schaffen und ließ die Leute gehen, vorausgesetzt, daß sie ihr aus dem Wege gingen; nur auf ihren Nachbar Pineiß schien sie einen besonderen Haß geworfen zu haben; denn so oft er sich an seinem Fenster blicken ließ, warf sie ihm einen bösen Blick hinüber und zog augenblicklich ihre weißen Vorhänge vor, und Pineiß fürchtete sie wie das Feuer, und wagte nur zuhinterst in seinem Hause, wenn Alles gut verschlossen war, etwa einen Witz über sie zu machen. So weiß und hell aber das Haus der

* Angehörige eines Laienordens

42

Begine nach der Straße zu aussah, so schwarz und räucherig, unheimlich und seltsam sah es von hinten aus, wo es jedoch fast gar nicht gesehen werden konnte, als von den Vögeln des Himmels und den Katzen auf den Dächern, weil es in eine dunkle Winkelei von himmelhohen Brandmauern ohne Fenster hinein gebaut war, wo nirgends ein menschliches Gesicht sich sehen ließ. Unter dem Dache dort hingen alte zerrissene Unterröcke, Körbe und Kräutersäcke, auf dem Dache wuchsen ordentliche Eibenbäumchen und Dornsträucher, und ein großer rußiger Schornstein ragte unheimlich in die Luft. Aus diesem Schornstein aber fuhr in der dunklen Nacht nicht selten eine Hexe auf ihrem Besen in die Höhe, jung und schön und splitternackt, wie Gott die Weiber geschaffen und der Teufel sie gern sieht. Wenn sie aus dem Schornstein fuhr, so schnupperte sie mit dem feinsten Näschen und mit lächelnden Kirschenlippen in der frischen Nachtluft und fuhr in dem weißen Scheine ihres Leibes dahin, indes ihr langes rabenschwarzes Haar wie eine Nachtfahne hinter ihr herflatterte. In einem Loch am Schornstein saß ein alter Eulenvogel und zu diesem begab sich jetzt der befreite Spiegel, eine fette Maus im Maule, die er unterwegs gefangen.

»Wünsch' guten Abend, liebe Frau Eule! Eifrig auf der Wacht?« sagte er und die Eule erwiderte: »Muß wohl! Wünsch' gleichfalls guten Abend! Ihr habt Euch lange nicht sehen lassen, Herr Spiegel!«

»Hat seine Gründe gehabt, werde Euch das erzählen. Hier habe ich Euch ein Mäuschen gebracht, schlecht und recht, wie es die Jahreszeit gibt, wenn ihr's nicht verschmähen wollt! Ist die Meisterin ausgeritten?«

»Noch nicht, sie will erst gegen Morgen auf ein Stündchen hinaus. Habt Dank für die schöne Maus! Seid doch immer der höfliche Spiegel! Habe hier einen schlechten Sperling zur Seite gelegt, der mir heut zu nahe flog; wenn Euch beliebt, so kostet den Vogel! Und wie ist es Euch denn ergangen?«

»Fast wunderlich«, erwiderte Spiegel, »sie wollten mir an den Kragen. Hört, wenn es Euch gefällig ist.« Während sie nun vergnüglich ihr Abendessen einnahmen, erzählte Spiegel der aufmerksamen Eule Alles, was ihn betroffen und wie er sich aus den Händen des Herrn Pineiß befreit habe. Die Eule sagte: »Da wünsch ich tausendmal Glück, nun seid Ihr wieder ein gemachter Mann und könnt gehen, wo Ihr wollt, nachdem Ihr mancherlei erfahren!«

»Damit sind wir noch nicht zu Ende, sagte Spiegel, der Mann muß seine Frau und seine Goldgulden haben!«

»Seid Ihr von Sinnen, dem Schelm noch wohlzutun, der Euch das Fell abziehen wollte?«

»Ei, er hat es doch rechtlich und vertragsmäßig tun können, und da ich ihn in gleicher Münze wieder bedienen kann, warum sollt' ich es unterlassen? Wer sagt denn, daß ich ihm wohltun will? jene Erzählung war eine reine Erfindung von mir, meine in Gott ruhende Meisterin war eine simple Person, welche in ihrem Leben nie verliebt, noch von Anbetern umringt war, und jener Schatz ist ein ungerechtes Gut, das sie einst ererbt und in den Brunnen geworfen hat, damit sie kein Unglück daran erlebe. ›Verflucht sei, wer es da herausnimmt und verbraucht‹, sagte sie. Es macht sich also in Betreff des Wohltuns!«

»Dann ist die Sache freilich anders! Aber nun, wo wollt Ihr die entsprechende Frau hernehmen?« »Hier aus diesem Schornstein! deshalb bin ich gekommen, um ein vernünftiges Wort mit Euch zu reden! Möchtet Ihr denn nicht einmal wieder frei werden aus den Banden dieser Hexe? Sinnt nach, wie wir sie fangen und mit dem alten Bösewicht verheiraten!«

»Spiegel, Ihr braucht Euch nur zu nähern, so weckt Ihr mir ersprießliche Gedanken.«

»Das wußte ich wohl, daß ihr klug seid! Ich habe das Meinige getan und es ist besser, daß Ihr auch Euren Senf dazu gebt und neue Kräfte vorspannt, so kann es gewiß nicht fehlen!«

»Da alle Dinge so schön zusammentreffen, so brauche ich nicht lang zu sinnen, mein Plan ist längst gemacht!« »Wie fangen wir sie?« »Mit einem neuen Schnepfengarn aus guten starken Hanfschnüren; geflochten muß es sein von einem zwanzigjährigen Jägerssohn, der noch kein Weib angesehen hat, und es muß schon dreimal der Nachttau darauf gefallen sein, ohne daß sich eine Schnepfe gefangen; der Grund aber hiervon muß dreimal eine gute Handlung sein. Ein solches Netz ist stark genug, die Hexe zu fangen.«

»Nun bin ich neugierig, wo Ihr ein solches hernehmt«, sagte Spiegel, »denn ich weiß, daß Ihr keine vergeblichen Worte schwatzt!«

»Es ist auch schon gefunden, wie für uns gemacht; in einem Walde nicht weit von hier sitzt ein zwanzigjähriger Jägerssohn, welcher noch kein Weib angesehen hat; denn er ist blind geboren. Deswegen ist er auch zu Nichts zu gebrauchen, als zum Garnflechten und hat vor einigen Tagen ein neues, sehr schönes Schnepfengarn zu Stande gebracht. Aber als der alte Jäger es zum ersten Male ausspannen wollte, kam ein Weib daher, welches ihn zur Sünde verlocken wollte; es war aber so häßlich, daß der alte Mann voll Schreckens davon lief und das Garn am Boden liegen ließ. Darum ist ein Tau darauf gefallen, ohne daß sich eine Schnepfe fing, und war also eine gute Handlung daran Schuld. Als er des andern Tages hinging, um das Garn abermals auszuspannen, kam eben ein Reiter daher, welcher einen schweren Mantelsack hinter sich hatte; in diesem war ein Loch, aus welchem von Zeit zu Zeit ein Goldstück auf die Erde fiel. Da ließ der Jäger das Garn abermals liegen und lief eifrig hinter dem Reiter her und sammelte die Goldstücke in seinen Hut, bis der Reiter sich umkehrte, es sah und voll Grimm seine Lanze auf ihn richtete. Da bückte der Jäger sich erschrocken, reichte ihm den Hut dar und sagte: Erlaubt, gnädiger Herr, Ihr habt hier viel Gold verloren, das ich Euch sorgfältig aufgelesen! Dies war wiederum eine gute Handlung, indem das ehrliche Finden eine der schwierigsten und besten ist; er war aber so weit von dem Schnepfengarn entfernt, daß er es die zweite Nacht im Walde liegen ließ und den nähern Weg nach Hause ging. Am dritten Tag endlich, nämlich gestern, als er eben wieder auf dem Wege war, traf er eine hübsche Gevatttersfrau an, die dem Alten um den Bart zu gehen pflegte und der er schon manches Häslein geschenkt hat. Darüber vergaß er die Schnepfen gänzlich und sagte am Morgen: Ich habe den armen Schnepflein das Leben geschenkt; auch gegen Tiere muß man barmherzig sein! Und um dieser drei guten Handlungen willen fand er, daß er jetzt zu gut sei für diese Welt, und ist heute Vormittag bei Zeiten in ein Kloster gegangen. So liegt das Garn noch ungebraucht im Walde und ich darf es nur holen.« »Holt es geschwind!« sagte Spiegel, »es wird gut sein zu unserm Zweck!« »Ich will es holen«, sagte die Eule, »steht nur so lang Wache für mich in diesem Loch, und wenn etwa die Meisterin den Schornstein hinauf rufen sollte, ob die Luft rein sei? so antwortet, indem Ihr meine Stimme nachahmt: Nein, es stinkt noch nicht in der Fechtschul'!« Spiegel stellte sich in die Nische und die Eule flog still über die Stadt weg nach dem Wald. Bald kam sie mit dem Schnepfengarn zurück und fragte: »Hat sie schon gerufen?« »Noch nicht!« sagte Spiegel.

Da spannten sie das Garn aus über den Schornstein und setzten sich daneben still und klug; die Luft war dunkel und es ging ein leichtes Morgenwindchen, in welchem ein paar Sternbilder flackerten. »Ihr sollt sehen«, flüsterte die Eule, »wie geschickt die durch den Schornstein heraufzusäuseln versteht, ohne sich die blanken Schultern schwarz zu machen!« »Ich hab sie noch nie so nah gesehen«, erwiderte Spiegel leise, »wenn sie uns nur nicht zu fassen kriegt!«

Da rief die Hexe von unten: »Ist die Luft rein?« Die Eule rief: »Ganz rein, es stinkt herrlich in der Fechtschul'!« und alsobald kam die Hexe heraufgefahren und wurde in dem Garne gefangen, welches die Katze und die Eule eiligst zusammenzogen und verbanden. »Halt fest!« sagte Spiegel, und »Binde gut!« die Eule. Die Hexe zappelte und tobte mäuschenstill, wie ein Fisch im Netz; aber es half ihr nichts und das Garn bewährte sich auf das Beste. Nur der Stiel ihres Besens ragte durch die Maschen. Spiegel wollte ihn sachte herausziehen, erhielt aber einen solchen Nasenstüber, daß er beinahe in Ohnmacht fiel und einsah, wie man auch einer Löwin im Netz nicht zu nahe kommen dürfe. Endlich hielt sich die Hexe still und sagte: »Was wollt ihr denn von mir, ihr wunderlichen Tiere?«

»Ihr sollt mich aus Eurem Dienste entlassen und meine Freiheit zurückgeben!« sagte die Eule. »So viel Geschrei und wenig Wolle!« sagte die Hexe, »Du bist frei, mach' dies Garn auf!« »Noch nicht!« sagte Spiegel, der immer noch seine Nase rieb, »Ihr müßt Euch verpflichten, den Stadthexenmeister Pineiß, Euren Nachbar, zu heiraten auf die Weise, wie wir Euch sagen werden, und ihn nicht mehr zu verlassen!« Da fing die Hexe wieder an zu zappeln und zu prusten wie der Teufel, und die Eule sagte: »Sie will nicht d'ran!« Spiegel aber sagte: »Wenn Ihr nicht ruhig seid und Alles tut, was wir wünschen, so hängen wir das Garn samt seinem Inhalte da vorn an den Drachenkopf der Dachtraufe, nach der Straße zu, daß man Euch morgen sieht und die Hexe erkennt! Sagt also: Wollt Ihr lieber unter dem Vorsitze des Herrn Pineiß gebraten werden, oder ihn braten, indem Ihr ihn heiratet?«

Da sagte die Hexe mit einem Seufzer: »So sprecht, wie meint Ihr die Sache?« Und Spiegel setzte ihr Alles zierlich auseinander, wie es gemeint sei und was sie zu tun hätte. »Das ist allenfalls noch auszuhalten, wenn es nicht anders sein kann!« sagte sie und ergab sich unter den stärksten Formeln, die eine Hexe binden können. Da taten die Tiere das Gefängnis auf und ließen sie heraus. Sie bestieg sogleich den Besen, die Eule setzte sich hinter sie auf den Stiel und Spiegel zuhinterst auf das Reisigbündel und hielt sich da fest, und so ritten sie nach dem Brunnen, in welchen die Hexe hinabfuhr, um den Schatz herauf zu holen.

Am Morgen erschien Spiegel bei Herrn Pineiß und meldete ihm, daß er die bewußte Person ansehen und freien könne; sie sei aber allbereits so arm geworden, daß sie, gänzlich verlassen und verstoßen, vor dem Tore unter einem Baum sitze und bitterlich weine. Sogleich kleidete sich Herr Pineiß in sein abgeschabtes gelbes Samtwämschen, das er nur bei feierlichen Gelegenheiten trug, setzte die bessere Pudelmütze auf und umgürtete sich mit seinem Degen; in die Hand nahm er einen alten grünen Handschuh, ein Balsamfläschchen, worin einst Balsam gewesen und das noch ein Bißchen roch, und eine papierne Nelke, worauf er mit Spiegel vor das Tor ging, um zu freien. Dort traf er ein weinendes Frauenzimmer sitzen unter einem Weidenbaum, von so großer Schönheit, wie er noch nie gesehen; aber ihr Gewand war so dürftig und zerrissen, daß, sie mochte sich auch schamhaft gebärden wie sie wollte, immer da oder dort der schneeweiße Leib ein Bißchen durchschimmerte. Pineiß riß die Augen auf und konnte vor heftigem Entzücken kaum seine Bewerbung vorbringen. Da trocknete die Schöne ihre Tränen, gab ihm mit süßem Lächeln die Hand, dankte ihm mit einer himmlischen Glockenstimme für seine Großmut und schwur, ihm ewig treu zu sein. Aber im selben Augenblicke erfüllte ihn eine solche Eifersucht und Neideswut auf seine Braut, daß er beschloß, sie vor keinem menschlichen Auge jemals sehen zu lassen. Er ließ sich bei einem uralten Einsiedler mit ihr trauen und feierte das Hochzeitmahl in seinem Hause, ohne andere Gäste, als Spiegel und die Eule, welche ersterer mitzubringen sich die Erlaubnis erbeten hatte. Die zehntausend Goldgulden standen in einer Schüssel auf dem Tisch und Pineiß griff zuweilen hinein und wühlte in dem Golde; dann sah er wieder die schöne Frau an, welche in einem meerblauen Sammetkleide dasaß, das Haar mit einem goldenen Netze umflochten und mit Blumen geschmückt, und den weißen Hals mit Perlen umgeben. Er wollte sie fortwährend küssen, aber sie wußte verschämt und züchtig ihn abzuhalten, mit einem verführerischen Lächeln, und schwur, daß sie dieses vor Zeugen und vor Anbruch der Nacht nicht tun würde. Dies machte ihn nur noch verliebter und glückseliger, und Spiegel würzte das Mahl mit lieblichen Gesprächen, welche die schöne Frau mit den angenehmsten, witzigsten und einschmeichelndsten Worten fortführte, so daß der Hexenmeister nicht wußte, wie ihm geschah vor Zufriedenheit. Als es aber dunkel geworden, beurlaubten sich die Eule und die Katze und entfernten sich bescheiden; Herr Pineiß begleitete sie bis unter die Haustüre mit einem Lichte und dankte dem Spiegel

nochmals, indem er ihn einen trefflichen und höflichen Mann
nannte, und als er in die Stube zurückkehrte, saß die alte weiße
Begine, seine Nachbarin, am Tisch und sah ihn mit einem bösen Blick an. Entsetzt ließ Pineiß den Leuchter fallen und lehnte
sich zitternd an die Wand. Er hing die Zunge heraus und sein
Gesicht war so fahl und spitzig geworden, wie das der Begine.
Diese aber stand auf, näherte sich ihm und trieb ihn vor sich her
in die Hochzeitkammer, wo sie mit höllischen Künsten ihn auf
eine Folter spannte, wie noch kein Sterblicher erlebt. So war er
nun mit der Alten unauflöslich verehelicht, und in der Stadt hieß
es, als es ruchbar wurde: Ei seht, wie stille Wasser tief sind! Wer
hätte gedacht, daß die fromme Begine und der Herr Stadthexenmeister sich noch verheiraten würden! Nun, es ist ein ehrbares
und rechtliches Paar, wenn auch nicht sehr liebenswürdig!

Herr Pineiß aber führte von nun an ein erbärmliches Leben;
seine Gattin hatte sich sogleich in den Besitz aller seiner Geheimnisse gesetzt und beherrschte ihn vollständig. Es war ihm
nicht die geringste Freiheit und Erholung gestattet, er mußte hexen vom Morgen bis zum Abend, was das Zeug halten wollte,
und wenn Spiegel vorüberging und es sah, sagte er freundlich:
»Immer fleißig, fleißig, Herr Pineiß?«

Seit dieser Zeit sagt man zu Seldwyla: Er hat der Katze den
Schmer abgekauft! besonders wenn Einer eine böse und wider-
wärtige Frau erhandelt hat.

49

Winternacht

Nicht ein Flügelschlag ging durch die Welt,
Still und blendend lag der weiße Schnee,
Nicht ein Wölklein hing am Sternenzelt,
Keine Welle schlug im starren See.

Aus der Tiefe stieg der Seebaum auf,
Bis sein Wipfel in dem Eis gefror;
An den Ästen klomm die Nix' herauf,
Schaute durch das grüne Eis empor.

Auf dem dünnen Glase stand ich da,
Das die schwarze Tiefe von mir schied;
Dicht ich unter meinen Füßen sah
Ihre weiße Schönheit Glied für Glied.

Mit ersticktem Jammer tastet' sie
An der harten Decke her und hin.
Ich vergess' das dunkle Antlitz nie,
Immer, immer liegt es mir im Sinn!

Brief an Wilhelm Baumgartner

Heidelberg, 28. Januar 1849

Das Merkwürdigste, was mir hier passiert ist, besteht darin, daß ich nun mit Feuerbach, über welchen ich grober Weise vor nicht langer Zeit auch mit Dir Händel anfing, fast alle Abende zusammen bin, Bier trinke und auf seine Worte lausche. Er ist von hiesigen Studenten und Demokraten angegangen worden, diesen Winter hier zu lesen; er kam und hat etwa hundert eingeschriebene Zuhörer. Obgleich er eigentlich nicht zum Dozenten geschaffen ist und einen mühseligen schlechten Vortrag hat, so ist es doch höchst interessant, diese gegenwärtig weitaus wichtigste historische Person in der Philosophie selbst seine Religionsphilosophie vortragen zu hören ... So viel steht fest: ich werde *tabula rasa* machen (oder es ist vielmehr schon geschehen) mit allen meinen bisherigen religiösen Vorstellungen, bis ich auf dem Feuerbachischen Niveau bin. Die Welt ist eine Republik, sagt er, und erträgt weder einen absoluten noch einen konstitutionellen Gott (Rationalisten). Ich kann einstweilen diesem Aufruf nicht widerstehen. Mein Gott war längst nur eine Art von Präsident oder erstem Konsul, welcher nicht viel Ansehen genoß, ich mußte ihn absetzen. Allein ich kann nicht schwören, daß meine Welt sich nicht wieder an einem schönen Morgen ein Reichsoberhaupt wähle. Die Unsterblichkeit geht in den Kauf. So schön und empfindungsreich der Gedanke ist – kehre die Hand auf die rechte Weise um, und das Gegenteil ist ebenso ergreifend und tief. Wenigstens für mich waren es sehr feierliche und nachdenkliche Stunden, als ich anfing, mich an den Gedanken des wahrhaften Todes zu gewöhnen. Ich kann Dich versichern, daß man sich zusammennimmt und nicht eben ein schlechterer Mensch wird.

Für mich ist die Hauptfrage die: Wird die Welt, wird das Leben prosaischer und gemeiner nach Feuerbach? Bis jetzt muß ich des bestimmtesten antworten: Nein! im Gegenteil, es wird alles klarer, strenger, aber auch glühender und sinnlicher. – Das weitere muß ich der Zukunft überlassen, denn ich werde nie ein Fanatiker sein und die geheimnisvolle schöne Welt zu allem Möglichen fähig halten, wenn es mir irgend plausibel wird.

Brief an Eduard Dössekel

Heidelberg, 8. Februar 1849

Endlich kam noch Ludwig Feuerbach nach Heidelberg und liest hier auf ergangene Einladung öffentlich über Religionsphilosophie. Bald kam ich persönlich mit Feuerbach zusammen, sein tüchtiges Wesen zog mich an und machte mich unbefangener für seine Lehre, und so wird es kommen, daß ich in gewissen Dingen verändert zurückkehren werde. Ich habe keine Lust, jetzt schon schriftlich eine Art von Rechenschaft abzulegen. Nur so viel:

Für die poetische Tätigkeit aber glaube ich neue Aussichten und Grundlagen gewonnen zu haben, denn erst jetzt fange ich an, Natur und Mensch so recht zu packen und zu fühlen, und wenn Feuerbach weiter nichts getan hätte, als daß er uns von der Unpoesie der spekulativen Theologie und Philosophie erlöste, so wäre das schon ungeheuer viel.

Romeo und Julia auf dem Dorfe

Diese Geschichte zu erzählen, würde eine müßige Erfindung sein, wenn sie nicht auf einem wahren Vorfall beruhte, zum Beweise, wie tief im Menschenleben jede der schönen Fabeln wurzelt, auf welche ein großes Dichterwerk gegründet ist. Die Zahl solcher Fabeln ist mäßig, gleich der Zahl der Metalle, aber sie ereignen sich immer wieder auf's Neue mit veränderten Umständen und in der wunderlichsten Verkleidung.

An dem schönen Flusse, der eine halbe Stunde entfernt an Seldwyl vorüberzieht, erhebt sich eine weitgedehnte Erdwelle und verliert sich, selber wohlbebaut, in der fruchtbaren Ebene. Fern an ihrem Fuße liegt ein Dorf, welches manche große Bauernhöfe enthält, und über die sanfte Anhöhe lagen vor Jahren drei prächtige lange Äcker weithingestreckt, gleich drei riesigen Bändern neben einander. An einem sonnigen Septembermorgen pflügten zwei Bauern auf zweien dieser Äcker, und zwar auf jedem der beiden äußersten; der mittlere schien seit langen Jahren brach und wüst zu liegen, denn er war mit Steinen und hohem Unkraut bedeckt und eine Welt von geflügelten Tierchen summte ungestört über ihm. Die Bauern aber, welche zu beiden Seiten hinter ihrem Pfluge gingen, waren lange, knochige Männer von ungefähr vierzig Jahren und verkündeten auf den ersten Blick den sichern, gutbesorgten Bauersmann. Sie trugen kurze Kniehosen von starkem Zwillich, an dem jede Falte ihre unveränderliche Lage hatte und wie in Stein gemeißelt aussah. Wenn sie, auf ein Hindernis stoßend, den Pflug fester faßten, so zitterten die groben Hemdärmel von der leichten Erschütterung, indessen die wohlrasierten Gesichter ruhig und aufmerksam, aber ein wenig blinzelnd in den Sonnenschein vor sich hinschauten, die Furche bemaßen oder auch wohl zuweilen sich umsahen, wenn ein fernes Geräusch die Stille des Landes unterbrach. Langsam und mit einer gewissen natürlichen Zierlichkeit setzten sie einen

Fuß um den andern vorwärts und keiner sprach ein Wort, außer wenn er etwa dem Knechte, der die stattlichen Pferde antrieb, eine Anweisung gab. So glichen sie einander vollkommen in einiger Entfernung; denn sie stellten die ursprüngliche Art dieser Gegend dar, und man hätte sie auf den ersten Blick nur daran unterscheiden können, daß der Eine den Zipfel seiner weißen Kappe nach vorn trug, der Andere aber hinten im Nacken hängen hatte. Aber das wechselte zwischen ihnen ab, indem sie in der entgegengesetzten Richtung pflügten; denn wenn sie oben auf der Höhe zusammentrafen und an einander vorüberkamen, so schlug dem, welcher gegen den frischen Ostwind ging, die Zipfelkappe nach hinten über, während sie bei dem Andern, der den Wind im Rücken hatte, sich nach vorne sträubte. Es gab auch jedesmal einen mittleren Augenblick, wo die schimmernden Mützen aufrecht in der Luft schwankten und wie zwei weiße Flammen gen Himmel züngelten. So pflügten Beide ruhevoll und es war schön anzusehen in der stillen goldenen Septembergegend, wenn sie so auf der Höhe an einander vorbeizogen, still und langsam und sich mälig von einander entfernten, immer weiter auseinander, bis Beide wie zwei untergehende Gestirne hinter die Wölbung des Hügels hinabgingen und verschwanden, um eine gute Weile darauf wieder zu erscheinen. Wenn sie einen Stein in ihren Furchen fanden, so warfen sie denselben auf den wüsten Acker in der Mitte mit lässig kräftigem Schwunge, was aber nur selten geschah, da derselbe schon fast mit allen Steinen belastet war, welche überhaupt auf den Nachbaräckern zu finden gewesen. So war der lange Morgen zum Teil vergangen, als von dem Dorfe her ein kleines artiges Fuhrwerklein sich näherte, welches kaum zu sehen war, als es begann, die gelinde Höhe heran zu kommen. Das war ein grün bemaltes Kinderwägelchen, in welchem die Kinder der beiden Pflüger, ein Knabe und ein kleines Ding von Mädchen, gemeinschaftlich den Vormittagsimbiß heranfuhren. Für jeden Teil lag ein schönes Brot, in eine Serviette gewickelt, eine Kanne Wein mit Gläsern und noch irgend ein Zutätchen in dem Wagen, welches die zärtliche Bäuerin für den fleißigen Meister mitgesandt, und außerdem waren da noch verpackt allerlei seltsam gestaltete angebissene Äpfel und Birnen, welche die Kinder am Wege aufgelesen, und eine völlig nackte Puppe mit nur einem Bein und einem verschmierten Gesicht, welche wie ein Fräulein zwischen den Broden saß und sich behaglich fahren ließ. Dies Fuhrwerk hielt nach manchem Anstoß und Aufenthalt endlich auf der Höhe im Schatten eines jungen Lindengebüsches, welches da am Rande des Feldes stand, und nun konnte man die beiden Fuhrleute näher betrachten. Es war ein Junge von sieben Jahren und ein Dirnchen von fünfen, beide gesund und munter, und weiter war nichts Auffälliges an ihnen, als daß beide sehr hübsche Augen hatten und das Mädchen dazu noch eine bräunliche Gesichtsfarbe und ganz krause dunkle Haare, welche ihm ein feuriges und treuherziges Ansehen gaben. Die Pflüger waren jetzt auch wieder oben angekommen, steckten den Pferden etwas Klee vor und ließen die Pflüge in der halb vollendeten Furche stehen, während sie als gute Nachbaren sich zu dem gemeinschaftlichen Imbiß begaben und sich da zuerst begrüßten; denn bislang hatten sie sich noch nicht gesprochen an diesem Tage.

Wie nun die Männer mit Behagen ihr Frühstück einnahmen und mit zufriedenem Wohlwollen den Kindern mitteilten, die nicht von der Stelle wichen, so lange gegessen und getrunken wurde, ließen sie ihre Blicke in der Nähe und Ferne herumschweifen und sahen das Städtchen räucherig glänzend in seinen Bergen liegen; denn das reichliche Mittagsmahl, welches die Seldwyler alle Tage bereiteten, pflegte ein weithin scheinendes Silbergewölk über ihre Dächer emporzutragen, welches lachend an ihren Bergen hinschwebte.

»Die Lumpenhunde zu Seldwyl kochen wieder gut!« sagte Manz, der eine der Bauern, und Marti, der andere, erwiderte: »Gestern war Einer bei mir wegen des Ackers hier.« »Aus dem Bezirksrat? bei mir ist er auch gewesen!« sagte Manz. »So? und meinte wahrscheinlich auch, du solltest das Land benutzen und den Herren die Pacht zahlen?« »Ja, bis es sich entschieden habe, wem der Acker gehöre und was mit ihm anzufangen sei. Ich habe mich aber bedankt, das verwilderte Wesen für einen Andern herzustellen, und sagte, sie sollten den Acker nur verkaufen und den Ertrag aufheben, bis sich ein Eigentümer gefunden, was wohl nie geschehen wird; denn was einmal auf der Kanzlei zu Seldwyl liegt, hat da gute Weile, und überdem ist die Sache schwer zu entscheiden. Die Lumpen möchten indessen gar zu gern etwas zu naschen bekommen durch den Pachtzins, was sie freilich mit der Verkaufssumme auch tun könnten; allein wir würden uns hüten, dieselbe zu hoch hinauf zu treiben, und wir wüßten dann doch, was wir hätten und wem das Land gehört!«

»Ganz so meine ich auch und habe dem Steckleinspringer* eine ähnliche Antwort gegeben!«

Sie schwiegen eine Weile, dann fing Manz wiederum an: »Schad' ist es aber doch, daß der gute Boden so daliegen muß, es ist nicht zum Ansehen, das geht nun schon in die zwanzig Jahre so und keine Seele fragt darnach; denn hier im Dorf ist Niemand, der irgend einen Anspruch auf den Acker hat, und Niemand weiß auch, wo die Kinder des verdorbenen Trompeters hingekommen sind.«

»Hm! sagte Marti, das wäre so eine Sache! Wenn ich den schwarzen Geiger ansehe, der sich bald bei den Heimatlosen aufhält, bald in den Dörfern zum Tanz aufspielt, so möchte ich darauf schwören, daß er ein Enkel des Trompeters ist, der freilich nicht weiß, daß er noch einen Acker hat. Was täte er aber damit? Einen Monat lang sich besaufen und dann nach wie vor! Zudem, wer dürfte da einen Wink geben, da man es doch nicht sicher wissen kann!«

»Da könnte man eine schöne Geschichte anrichten! antwortete Manz, wir haben so genug zu tun, diesem Geiger das Heimatsrecht in unserer Gemeinde abzustreiten, da man uns den Fetzel** fortwährend aufhalsen will. Haben sich seine Eltern ein-

---

*   Geschäftemacher, der mit seinem Spazierstock wichtigtut
** Lump, Taugenichts

mal unter die Heimatlosen begeben, so mag er auch dableiben und dem Kesselvolk das Geigelein streichen. Wie in aller Welt können wir wissen, daß er des Trompeters Sohnessohn ist? Was mich betrifft, wenn ich den Alten auch in dem dunklen Gesicht vollkommen zu erkennen glaube, so sage ich: irren ist menschlich, und das geringste Fetzchen Papier, ein Stücklein von einem Taufschein würde meinem Gewissen besser tun, als zehn sündhafte Menschengesichter!«

»Eia, sicherlich! sagte Marti, er sagt zwar, er sei nicht Schuld, daß man ihn nicht getauft habe! Aber sollen wir unsern Taufstein tragbar machen und in den Wäldern herumtragen? Nein, er steht fest in der Kirche und dafür ist die Totenbahre tragbar, die draußen an der Mauer hängt. Wir sind schon übervölkert im Dorf und brauchen bald zwei Schulmeister!«

Hiemit war die Mahlzeit und das Zwiegespräch der Bauern geendet und sie erhoben sich, den Rest ihrer heutigen Vormittagsarbeit zu vollbringen. Die beiden Kinder hingegen, welche schon den Plan entworfen hatten, mit den Vätern nach Hause zu ziehen, zogen ihr Fuhrwerk unter den Schutz der jungen Linden und begaben sich dann auf einen Streifzug in dem wilden Acker, da derselbe mit seinen Unkräutern, Stauden und Steinhaufen eine ungewohnte und merkwürdige Wildnis darstellte. Nachdem sie in der Mitte dieser grünen Wildnis einige Zeit hingewandert, Hand in Hand, und sich daran belustigt, die verschlungenen Hände über die hohen Distelstauden zu schwingen, ließen sie sich endlich im Schatten einer solchen nieder und das Mädchen begann seine Puppe mit den langen Blättern des Wegekrautes zu bekleiden, so daß sie einen schönen grünen und ausgezackten Rock bekam; eine einsame rote Mohnblume, die da noch blühte, wurde ihr als Haube über den Kopf gezogen und mit einem Grase festgebunden, und nun sah die kleine Person aus wie eine Zauberfrau, besonders nachdem sie noch ein Halsband und einen Gürtel von kleinen roten Beerchen erhalten. Dann wurde sie hoch in die Stengel der Distel gesetzt und eine Weile mit vereinten Blicken angeschaut, bis der Knabe sie genugsam besehen und mit einem Steine herunterwarf. Dadurch geriet aber ihr Putz in Unordnung und das Mädchen entkleidete sie schleunigst, um sie auf's Neue zu schmücken; doch als die Puppe eben wieder nackt und bloß war und nur noch der roten Haube sich erfreute, entriß der wilde Junge seiner Gefährtin das Spielzeug und warf es hoch in die Luft. Das Mädchen sprang klagend darnach, allein der Knabe fing die Puppe zuerst wieder auf, warf sie auf's Neue empor, und indem das Mädchen sie vergeblich zu haschen bemühte, neckte er es auf diese Weise eine gute Zeit. Unter seinen Händen aber nahm die fliegende Puppe Schaden und zwar am Knie ihres einzigen Beines, allwo ein kleines Loch einige Kleiekörner durchsickern ließ. Kaum bemerkte der Peiniger dies Loch, so verhielt er sich mäuschenstill und war mit offenem Munde eifrig beflissen, das Loch mit seinen Nägeln zu vergrößern und dem Ursprung der Kleie nachzuspüren. Seine Stille erschien dem armen Mädchen höchst verdächtig und es drängte sich herzu und mußte mit Schrecken sein böses Beginnen gewahren. »Sieh mal!« rief er und schlenkerte ihr das Bein vor der Nase herum, daß ihr die Kleie in's Gesicht flog, und wie sie danach langen wollte und schrie und flehte, sprang er wieder fort und ruhte nicht eher, bis das ganze Bein dürr und leer herabhing als eine traurige Hülse. Dann warf er das mißhandelte Spielzeug hin und stellte sich höchst frech und gleichgültig, als die Kleine sich weinend auf die Puppe warf und dieselbe in ihre Schürze hüllte. Sie nahm sie aber wieder hervor und betrachtete wehselig die Ärmste, und als sie das Bein sah, fing sie abermals an laut zu weinen, denn dasselbe hing an dem Rumpfe nicht anders, denn das Schwänzchen an einem Molche. Als sie gar so unbändig weinte, ward es dem Missetäter endlich etwas übel zu Mut und er stand in Angst und Reue vor der Klagenden, und als sie dies merkte, hörte sie plötzlich auf und schlug ihn einigemal mit der Puppe und er tat, als ob es ihm weh täte und schrie au! so natürlich, daß sie zufrieden war und nun mit ihm gemeinschaftlich die Zerstörung und Zerlegung fortsetzte. Sie bohrten Loch auf Loch in den Marterleib und ließen aller

Enden die Kleie entströmen, welche sie sorgfältig auf einem flachen Steine zu einem Häufchen sammelten, umrührten und aufmerksam betrachteten. Das einzige Feste, was noch an der Puppe bestand, war der Kopf und mußte jetzt vorzüglich die Aufmerksamkeit der Kinder erregen; sie trennten ihn sorgfältig los von dem ausgequetschten Leichnam und guckten erstaunt in sein hohles Innere. Als sie die bedenkliche Höhlung sahen und auch die Kleie sahen, war es der nächste und natürlichste Gedankensprung, den Kopf mit der Kleie auszufüllen, und so waren die Fingerchen der Kinder nun beschäftigt, um die Wette Kleie in den Kopf zu tun, so daß zum ersten Mal in seinem Leben etwas in ihm steckte. Der Knabe mochte es aber immer noch für ein totes Wissen halten, weil er plötzlich eine große blaue Fliege fing und, die summende zwischen beiden hohlen Händen haltend, dem Mädchen gebot, den Kopf von der Kleie zu entleeren. Hierauf wurde die Fliege hineingesperrt und das Loch mit Gras verstopft. Die Kinder hielten den Kopf an die Ohren und setzten ihn dann feierlich auf einen Stein, da er noch mit der roten Mohnblume bedeckt war, so glich der Tönende jetzt einem weissagenden Haupte und die Kinder lauschten in tiefer Stille seinen Kunden und Märchen, indessen sie sich umschlungen hielten. Aber jeder Prophet erweckt Schrecken und Undank; das wenige Leben in dem dürftig geformten Bilde erregte die menschliche Grausamkeit in den Kindern, und es wurde beschlossen, das Haupt zu begraben. So machten sie ein Grab und legten den Kopf, ohne die gefangene Fliege um ihre Meinung zu befragen, hinein, und errichteten über dem Grabe ein ansehnliches Denkmal von Feldsteinen. Dann empfanden sie einiges Grauen, da sie etwas Geformtes und Belebtes begraben hatten, und entfernten sich ein gutes Stück von der unheimlichen Stätte. Auf einem ganz mit grünen Kräutern bedeckten Plätzchen legte sich das Dirnchen auf den Rücken, da es müde war, und begann in eintöniger Weise einige Worte zu singen, immer die nämlichen, und der Junge kauerte daneben und half, indem er nicht wußte, ob er auch vollends umfallen solle, so lässig und müßig war er. Die Sonne schien dem singenden Mädchen in den geöffneten Mund, beleuchtete dessen blendendweiße Zähnchen und durchschimmerte die runden Purpurlippen. Der Knabe sah die Zähne, und dem Mädchen den Kopf haltend und dessen Zähnchen neugierig untersuchend, rief er: Rate, wie viel Zähne hat man? das Mädchen besann sich einen Augenblick, als ob es reiflich nachzählte, und sagte dann auf Geratewohl: Hundert! »Nein, zwei und dreißig!« rief er, »wart, ich will einmal zählen!« da zählte er die Zähne des Kindes und weil er nicht zwei und dreißig herausbrachte, so fing er immer wieder von Neuem an. Das Mädchen hielt lange still; als aber der eifrige Zähler nicht zu Ende kam, raffte es sich auf und rief: »nun will ich Deine zählen!« Nun legte sich der Bursche hin in's Kraut, das Mädchen über ihn, umschlang seinen Kopf, er sperrte das Maul auf, und es zählte: Eins, zwei, sieben, fünf, zwei, eins; denn die kleine Schöne konnte noch nicht zählen. Der Junge verbesserte sie und gab ihr Anweisung, wie sie zählen solle, und so fing auch sie unzählige Mal von Neuem an und das Spiel schien ihnen am besten zu gefallen von allem, was sie heut unternommen. Endlich aber sank das Mädchen ganz auf den kleinen Rechenmeister nieder und die Kinder schliefen ein in der hellen Mittagssonne.

Inzwischen hatten die Väter ihre Äcker fertig gepflügt und in frischduftende braune Fläche umgewandelt. Als nun, mit der letzten Furche zu Ende gekommen, der Knecht des Einen halten wollte, rief sein Meister: »Was hältst Du? Kehr' noch einmal um!« »Wir sind ja fertig!« sagte der Knecht: »Halt's Maul und tu', wie ich dir sage!« der Meister. Und sie kehrten um und rissen eine tüchtige Furche in den mittleren herrenlosen Acker hinein, daß Kraut und Steine flogen. Der Bauer hielt sich aber nicht mit der Beseitigung derselben auf, er mochte denken, hiezu sei noch Zeit genug vorhanden, und er begnügte sich, für heute die Sache nur aus dem Gröbsten zu tun. So ging es rasch die Höhe empor in sanftem Bogen, und als man oben angelangt und das liebliche Windeswehen eben wieder den Kappenzipfel des Mannes zurückwarf, pflügte auf der anderen Seite der Nachbar vorüber, mit dem Zipfel nach vorn, und schnitt ebenfalls eine ansehnliche Furche vom mittleren Acker daß die Schollen nur so zur Seite flogen. Jeder sah wohl, was der Andere tat, aber keiner schien es zu sehen und sie entschwanden sich wieder, indem jedes Sternbild still am andern vorüberging und hinter diese runde Welt hinabtauchte. So gehen die Weberschiffchen des Geschickes an einander vorbei und »was er webt, das weiß kein Weber!«

Es kam eine Ernte um die andere, und jede sah die Kinder größer und schöner und den herrenlosen Acker schmäler zwischen seinen breitgewordenen Nachbaren. Mit jedem Pflügen verlor er hüben und drüben eine Furche, ohne daß ein Wort darüber gesprochen worden wäre und ohne daß ein Menschenauge den Frevel zu sehen schien. Die Steine wurden immer mehr zusammengedrängt und bildeten schon einen ordentlichen Grat auf der ganzen Länge des Ackers, und das wilde Gesträuch darauf war schon so hoch, daß die Kinder, obgleich sie gewachsen waren, sich nicht mehr sehen konnten, wenn eines dies- und das andere jenseits ging. Denn sie gingen nun nicht mehr gemeinschaftlich auf das Feld, da der zehnjährige Salomon oder Sali, wie er genannt wurde, sich schon wacker auf Seite der größeren Burschen und der Männer hielt; und das braune Vrenchen, obgleich es ein feuriges Dirnchen war, mußte bereits unter der Obhut seines Geschlechts gehen, sonst wäre es von den andern als ein Bubenmädchen ausgelacht worden. Dennoch nahmen sie während jeder Ernte, wenn alles auf den Äckern war, einmal Gelegenheit, den wilden Steinkamm, der sie trennte, zu besteigen und sich gegenseitig von demselben herunterzustoßen. Wenn sie auch sonst keinen Verkehr mehr mit einander hatten, so schien diese jährliche Zeremonie um so sorglicher gewahrt zu werden, als sonst nirgends die Felder ihrer Väter zusammenstießen.

Indessen sollte der Acker doch endlich verkauft und der Erlös einstweilen amtlich aufgehoben werden. Die Versteigerung fand an Ort und Stelle statt, wo sich aber nur einige Gaffer einfanden außer den Bauern Manz und Marti, da Niemand Lust hatte, das seltsame Stückchen zu erstehen und zwischen den zwei Nachbaren zu bebauen. Denn obgleich diese zu den besten Bauern des Dorfes gehörten und nichts weiter getan hatten, als was zwei Drittel der übrigen unter diesen Umständen auch getan haben würden, so sah man sie doch jetzt stillschweigend darum an und Niemand wollte zwischen ihnen eingeklemmt sein mit dem geschmälerten Waisenfelde. Die meisten Menschen sind fähig oder bereit, ein in den Lüften umgehendes Unrecht zu verüben, wenn sie mit der Nase darauf stoßen; so wie es aber von Einem begangen ist sind die Übrigen froh, daß sie es doch nicht gewesen sind, daß die Versuchung nicht sie betroffen hat, und sie machen nun den Auserwählten zu dem Schlechtigkeitsmesser ihrer Eigenschaften und behandeln ihn mit zarter Scheu als einen Ableiter des Übels, der von den Göttern gezeichnet ist, während ihnen zugleich noch der Mund wässert nach den Vorteilen, die er dabei genossen. Manz und Marti waren also die einzigen, welche ernstlich auf den Acker boten; nach einem ziemlich hartnäckigen Überbieten erstand ihn Manz und er wurde ihm zugeschlagen. Die Beamten und die Gaffer verloren sich vom Felde; die beiden Bauern, welche sich auf ihren Äckern noch zu schaffen gemacht, trafen beim Weggehen wieder zusammen und Marti sagte: »Du wirst nun Dein Land, das alte und das neue, wohl zusammenschlagen und in zwei gleiche Stücke teilen? Ich hätte es wenigstens so gemacht, wenn ich das Ding bekommen hätte.« »Ich werde es allerdings auch tun,« antwortete Manz, »denn als Ein Acker würde mir das Stück zu groß sein. Doch was ich sagen wollte: Ich habe bemerkt, daß Du neulich noch am untern Ende dieses Ackers, der jetzt mir gehört, schräg hineingefahren bist und ein gutes Dreieck abgeschnitten hast. Du hast es vielleicht getan in der Meinung, Du werdest das ganze Stück an Dich bringen und es sei dann so wieso Dein. Da es nun aber mir gehört, so wirst Du wohl einsehen, daß ich eine solche ungehörige Einkrümmung nicht brauchen noch dulden kann, und wirst nichts dagegen haben, wenn ich den Strich wieder grad mache! Streit wird das nicht abgeben sollen!«

Marti erwiderte eben so kaltblütig, als ihn Manz angeredet hatte: »Ich sehe auch nicht, wo Streit herkommen soll! Ich denke, Du hast den Acker gekauft, wie er da ist, wir haben ihn alle gemeinschaftlich besehen und er hat sich seit einer Stunde nicht um ein Haar verändert!«

»Larifari! sagte Manz, was früher geschehen, wollen wir nicht aufrühren! Was aber zu viel ist, ist zu viel und alles muß zuletzt eine ordentliche grade Art haben; diese drei Äcker sind von jeher so grade neben einander gelegen, wie nach dem Richtscheit gezeichnet; es ist ein ganz absonderlicher Spaß von Dir, wenn Du nun einen solchen lächerlichen und unvernünftigen Schnörkel dazwischen bringen willst und wir beide würden einen Übernamen bekommen, wenn wir den krummen Zipfel da bestehen ließen. Er muß durchaus weg!«

Marti lachte und sagte: »Du hast ja auf einmal eine merkwürdige Furcht vor dem Gespötte der Leute! das läßt sich aber ja wohl machen; mich geniert das Krumme gar nicht; ärgert es Dich, gut, so machen wir es grad, aber nicht auf meiner Seite, das geb' ich Dir schriftlich, wenn Du willst!«

»Rede doch nicht so spaßhaft, sagte Manz, es wird wohl grad gemacht, und zwar auf Deiner Seite, darauf kannst Du Gift nehmen!«

»Das werden wir ja sehen und erleben!« sagte Marti, und beide Männer gingen auseinander, ohne sich weiter anzublicken; vielmehr starrten sie nach verschiedener Richtung in's Blaue hinaus, als ob sie da Wunder was für Merkwürdigkeiten im Auge hätten, die sie betrachten müßten mit Aufbietung aller ihrer Geisteskräfte.

Schon am nächsten Tage schickte Manz einen Dienstbuben, ein Tagelöhnermädchen und sein eigenes Söhnchen Sali auf den Acker hinaus, um das wilde Unkraut und Gestrüpp auszureuten und auf Haufen zu bringen, damit nachher die Steine um so bequemer weggefahren werden könnten. Dies war eine Änderung in seinem Wesen, daß er den kaum eilfjährigen Jungen, der noch zu keiner Arbeit angehalten worden, nun mit hinaussandte, gegen die Einsprache der Mutter. Es schien, da er es mit ernsthaften und gesalbten Worten tat, als ob er mit dieser Arbeitsstrenge gegen eigenes Blut das Unrecht betäuben wollte, in dem er lebte, und welches nun begann, seine Folgen ruhig zu entfalten. Das ausgesandte Völklein jätete inzwischen lustig an dem Unkraut und hackte mit Vergnügen an den wunderlichen Stauden und Pflanzen aller Art, die da seit Jahren wucherten. Denn da es eine außerordentliche gleichsam wilde Arbeit war, bei der keine Regel und keine Sorgfalt erheischt wurde, so galt sie als eine Lust. Das wilde Zeug, an der Sonne gedörrt, wurde aufgehäuft und mit großem Jubel verbrannt, daß der Qualm weithin sich verbreitete und die jungen Leutchen darin herumsprangen, wie besessen. Dies war das letzte Freudenfest auf dem Unglücksfelde, und das junge Vrenchen, Martis Tochter, kam auch hinausgeschlichen und half tapfer mit. Das Ungewöhnliche dieser Begebenheit und die lustige Aufregung gaben einen guten Anlaß, sich seinem kleinen Jugendgespielen wieder einmal zu nähern, und die Kinder waren recht glücklich und munter bei ihrem Feuer. Es kamen noch andere Kinder hinzu und es sammelte sich eine ganz vergnügte Gesellschaft; doch immer, sobald sie getrennt wurden, suchte Sali alsobald wieder neben Vrenchen zu gelangen, und dieses wußte desgleichen immer vergnügt lächelnd zu ihm zu schlüpfen, und es war beiden Kreaturen, wie wenn dieser herrliche Tag nie enden müßte und könnte. Doch der alte Manz kam gegen Abend herbei, um zu sehen, was sie ausgerichtet, und obgleich sie fertig waren, so schalt er doch ob dieser Lustbarkeit und scheuchte die Gesellschaft auseinander. Zugleich zeigte sich Marti auf seinem Grund und Boden und, seine Tochter gewahrend, pfiff er derselben schrill und gebieterisch durch den Finger, daß sie erschrocken hineilte, und er gab ihr, ohne zu wissen warum, einige Ohrfeigen, also daß beide Kinder in großer Traurigkeit und weinend nach Hause gingen, und sie wußten jetzt eigentlich so wenig, warum sie so traurig waren, als warum sie vorhin so vergnügt gewesen; denn die Rauheit der Väter, an sich ziemlich neu, war von den arglosen Geschöpfen noch nicht begriffen und konnte sie nicht tiefer bewegen.

Die nächsten Tage war es schon eine härtere Arbeit, zu welcher Mannsleute gehörten, als Manz die Steine aufnehmen und wegfahren ließ. Es wollte kein Ende nehmen und alle Steine der Welt schienen da beisammen zu sein. Er ließ sie aber nicht ganz vom Felde wegbringen, sondern jede Fuhre auf jenem streitigen Dreiecke abwerfen, welches von Marti schon säuberlich umgepflügt war. Er hatte vorher einen graden Strich gezogen als Grenzscheide und belastete nun dies Fleckchen Erde mit allen Steinen, welche beide Männer seit unvordenklichen Zeiten herübergeworfen, so daß eine gewaltige Pyramide entstand, die wegzubringen sein Gegner bleiben lassen würde, dachte er. Marti hatte dies am wenigsten erwartet; er glaubte, der Andere werde nach alter Weise mit dem Pfluge zu Werke gehen wollen, und hatte daher abgewartet, bis er ihn als Pflüger ausziehen sähe. Erst als die Sache schon beinahe fertig, hörte er von dem schönen Denkmal, welches Manz da errichtet, rannte voll Wut hinaus, sah die Bescherung, rannte zurück und holte den Gemeindeammann, um vorläufig gegen den Steinhaufen zu protestieren und den Fleck gerichtlich in Beschlag nehmen zu lassen, und von diesem Tage an lagen die zwei Bauern im Prozeß mit einander und ruhten nicht, ehe sie beide zu Grunde gerichtet waren.

Die Gedanken der sonst so wohlweisen Männer waren nun so kurz geschnitten wie Häcksel; der beschränkteste Rechtssinn von der Welt erfüllte jeden von ihnen, indem keiner begreifen konnte noch wollte, wie der andere so offenbar unrechtmäßig und willkürlich den fraglichen unbedeutenden Ackerzipfel an sich reißen könne. Bei Manz kam noch ein wunderbarer Sinn für Symmetrie und parallele Linien hinzu und er fühlte sich wahrhaft gekränkt durch den aberwitzigen Eigensinn, mit welchem Marti auf dem Dasein des unsinnigsten und mutwilligsten Schnörkels beharrte. Beide aber trafen zusammen in der Überzeugung, daß der Andere, den Anderen so frech und plump übervorteilend, ihn notwendig für einen verächtlichen Dummkopf halten müsse, da man dergleichen etwa einem armen haltlosen Teufel, nicht aber einem aufrechten, klugen und wehrhaften

Manne gegenüber sich erlauben könne, und Jeder sah sich in seiner wunderlichen Ehre gekränkt und gab sich rückhaltslos der Leidenschaft des Streites und dem daraus erfolgenden Verfalle hin, und ihr Leben glich fortan der träumerischen Qual zweier Verdammten, welche auf einem schmalen Brette einen dunkeln Strom hinabtreibend sich befehden, in die Luft hauen und sich selber anpacken und vernichten, in der Meinung, sie hätten ihr Unglück gefaßt. Da sie eine faule Sache hatten, so gerieten beide in die allerschlimmsten Hände von Tausendkünstlern, welche ihre verdorbene Phantasie auftrieben zu ungeheuren Blasen, die mit den nichtsnutzigsten Dingen angefüllt wurden. Vorzüglich waren es die Spekulanten aus der Stadt Seldwyla, welchen dieser Handel ein gefundenes Essen war, und bald hatte jeder der Streitenden einen Anhang von Unterhändlern, Zuträgern und Ratgebern hinter sich, die alles bare Geld auf hundert Wegen abzuziehen wußten. Denn das Fleckchen Erde mit dem Steinhaufen darüber, auf welchem bereits wieder ein Wald von Nesseln und Disteln blühte, war nur noch der erste Keim oder der Grundstein einer verworrenen Geschichte und Lebensweise, in welcher die zwei Fünfzigjährigen noch neue Gewohnheiten und Sitten, Grundsätze und Hoffnungen annahmen, als sie bisher geübt. Je mehr Geld sie verloren, desto sehnsüchtiger wünschten sie welches zu haben, und je weniger sie besaßen, desto hartnäckiger dachten sie reich zu werden und es dem andern zuvorzutun. Sie ließen sich zu jedem Schwindel verleiten und setzten auch Jahr aus Jahr ein in alle fremden Lotterien, deren Lose massenhaft in Seldwyla zirkulierten. Aber nie bekamen sie einen Taler Gewinn zu Gesicht, sondern hörten nur immer vom Gewinnen anderer Leute und wie sie selbst beinahe gewonnen hätten, indessen diese Leidenschaft ein regelmäßiger Geldabfluß für sie war. Bisweilen machten sich die Seldwyler den Spaß, beide Bauern, ohne ihr Wissen, am gleichen Lose Teil nehmen zu lassen, so daß Beide die Hoffnung auf Unterdrückung und Vernichtung des Andern auf ein und dasselbe Los setzten. Sie brachten die Hälfte ihrer Zeit in der Stadt zu, wo jeder in einer Spelunke sein Hauptquartier hatte, sich den Kopf heißmachen und zu den lächerlichsten Ausgaben und einem elenden und ungeschickten Schlemmen verleiten ließ, bei welchem ihm heimlich doch selber das Herz blutete, also daß Beide, welche eigentlich nur in diesem Hader lebten, um für keine Dummköpfe zu gelten, nun solche von der besten Sorte darstellten und von Jedermann dafür angesehen wurden. Die andere Hälfte der Zeit lagen sie verdrossen zu Hause oder gingen ihrer Arbeit nach, wobei sie dann durch ein tolles böses Überhasten und Antreiben das Versäumte einzuholen suchten und damit jeden ordentlichen und zuverlässigen Arbeiter verscheuchten. So ging es gewaltig rückwärts mit ihnen und ehe zehn Jahre vorüber, steckten sie Beide von Grund aus in Schulden und standen wie die Störche auf einem Beine auf der Schwelle ihrer Besitztümer, von der jeder Lufthauch sie herunterwehte. Aber wie es ihnen auch erging, der Haß zwischen ihnen wurde täglich größer, da jeder den andern als den Urheber seines Unsterns betrachtete, als seinen Erbfeind und ganz unvernünftigen Widersacher, den der Teufel absichtlich in die Welt gesetzt habe, um ihn zu verderben. Sie spieen aus, wenn sie sich nur von weitem sahen; kein Glied ihres Hauses durfte mit Frau, Kind oder Gesinde des andern ein Wort sprechen, bei Vermeidung der gröbsten Mißhandlung. Ihre Weiber verhielten sich verschieden bei dieser Verarmung und Verschlechterung des ganzen Wesens. Die Frau des Marti, welche von guter Art war, hielt den Verfall nicht aus, härmte sich ab und starb, ehe ihre Tochter vierzehn Jahre alt war. Die Frau des Manz hingegen bequemte sich der veränderten Lebensweise an, und um sich als eine schlechte Genossin zu entfalten, hatte sie nichts zu tun, als einigen weiblichen Fehlern, die ihr von jeher angehaftet, den Zügel schießen zu lassen und dieselben zu Lastern auszubilden. Ihre Naschhaftigkeit wurde zu wilder Begehrlichkeit, ihre Zungenfertigkeit zu einem grundfalschen und verlogenen Schmeichel- und Verleumdungswesen; mit welchem sie jeden Augenblick das Gegenteil von dem sagte, was sie dachte, alles hintereinander hetzte, und ihrem eigenen

68

Manne ein X für ein U vormachte; ihre ursprüngliche Offenheit, mit der sie sich der unschuldigeren Plauderei erfreut, ward nun zur abgehärteten Schamlosigkeit, mit der sie jenes falsche Wesen betrieb, und so, statt unter ihrem Manne zu leiden, drehte sie ihm eine Nase; wenn er es arg trieb; so machte sie es bunt, ließ sich nichts abgehen und gedieh zu der dicksten Blüte einer Vorsteherin des zerfallenden Hauses.

So, war es nun schlimm bestellt um die armen Kinder, welche weder eine gute Hoffnung für ihre Zukunft fassen konnten, noch sich auch nur einer lieblich frohen Jugend erfreuten, da überall nichts als Zank und Sorge war. Vrenchen hatte anscheinend einen schlimmeren Stand, als Sali, da seine Mutter tot und es einsam in einem wüsten Hause der Tyrannei eines verwilderten Vaters anheimgegeben war. Als es sechzehn Jahre zählte, war es schon ein schlankgewachsenes, ziervolles Mädchen; seine dunkelbraunen Haare ringelten sich unablässig fast bis über die blitzenden braunen Augen, dunkelrotes Blut durchschimmerte die Wangen des bräunlichen Gesichtes und glänzte als tiefer Purpur auf den frischen Lippen, wie man es selten sah und was dem dunklen Kinde ein eigentümliches Ansehen und Kennzeichen gab. Feurige Lebenslust und Fröhlichkeit zitterte in jeder Fiber dieses Wesens; es lachte und war aufgelegt zu Scherz und Spiel, wenn das Wetter nur im mindesten lieblich war, d. h. wenn es nicht zu sehr gequält wurde und nicht zu viel Sorgen ausstand. Diese plagten es aber häufig genug; denn nicht nur hatte es den Kummer und das wachsende Elend des Hauses mit zu tragen, sondern es mußte noch sich selber in Acht nehmen und mochte sich gern halbwegs ordentlich und reinlich kleiden, ohne daß der Vater ihm die geringsten Mittel dazu geben wollte. So hatte Vrenchen die größte Not, ihre anmutige Person einigermaßen auszustaffieren, sich ein allerbescheidenstes Sonntagskleid zu erobern und einige bunte, fast wertlose Halstüchelchen zusammenzuhalten. Darum war das schöne wohlgemute junge Blut in jeder Weise gedemütigt und gehemmt und konnte am wenigsten der Hoffart anheimfallen. Überdies hatte es bei schon erwachendem Verstande das Leiden und den Tod seiner Mutter gesehen und dies Andenken war ein weiterer Zügel, der seinem lustigen und feurigen Wesen angelegt war, so daß es nun höchst lieblich, unbedenklich und rührend sich ansah, wenn trotz alledem das gute Kind bei jedem Sonnenblick sich ermunterte und zum Lächeln bereit war.

Sali erging es nicht so hart auf den ersten Anschein; denn er war nun ein hübscher und kräftiger junger Bursche, der sich zu wehren wußte und dessen äußere Haltung wenigstens eine schlechte Behandlung von selbst unzulässig machte. Er sah wohl die üble Wirtschaft seiner Eltern und glaubte sich erinnern zu können, daß es einst nicht so gewesen; ja er bewahrte noch das frühere Bild seines Vaters wohl in seinem Gedächtnisse als eines festen, klugen und ruhigen Bauers, desselben Mannes, den er jetzt als einen grauen Narren, Händelführer und Müßiggänger vor sich sah, der mit Toben und Prahlen auf hundert törichten und verfänglichen Wegen wandelte und mit jeder Stunde rückwärts ruderte, wie ein Krebs. Wenn ihm nun dies mißfiel und ihn oft mit Scham und Kummer erfüllte, während es seiner Unerfahrenheit nicht klar war, wie die Dinge so gekommen, so wurden seine Sorgen wieder betäubt durch die Schmeichelei, mit der ihn die Mutter behandelte. Denn um in ihrem Unwesen ungestörter zu sein und einen guten Parteigänger zu haben, auch um ihrer Großtuerei zu genügen, ließ sie ihm zukommen, was er wünschte, kleidete ihn sauber und prahlerisch und unterstützte ihn in allem, was er zu seinem Vergnügen vornahm. Er ließ sich dies gefallen ohne viel Dankbarkeit, da ihm die Mutter viel zu viel dazu schwatzte und log; und indem er so wenig Freude daran empfand, tat er lässig und gedankenlos was ihm gefiel, ohne daß dies jedoch etwas Übles war, weil er für jetzt noch unbeschädigt war von dem Beispiele der Alten und das jugendliche Bedürfnis fühlte, im Ganzen einfach, ruhig und leidlich tüchtig zu sein. Er war ziemlich genau so, wie sein Vater in diesem Alter gewesen war, und dieses flößte demselben eine unwillkürliche Achtung vor dem Sohne ein, in welchem er mit verwirrtem Gewissen und gepeinigter Erinnerung seine eigene – Jugend achtete. Trotz dieser Freiheit, welche Sali genoß, ward er seines Lebens doch nicht froh und fühlte wohl, wie er nichts Rechtes vor sich hatte und eben so wenig etwas Rechtes lernte, da von einem zusammenhängenden und vernunftgemäßen Arbeiten in Manzens Hause längst nicht mehr die Rede war. Sein bester Trost war daher, stolz auf seine Unabhängigkeit und einstweilige Unbescholtenheit zu sein, und in diesem Stolze ließ er die Tage trotzig verstreichen und wandte die Augen von der Zukunft ab.

Der einzige Zwang, dem er unterworfen, war die Feindschaft seines Vaters gegen Alles, was Marti hieß und an diesen erinnerte. Doch wußte er nichts anderes, als daß Marti seinem Vater Schaden zugefügt und daß man in dessen Hause eben so feindlich gesinnt sei und es fiel ihm daher nicht schwer, weder den Marti noch seine Tochter anzusehen und seinerseits auch einen angehenden, doch ziemlich zahmen Feind vorzustellen. Vrenchen hingegen, welches mehr erdulden mußte, als Sali, und in seinem Hause viel verlassener war, fühlte sich weniger zu einer förmlichen Feindschaft aufgelegt und glaubte sich nur verachtet von dem wohlgekleideten und scheinbar glücklicheren Sali; deshalb verbarg sie sich vor ihm und wenn er irgendwo nur in der Nähe war, so entfernte sie sich eilig, ohne daß er sich die Mühe gab, ihr nachzublicken. So kam es, daß er das Mädchen schon seit ein paar Jahren nicht mehr in der Nähe gesehen und gar nicht wußte, wie es aussah, seit es herangewachsen. Und doch wunderte es ihn zuweilen ganz gewaltig, und wenn überhaupt von den Martis gesprochen wurde, so dachte er unwillkürlich nur an die Tochter, deren jetziges Aussehen ihm nicht deutlich und deren Andenken ihm gar nicht verhaßt war.

Doch war sein Vater Manz nun der Erste von den beiden Feinden, der sich nicht mehr halten konnte und von Haus und Hof springen mußte. Dieser Vortritt rührte daher, daß er eine Frau besaß, die ihm geholfen, und einen Sohn, der doch auch einiges mit brauchte, während Marti der einzige Verzehrer war in seinem wackeligen Königreich, und seine Tochter durfte wohl arbeiten wie ein Haustierchen, aber nichts gebrauchen. Manz aber wußte nichts anders anzufangen als auf den Rat seiner Seldwyler Gönner in die Stadt zu ziehen und da sich als Wirt aufzutun. Es ist immer betrüblich anzusehen, wenn ein ehemaliger Landmann, der auf dem Felde alt geworden ist, mit den Trümmern seiner Habe in eine Stadt zieht und da eine Schenke oder Kneipe auftut, um als letzten Rettungsanker den freundlichen und gewandten Wirt zu machen, während es ihm nichts weniger als freundlich zu Mut ist. Als die Manzen vom Hofe zogen, sah man erst, wie arm sie bereits waren; denn sie luden lauter alten und zerfallenden Hausrat auf, dem man es ansah, daß seit vielen Jahren nichts erneuert und angeschafft worden war. Die Frau legte aber nichts desto minder ihren besten Staat an, als sie sich oben auf die Gerümpelfuhre setzte, und machte ein Gesicht voller Hoffnungen, als künftige Stadtfrau schon mit Verachtung auf die Dorfgenossen herabsehend, welche voll Mitleid hinter den Hecken hervor dem bedenklichen Zuge zuschauten. Denn sie nahm sich vor, mit ihrer Liebenswürdigkeit und Klugheit die ganze Stadt zu bezaubern, und was ihr versimpelter Mann nicht machen könne, das wolle sie schon ausrichten, wenn sie nur erst einmal als Frau Wirtin in einem stattlichen Gasthofe säße. Dieser Gasthof bestand aber in einer trübseligen Winkelschenke in einem abgelegenen schmalen Gäßchen auf der eben ein anderer zu Grunde gegangen war und welche die Seldwyler dem Manz verpachteten, da er noch einige hundert Taler einzuziehen hatte. Sie verkauften ihm auch ein paar Fäßchen angemachten Weines und das Wirtschaftsmobiliar, das aus einem Dutzend weißen geringen Flaschen, ebenso viel Gläsern und einigen tannenen Tischen und Bänken bestand, welche einst blutrot angestrichen gewesen und jetzt vielfältig abgescheuert waren. Vor dem Fenster knarrte ein eiserner Reifen in einem Haken und in dem Reifen schenkte eine blecherne Hand Rotwein aus einem Schöppchen in ein Glas. Überdies hing ein verdorrter Busch von Stechpalme über der Haustüre, was Manz alles mit in die Pacht bekam. Um deswillen war er nicht so wohlgemut wie seine Frau, sondern trieb mit schlimmer Ahnung und voll Ingrimm die magern Pferde an, welche er vom neuen Bauern geliehen. Das letzte schäbige Knechtchen, das er gehabt, hatte ihn schon seit einigen Wochen verlassen. Als er solcher Weise abfuhr, sah er wohl, wie Marti voll Hohn und Schadenfreude sich unfern der Straße zu schaffen machte, fluchte ihm und hielt denselben für den alleinigen Urheber seines Unglückes. Sali aber, sobald das Fuhrwerk im Gange war, beschleunigte seine Schritte, eilte voraus und ging allein auf Seitenwegen nach der Stadt.

»Da wären wir!« sagte Manz, als die Fuhre vor dem Spelunkelein anhielt. Die Frau erschrak darüber, denn das war in der Tat ein trauriger Gasthof. Die Leute traten eilfertig unter die Fenster und vor die Häuser, um sich den neuen Bauernwirt anzusehen, und machten mit ihrer Seldwyler Überlegenheit mitleidig spöttische Gesichter. Zornig und mit nassen Augen kletterte die Manzin vom Wagen herunter und lief, ihre Zunge vorläufig wetzend, in das Haus, um sich heute vornehm nicht wieder blicken zu lassen; denn sie schämte sich des schlechten Gerätes und der verdorbenen Betten, welche nun abgeladen wurden. Sali schämte sich auch, aber er mußte helfen und machte mit seinem Vater einen seltsamen Verlag in dem Gäßchen, auf welchem alsbald die Kinder der Falliten* herumsprangen und sich über das verlumpete Bauernpack lustig machten. Im Hause aber sah es noch trübseliger aus und es glich einer vollkommenen Räuberhöhle. Die Wände waren schlecht geweißtes feuchtes Mauerwerk, außer der dunklen unfreundlichen Gaststube mit ihren ehemals blutroten Tischen waren nur noch ein paar schlechte Kämmerchen da, und überall hatte der ausgezogene Vorgänger den trostlosesten Schmutz und Kehricht zurückgelassen.

So war der Anfang und so ging es auch fort. Während der ersten Woche kamen, besonders am Abend, wohl hin und wieder ein Tisch voll Leute aus Neugierde, den Bauernwirt zu sehen, und ob es da vielleicht einigen Spaß absetzte. Am Wirt hatten sie nicht viel zu betrachten, denn Manz war ungelenk, starr, unfreundlich und melancholisch und wußte sich gar nicht zu

* Bankrotteure

73

benehmen, wollte es auch nicht wissen. Er füllte langsam und ungeschickt die Schöppchen, stellte sie mürrisch vor die Gäste und versuchte etwas zu sagen, brachte aber nichts heraus. Desto eifriger warf sich nun seine Frau in's Geschirr und hielt die Leute wirklich einige Tage zusammen, aber in einem ganz anderen Sinne, als sie meinte. Die ziemlich dicke Frau hatte sich eine eigene Haustracht zusammengesetzt, in der sie unwiderstehlich zu sein glaubte. Zu einem leinenen ungefärbten Landrock trug sie einen alten grünseidenen Spenser*, eine baumwollene Schürze und einen schlimmen weißen Halskragen. Von ihrem nicht mehr dichten Haar hatte sie an den Schläfen possierliche Schnecken gewickelt und in das Zöpfchen hinten einen hohen Kamm gesteckt. So schwänzelte und tänzelte sie mit angestrengter Anmut herum, spitzte lächerlich das Maul, daß es süß aussehen sollte, hüpfte elastisch an die Tische hin, und das Glas oder den Teller mit gesalzenem Käse hinsetzend, sagte sie lächelnd: »So so? so soli! herrlich herrlich, ihr Herren!« und solches dummes Zeug mehr; denn obwohl sie sonst eine geschliffene Zunge hatte, so wußte sie jetzt doch nichts Gescheites vorzubringen, da sie fremd war und die Leute nicht kannte. Die Seldwyler von der schlechtesten Sorte, die da hockten, hielten die Hand vor den Mund, wollten vor Lachen ersticken, stießen sich unter dem Tisch mit den Füßen und sagten: »Potz tausig! das ist ja eine Herrliche!« »Eine Himmlische!« sagte ein Anderer »beim ewigen Hagel! es ist der Mühe wert, hieher zu kommen, so Eine haben wir lang nicht gesehen!« Ihr Mann bemerkte das wohl mit finsterem Blicke; er gab ihr einen Stoß in die Rippen und flüsterte: »Du alte Kuh! Was machst Du denn?« »Störe mich nicht, sagte sie unwillig, Du alter Tolpatsch! siehst Du nicht, wie ich mir Mühe gebe und mit den Leuten umzugehen weiß? Das sind aber nur Lumpen von Deinem Anhang! Laß mich nur machen, ich will bald fürnehmere Kundschaft hier haben!« Dies alles war beleuchtet von einem oder zwei dünnen Talglichten;

* kurze Jacke

Sali, der Sohn, aber ging hinaus in die dunkle Küche, setzte sich auf den Herd und weinte über Vater und Mutter.

Die Gäste hatten aber das Schauspiel bald satt, welches ihnen die gute Frau Manz gewährte, und blieben wieder, wo es ihnen wohler war und sie über die wunderliche Wirtschaft lachen konnten; nur dann und wann erschien ein Einzelner, der ein Glas trank und die Wände angähnte, oder es kam ausnahmsweise eine ganze Bande, die armen Leute mit einem vorübergehenden Trubel und Lärm zu täuschen. Es ward ihnen angst und bange in dem engen Mauerwinkel, wo sie kaum die Sonne sahen, und Manz, welcher sonst gewohnt war, Tage lang in der Stadt zu liegen, fand es jetzt unerträglich zwischen diesen Mauern. Wenn er an die freie Weite der Felder dachte, so stierte er finster brütend an die Decke oder auf den Boden, lief unter die enge Haustüre und wieder zurück, da die Nachbaren den bösen Wirt, wie sie ihn schon nannten, angafften. Nun dauerte es aber nicht mehr lange und sie verarmten gänzlich und hatten gar nichts mehr in der Hand; sie mußten um etwas zu essen, warten bis Einer kam und für wenig Geld etwas von dem noch vorhandenen Wein verzehrte, und wenn er eine Wurst oder dergleichen begehrte, so hatten sie oft die größte Angst und Sorge dieselbe beizutreiben. Bald hatten sie auch den Wein nur noch in einer großen Flasche verborgen, die sie heimlich in einer andern Kneipe füllen ließen, und so sollten sie nun die Wirte machen ohne Wein und Brot und freundlich sein, ohne ordentlich gegessen zu haben. Sie waren beinahe froh, wenn nur Niemand kam, und hockten so in ihrem Kneipchen, ohne leben noch sterben zu können. Als die Frau diese traurigen Erfahrungen machte, zog sie den grünen Spenser wieder aus und nahm abermals eine Veränderung vor, indem sie nun, wie früher die Fehler, so nun einige weibliche Tugenden aufkommen ließ und mehr ausbildete, da Not an den Mann ging. Sie übte Geduld und suchte den Alten aufrecht zu halten und den Jungen zum Guten anzuweisen; sie opferte sich vielfältig in allerlei Dingen, kurz sie übte in ihrer Weise eine Art von wohltätigem Einfluß, der zwar nicht weit reichte und nicht viel besserte, aber immerhin besser war als gar nichts oder als das Gegenteil und die Zeit wenigstens verbringen half, welche sonst viel früher hätte brechen müssen für diese Leute. Sie wußte manchen Rat zu geben nunmehr in erbärmlichen Dingen, nach ihrem Verstande, und wenn der Rat nichts zu taugen schien und fehl schlug, so ertrug sie willig den Grimm der Männer, kurzum, sie tat jetzt alles, da sie alt war, was besser gedient hätte, wenn sie es früher geübt.

Um wenigstens etwas Beißbares zu erwerben und die Zeit zu verbringen, verlegten sich Vater und Sohn auf die Fischerei, d. h. mit der Angelrute, so weit es für jeden erlaubt war, sie in den Fluß zu hängen. Dies war auch eine Hauptbeschäftigung der Seldwyler, nachdem sie falliert hatten. Bei günstigem Wetter, wenn die Fische gern anbissen, sah man sie dutzendweise hinauswandern mit Rute und Eimer, und wenn man an den Ufern des Flusses wandelte, hockte alle Spanne lang Einer, der angelte, der Eine in einem langen braunen Bürgerrock, die bloßen Füße im Wasser, der andere in einem spitzen blauen Frack auf einer alten Weide stehend, den alten Filz schief auf dem Ohre; weiterhin angelte gar Einer im zerrissenen großblumigen Schlafrock, da er keinen andern mehr besaß, die lange Pfeife in der einen, die Rute in der andern Hand, und wenn man um eine Krümmung des Flusses bog, stand ein alter kahlköpfiger Dickbauch faselnackt auf einem Stein und angelte; dieser hatte, trotz des Aufenthaltes am Wasser, so schwarze Füße, daß man glaubte, er habe die Stiefel anbehalten. Jeder hatte ein Töpfchen oder ein Schächtelchen neben sich, in welchem Regenwürmer wimmelten, nach denen sie zu andern Stunden zu graben pflegten. Wenn der Himmel mit Wolken bezogen und es ein schwüles dämmeriges Wetter war, welches Regen verkündete, so standen diese Gestalten am zahlreichsten an dem ziehenden Strome, regungslos gleich einer Galerie von Heiligen- oder Prophetenbildern. Achtlos zogen die Landleute mit Vieh und Wagen an ihnen vorüber, und die Schiffer auf dem Flusse sahen sie nicht an, während sie leise murrten über die störenden Schiffe.

Wenn man Manz vor zwölf Jahren, als er mit einem schönen Gespann pflügte auf dem Hügel über dem Ufer, geweis-
sagt hätte, er würde sich einst zu diesen wunderlichen Heiligen
gesellen und gleich ihnen Fische fangen, so wäre er nicht übel
aufgefahren. Auch eilte er jetzt hastig an ihnen vorüber hinter
ihrem Rücken und eilte stromaufwärts gleich einem eigensinnigen Schatten der Unterwelt, der sich zu seiner Verdammnis ein
bequemes einsames Plätzchen sucht an den dunkeln Wässern.
Mit der Angelrute zu stehen hatten er und sein Sohn indessen
keine Geduld und sie erinnerten sich der Art, wie die Bauern
auf manche andere Weise etwa Fische fangen, wenn sie über-
mütig sind, besonders mit den Händen in den Bächen; daher
nahmen sie die Ruten nur zum Schein mit und gingen an den
Borden der Bäche hinauf, wo sie wußten, daß es teuere und
gute Forellen gab.

Dem auf dem Lande zurückgebliebenen Marti ging es inzwischen auch immer schlimmer und es war ihm höchst langweilig
dabei, so daß er, anstatt auf seinem vernachlässigten Felde zu arbeiten, ebenfalls auf das Fischen verfiel und tagelang im Wasser
herumplätscherte. Vrenchen durfte nicht von seiner Seite und
mußte ihm Eimer und Geräte nachtragen durch nasse Wiesen-
gründe, durch Bäche und Wassertümpel aller Art, bei Regen
und Sonnenschein, indessen sie das Notwendigste zu Hause liegen lassen mußte. Denn es war sonst keine Seele mehr da und
wurde auch keine gebraucht, da Marti das meiste Land schon
verloren hatte und nur noch wenige Äcker besaß, die er mit seiner Tochter liederlich genug oder gar nicht bebaute.

So kam es, daß, als er eines Abends einen ziemlich tiefen und
reißenden Bach entlang ging, in welchem die Forellen fleißig
sprangen, da der Himmel voll Gewitterwolken hing, er unverhofft auf seinen Feind Manz traf, der an dem andern Ufer daher-
kam. Sobald er ihn sah, stieg ein schrecklicher Groll und Hohn
in ihm auf; sie waren sich seit Jahren nicht so nahe gewesen,
ausgenommen vor den Gerichtschranken, wo sie nicht schelten
durften, und Marti rief jetzt voll Grimm: »Was tust Du hier,

Du Hund? Kannst Du nicht in Deinem Lotterneste bleiben, Du Seldwyler Lumpenhund?«

»Wirst nächstens wohl auch ankommen, Du Schelm!« rief Manz. »Fische fängst Du ja auch schon und wirst deshalb nicht viel mehr zu versäumen haben!«

»Schweig, Du Galgenhund!« schrie Marti, da hier die Wellen des Baches stärker rauschten, »Du hast mich in's Unglück gebracht!« Und da jetzt auch die Weiden am Bache gewaltig zu rauschen anfingen im aufgehenden Wetterwind, so mußte Manz noch lauter schreien: »Wenn dem nur so wäre, so wollte ich mich freuen, Du elender Tropf!« »O Du Hund!« schrie Marti herüber und Manz hinüber: »O Du Kalb, wie dumm tust Du!« Und jener sprang wie ein Tiger den Bach entlang und suchte herüber zu kommen. Der Grund, warum er der Wütendere war, lag in seiner Meinung, daß Manz als Wirt wenigstens genug zu essen und zu trinken hätte und gewissermaßen ein kurzweiliges Leben führe, während es ungerechter Weise ihm so langweilig wäre auf seinem zertrümmerten Hofe. Manz schritt indessen auch grimmig genug an der andern Seite hin; hinter ihm sein Sohn, welcher, statt auf den bösen Streit zu hören, neugierig und verwundert nach Vrenchen hinüber sah, welche hinter ihrem Vater ging, vor Scham in die Erde sehend, daß ihr die braunen krausen Haare in's Gesicht fielen. Sie trug einen hölzernen Fischeimer in der einen Hand, in der andern hatte sie Schuh und Strümpfe getragen und ihr Kleid der Nässe wegen aufgeschürzt. Seit aber Sali auf der andern Seite ging, hatte sie es schamhaft sinken lassen und war nun dreifach belästigt und gequält, da sie alle das Zeug tragen, den Rock zusammenhalten und des Streites wegen sich grämen mußte. Hätte sie aufgesehen und nach Sali geblickt, so würde sie entdeckt haben, daß er weder vornehm noch sehr stolz mehr aussah und selbst bekümmert genug war. Während Vrenchen so ganz beschämt und verwirrt auf die Erde sah und Sali nur diese in allem Elende schlanke und anmutige Gestalt im Auge hatte, die so verlegen und demütig dahin schritt, beachteten sie dabei nicht, wie ihre Väter still geworden aber mit verstärkter Wut einem hölzernen Stege zueilten, der in kleiner Entfernung über den Bach führte und eben sichtbar wurde. Es fing an zu blitzen und erleuchtete seltsam die dunkle melancholische Wassergegend; es donnerte auch in den grauschwarzen Wolken mit dumpfem Grolle und schwere Regentropfen fielen, als die verwilderten Männer gleichzeitig auf die schmale, unter ihren Tritten schwankende Brücke stürzten, sich gegenseitig packten und die Fäuste in die vor Zorn und ausbrechendem Kummer bleichen zitternden Gesichter schlugen. Es ist nichts Anmutiges und nichts weniger als artig, wenn sonst gesetzte Menschen noch in den Fall kommen, aus Übermut, Unbedacht oder Notwehr unter allerhand Volk, das sie nicht näher berührt, Schläge auszuteilen oder welche zu bekommen; allein dies ist eine harmlose Spielerei gegen das tiefe Elend, das zwei alte Menschen überwältigt, die sich wohl kennen und seit lange kennen, wenn diese aus innerster Feindschaft und aus dem Gange einer ganzen Lebensgeschichte heraus sich mit nackten Händen anfassen und mit Fäusten schlagen. So taten jetzt diese beiden ergrauten Männer; vor fünfzig Jahren vielleicht hatten sie sich als Buben zum letzten Mal gerauft, dann aber fünfzig lange Jahre mit keiner Hand mehr berührt, ausgenommen in ihrer guten Zeit, wo sie sich etwa zum Gruße die Hände geschüttelt, und auch dies nur selten bei ihrem trockenen und sicheren Wesen. Nachdem sie ein- oder zweimal geschlagen, hielten sie inne und rangen still zitternd miteinander, nur zuweilen aufstöhnend und elendiglich knirschend, und Einer suchte den Andern über das knackende Geländer in's Wasser zu werfen. Jetzt waren aber auch ihre Kinder nachgekommen und sahen den erbärmlichen Auftritt. Sali sprang eines Satzes heran um seinem Vater beizustehen und ihm zu helfen, dem gehaßten Feinde den Garaus zu machen, der ohnehin der schwächere schien und eben zu unterliegen drohte. Aber auch Vrenchen sprang, alles wegwerfend, mit einem langen Aufschrei herzu und umklammerte ihren Vater um ihn zu schützen, während sie ihn dadurch nur hinderte und beschwerte. Tränen strömten aus ihren Augen und sie sah flehend den Sali an, der im Begriff war ihren Vater ebenfalls zu fassen und vollends zu überwältigen. Unwillkürlich legte er aber seine Hand an seinen eigenen Vater und suchte denselben mit festem Arm von dem Gegner loszubringen und zu beruhigen, so daß der Kampf eine kleine Weile ruhte oder vielmehr die ganze Gruppe unruhig hin und her drängte, ohne auseinander zu kommen. Darüber waren die jungen Leute, sich mehr zwischen die Alten schiebend, in dichte Berührung gekommen und in diesem Augenblicke erhellte ein Wolkenriß, der den grellen Abendschein durchließ, das nahe Gesicht des Mädchens und Sali sah in dies ihm so wohlbekannte und doch so viel anders und schöner gewordene Gesicht. Vrenchen sah in diesem Augenblicke auch sein Erstaunen und es lächelte ganz kurz und geschwind mitten in seinem Schrecken und seinen Tränen ihn an. Doch ermannte sich Sali, geweckt durch die Anstrengungen seines Vaters, ihn abzuschütteln, und brachte ihn mit eindringlich bittenden Worten und fester Haltung endlich ganz von seinem Feinde weg. Beide alte Gesellen atmeten hoch auf und begannen jetzt wieder zu schelten und zu schreien, sich von einander abwendend; ihre Kinder aber atmeten kaum und waren still wie der Tod, gaben sich aber im Wegwenden und Trennen, ungesehen von den Alten, schnell die Hände, welche vom Wasser und von den Fischen feucht und kühl waren.

Als die grollenden Parteien ihrer Wege gingen, hatten die Wolken sich wieder geschlossen, es dunkelte mehr und mehr und der Regen goß nun in Bächen durch die Luft. Manz schlenderte voraus auf den dunklen nassen Wegen, er duckte sich, beide Hände in den Taschen, unter den Regengüssen, zitterte noch in seinen Gesichtszügen und mit den Zähnen und ungesehene Tränen rieselten ihm in den Stoppelbart, die er fließen ließ; um sie durch das Wegwischen nicht zu verraten. Sein Sohn hatte aber nichts gesehen, weil er in glückseligen Bildern verloren daherging. Er merkte weder Regen noch Sturm, weder Dunkelheit noch Elend; sondern leicht, hell und warm war es ihm innen und außen und er fühlte sich so reich und wohlgeborgen, wie ein Königssohn. Er sah fortwährend das sekundenlange Lächeln des nahen schönen Gesichtes und erwiderte dasselbe erst jetzt, eine gute halbe Stunde nachher, indem er voll Liebe in Nacht und Wetter hinein und das liebe Gesicht anlachte, das ihm allerwegen aus dem Dunkel entgegentrat, so daß er glaubte, Vrenchen müsse auf seinen Wegen dies Lachen notwendig sehen und seiner inne werden.

Sein Vater war des andern Tags wie zerschlagen und wollte nicht aus dem Hause. Der ganze Handel und das vieljährige Elend nahm heute eine neue, deutlichere Gestalt an und breitete sich dunkel aus in der drückenden Luft der Spelunke, also daß Mann und Frau matt und scheu um das Gespenst herumschlichen, aus der Stube in die dunklen Kämmerchen; von da in die Küche und aus dieser wieder sich in die Stube schleppten, in welcher kein Gast sich sehen ließ. Zuletzt hockte jedes in einem Winkel und begann den Tag über ein müdes, halbtotes Zanken und Vorhalten mit dem andern; wobei sie zeitweise einschliefen, von unruhigen Tagträumen geplagt welche aus dem Gewissen kamen und sie wieder weckten. Nur Sali sah und hörte nichts davon, denn er dachte nur an Vrenchen. Es war ihm immer noch zu Mut, nicht nur als ob er unsäglich reich wäre, sondern auch was Rechts gelernt hätte und unendlich viel Schönes und Gutes wüßte, da er nun so deutlich und bestimmt um das wußte, was er gestern gesehen. Diese Wissenschaft war ihm wie vom Himmel gefallen und er war in einer unaufhörlichen glücklichen Verwunderung darüber; und doch war es ihm, als ob er es eigentlich von jeher gewußt und gekannt hätte, was ihn jetzt mit so wundersamer Süßigkeit erfüllte. Denn nichts gleicht dem Reichtum und der Unergründlichkeit eines Glückes, das an den Menschen herantritt in einer so klaren und deutlichen Gestalt, vom Pfäfflein getauft und wohl versehen mit einem eigenen Namen, der nicht tönt wie andere Namen.

Sali fühlte sich an diesem Tage weder müßig, noch unglücklich, weder arm noch hoffnungslos; vielmehr war er vollauf beschäftigt, sich Vrenchens Gesicht und Gestalt vorzustellen, unaufhörlich, eine Stunde wie die andere; über dieser aufgeregten Tätigkeit aber verschwand ihm der Gegenstand derselben fast vollständig, das heißt, er bildete sich endlich ein, nun doch nicht zu wissen, wie Vrenchen recht genau aussehe, er habe wohl ein allgemeines Bild von ihr im Gedächtnis, aber wenn er sie beschreiben sollte, so könnte er das nicht. Er sah fortwährend dies Bild, als ob es vor ihm stände und fühlte seinen angenehmen Eindruck, und doch sah er es nur, wie etwas, das man eben nur ein Mal gesehen, in dessen Gewalt man liegt und das man doch noch nicht kennt. Er erinnerte sich genau der Gesichtszüge, welche das kleine Dirnchen einst gehabt, mit großem Wohlgefallen, aber nicht eigentlich derjenigen, welche er gestern gesehen. Hätte er Vrenchen nie wieder zu sehen bekommen, so hätten sich seine Erinnerungskräfte schon behelfen müssen und das liebe Gesicht säuberlich wieder zusammengetragen, daß nicht ein Zug daran fehlte. Jetzt aber versagten sie schlau und hartnäckig ihren Dienst, weil die Augen nach ihrem Recht und ihrer Lust verlangten, und als am Nachmittage die Sonne warm und hell die oberen Stockwerke der schwarzen Häuser beschien, strich Sali aus dem Tore und seiner alten Heimat zu, welche ihm jetzt erst ein himmlisches Jerusalem zu sein schien mit zwölf glänzenden Pforten, und die sein Herz klopfen machte, als er sich ihr näherte.

Er stieß auf dem Wege auf Vrenchens Vater, welcher nach der Stadt zu gehen schien. Der sah sehr wild und liederlich aus, sein grau gewordener Bart war seit Wochen nicht geschoren und er sah aus wie ein recht böser verlorener Bauersmann, der sein Feld verscherzt hat und nun geht, um Andern Übles zuzufügen. Dennoch sah ihn Sali, als sie sich vorüber gingen, nicht mehr mit Haß, sondern voll Furcht und Scheu an, als ob sein Leben in dessen Hand stände und er es lieber von ihm erflehen, als ertrotzen möchte. Marti aber maß ihn mit einem bösen Blicke von oben bis unten und ging seines Weges: Das war indessen dem Sali recht, welchem es nun, da er den Alten das Dorf verlassen sah, deutlicher wurde, was er eigentlich da wolle, und er schlich sich auf alt bekannten Pfaden so lange um das Dorf herum und durch dessen verdeckte Gäßchen, bis er sich Martis Haus und Hof gegenüber befand. Seit mehreren Jahren hatte er diese Stätte nicht mehr so nah gesehen; denn auch als sie noch hier wohnten, hüteten sich die verfeindeten Leute gegenseitig, sich in's Gehäge zu kommen. Deshalb war er nun erstaunt über das, was er doch an seinem eigenen Vaterhause erlebt, und starrte voll Verwunderung in die Wüstenei, die er vor sich sah. Dem Marti war ein Stück Ackerland um das andere abgepfändet worden, er besaß nichts mehr als das Haus und den Platz davor nebst etwas Garten und dem Acker auf der Höhe am Flusse, von welchem er hartnäckig am längsten nicht lassen wollte.

Es war aber keine Rede mehr von einer ordentlichen Bebauung und auf dem Acker, der einst so schön im gleichmäßigen Korne gewogt, wenn die Ernte kam, waren jetzt allerhand abfällige Samenreste gesäet und aufgegangen, aus alten Schachteln und zerrissenen Düten zusammengekehrt, Rüben, Kraut und dergleichen und etwas Kartoffeln, so daß der Acker aussah, wie ein recht übel gepflegter Gemüseplatz, und eine wunderliche Musterkarte war, dazu angelegt, um von der Hand in den Mund zu leben, hier eine Hand voll Rüben auszureißen, wenn man Hunger hatte und nichts besseres wußte, dort eine Tracht Kartoffeln oder Kraut, und das übrige fortwuchern oder verfaulen zu lassen, wie es mochte. Auch lief Jedermann darin herum, wie es ihm gefiel, und das schöne breite Stück Feld sah beinahe so aus, wie einst der herrenlose Acker, von dem alles Unheil herkam. Deshalb war um das Haus nicht eine Spur von Ackerwirtschaft zu sehen. Der Stall war leer, die Türe hing nur in einer Angel, und unzählige Kreuzspinnen, den Sommer hindurch halb groß geworden, ließen ihre Fäden in der Sonne glänzen vor dem dunklen Eingang. An dem offen stehenden Scheunentor, wo einst die Früchte des festen Landes eingefahren, hing schlechtes Fischergeräte, zum Zeugnis der verkehrten Wasserpfuscherei; auf dem Hofe war nicht ein Huhn und nicht eine

Taube, weder Katze noch Hund zu sehen; nur der Brunnen war noch als etwas Lebendiges da, aber er floß nicht mehr durch die Röhre, sondern sprang durch einen Riß nahe am Boden über diesen hin und setzte überall kleine Tümpel an, so daß er das beste Sinnbild der Faulheit abgab. Denn während mit wenig Mühe des Vaters das Loch zu verstopfen und die Röhre herzustellen gewesen wäre, mußte sich Vrenchen nun abquälen, selbst das lautere Wasser dieser Verkommenheit abzugewinnen und seine Wäscherei in den seichten Sammlungen am Boden vorzunehmen, statt in dem vertrockneten und zerspellten Troge. Das Haus selbst war ebenso kläglich anzusehen; die Fenster waren vielfältig zerbrochen und mit Papier verklebt, aber doch waren sie das Freundlichste an dem Verfall; denn sie waren, selbst die zerbrochenen Scheiben, klar und sauber gewaschen, ja förmlich poliert und glänzten so hell, wie Vrenchens Augen, welche ihm in seiner Armut ja auch allen übrigen Staat ersetzen mußten. Und wie die krausen Haare und die rotgelben Kattunhalstücher zu Vrenchens Augen, stand zu diesen blinkenden Fenstern das wilde grüne Gewächs, was da durcheinander rankte um das Haus, flatternde Bohnenwäldchen und eine ganze duftende Wildnis von rotgelbem Goldlack. Die Bohnen hielten sich, so gut sie konnten, hier an einem Harkenstiel oder an einem verkehrt in die Erde gesteckten Stumpfbesen, dort an einer von Rost zerfressenen Helbarte oder Sponton*, wie man es nannte, als Vrenchens Großvater das Ding als Wachtmeister getragen, welches es jetzt aus Not in die Bohnen gepflanzt hatte; dort kletterten sie wieder lustig eine verwitterte Leiter empor, die am Hause lehnte seit undenklichen Zeiten, und hingen von da an in die klaren Fensterchen hinunter wie Vrenchens Kräuselhaare in seine Augen. Dieser mehr malerische als wirtliche Hof lag etwas beiseit und hatte keine näheren Nachbarhäuser, auch ließ sich in diesem Augenblicke nirgends eine lebendige Seele wahrnehmen; Sali lehnte daher in aller Sicherheit an einem alten Scheunchen,

* Art der Hellebarde

etwa dreißig Schritte entfernt, und schaute unverwandt nach dem stillen wüsten Hause hinüber. Eine geraume Zeit lehnte und schaute er so, als Vrenchen unter die Haustür kam und lange vor sich hinblickte, wie mit allen ihren Gedanken an einem Gegenstande hängend. Sali rührte sich nicht und wandte kein Auge von ihr. Als sie endlich zufällig in dieser Richtung hinsah, fiel er ihr in die Augen. Sie sahen sich eine Weile an, herüber und hinüber, als ob sie eine Lufterscheinung betrachteten, bis sich Sali endlich aufrichtete und langsam über die Straße und über den Hof ging auf Vrenchen los. Als er dem Mädchen nahe war, streckte es seine Hände gegen ihn aus und sagte: Sali! Er ergriff die Hände und sah ihr immerfort in's Gesicht. Tränen stürzten aus ihren Augen, während sie unter seinen Blicken vollends dunkelrot wurde, und sie sagte: »Was willst Du hier?« »Nur Dich sehen!« erwiderte er, »wollen wir nicht wieder gute Freunde sein?« »Und unsere Eltern?« fragte Vrenchen, sein weinendes Gesicht zur Seite neigend, da es die Hände nicht frei hatte, um es zu bedecken. »Sind wir Schuld an dem, was sie getan und geworden sind?« sagte Sali, »vielleicht können wir das Elend nur gut machen, wenn wir zwei zusammenhalten und uns recht lieb sind!« »Es wird nie gut kommen,« antwortete Vrenchen mit einem tiefen Seufzer, »geh' in Gottes Namen Deiner Wege, Sali!« »Bist Du allein?« fragte dieser, »kann ich einen Augenblick hineinkommen?« »Der Vater ist zur Stadt, wie er sagte, um Deinem Vater irgend etwas anzuhängen; aber hereinkommen kannst Du nicht, weil Du später vielleicht nicht so ungesehen weggehen kannst wie jetzt. Noch ist alles still und Niemand um den Weg, ich bitte Dich, geh' jetzt!« »Nein, so geh' ich nicht! ich mußte seit gestern immer an Dich denken, und ich geh' nicht so fort, wir müssen mit einander reden, wenigstens eine halbe Stunde lang oder eine Stunde, das wird uns gut tun!« Vrenchen besann sich ein Weilchen und sagte dann: »Ich geh' gegen Abend auf unsern Acker hinaus, Du weißt welchen, wir haben nur noch den, und hole etwas Gemüse. Ich weiß, daß Niemand weiter dort sein wird, weil die Leute anderswo schneiden; wenn Du willst, so komm' dort hin, aber jetzt geh' und nimm Dich in Acht, daß Dich Niemand sieht! Wenn auch kein Mensch hier mehr mit uns umgeht, so würden sie doch ein solches Gerede machen, daß es der Vater sogleich vernähme.« Sie ließen sich jetzt die Hände frei, ergriffen sie aber auf der Stelle wieder und Beide sagten gleichzeitig: »Und wie geht es Dir auch?« Aber statt sich zu antworten, fragten sie das Gleiche auf's Neue und die Antwort lag nur in den beredten Augen, da sie nach Art der Verliebten die Worte nicht mehr zu lenken wußten und ohne sich weiter etwas zu sagen, endlich halb selig und halb traurig auseinander huschten. »Ich komme recht bald hinaus, geh' nur gleich hin!« rief Vrenchen noch nach.

Sali ging auch alsobald auf die stille schöne Anhöhe hinaus, über welche die zwei Äcker sich erstreckten, und die prächtige stille Julisonne, die fahrenden weißen Wolken, welche über das reife wallende Kornfeld wegzogen, der glänzende blaue Fluß, der unten vorüberwallte, alles dies erfüllte ihn zum ersten Male seit langen Jahren wieder mit Glück und Zufriedenheit, statt mit Kummer, und er warf sich der Länge nach in den durchsichtigen Halbschatten des Kornes, wo dasselbe Martis wilden Acker begrenzte, und guckte glückselig in den Himmel.

Obgleich es kaum eine Viertelstunde währte, bis Vrenchen nachkam und er an nichts anderes dachte, als an sein Glück und dessen Namen, stand es doch plötzlich und unverhofft vor ihm, auf ihn niederlächelnd, und froh erschreckt sprang er auf. »Vreeli!« rief er, und dieses gab ihm still und lächelnd beide Hände, und Hand in Hand gingen sie nun das flüsternde Korn entlang bis gegen den Fluß hinunter und wieder zurück, ohne viel zu reden; sie legten zwei oder drei Mal den Hin- und Herweg zurück, still, glückselig und ruhig, so daß dieses einige Paar nun auch einem Sternbilde glich, welches über die sonnige Rundung der Anhöhe und hinter derselben niederging, wie einst die sicher gehenden Pflugzüge ihrer Väter. Als sie aber einstmals die Augen von den blauen Kornblumen aufschlugen, an denen sie gehaftet, sahen sie plötzlich einen andern dunklen Stern vor sich

hergehen, einen schwärzlichen Kerl, von dem sie nicht wußten, woher er so unversehens gekommen. Er mußte im Korne
gelegen haben; Vrenchen zuckte zusammen und Sali sagte erschreckt: Der schwarze Geiger! In der Tat trug der Kerl, der
vor ihnen herstrich; eine Geige mit dem Bogen unter dem Arm
und sah übrigens schwarz genug aus; neben einem schwarzen
Filzhütchen und einem schwarzen rußigen Kittel, den er trug,
war auch sein Haar pechschwarz, so wie der ungeschorene Bart;
das Gesicht und die Hände aber ebenfalls geschwärzt; denn er
trieb allerlei Handwerk, meistens Kesselflicken, half auch den
Kohlenbrennern und Pechsiedern in den Wäldern und ging mit
der Geige nur auf einen guten Schick aus, wenn die Bauern irgendwo lustig waren und ein Fest feierten. Sali und Vrenchen
gingen mäuschenstill hinter ihm drein und dachten, er würde
vom Felde gehen und verschwinden, ohne sich umzusehen, und
so schien es auch zu sein, denn er tat, als ob er nichts von ihnen
merkte. Dazu waren sie in einem seltsamen Bann, daß sie nicht
wagten, den schmalen Pfad zu verlassen und dem unheimlichen
Gesellen unwillkürlich folgten, bis an das Ende des Feldes, wo
jener ungerechte Steinhaufen lag, der das immer noch streitige
Ackerzipfelchen bedeckte. Eine zahllose Menge von Mohnblumen oder Klatschrosen hatte sich darauf angesiedelt, weshalb
der kleine Berg feuerrot aussah zur Zeit. Plötzlich sprang der
schwarze Geiger mit einem Satze auf die rot bekleidete Steinmasse hinauf, kehrte sich und sah ringsum. Das Pärchen blieb
stehen und sah verlegen zu dem dunklen Burschen hinauf; denn
vorbei konnten sie nicht gehen, weil der Weg in das Dorf führte
und umkehren mochten sie auch nicht vor seinen Augen. Er sah
sie scharf an und rief: »Ich kenne Euch, Ihr seid die Kinder Derer,
die mir den Boden hier gestohlen haben! Es freut mich zu sehen,
wie gut Ihr gefahren seid, und werde gewiß noch erleben, daß
Ihr vor mir den Weg alles Fleisches geht! Seht mich nur an, Ihr
zwei Spatzen! Gefällt Euch meine Nase, wie?« In der Tat besaß
er eine schreckbare Nase, welche wie ein großes Winkelmaß aus
dem dürren schwarzen Gesicht ragte oder eigentlich mehr einem

tüchtigen Knebel oder Prügel glich, welcher in dies Gesicht geworfen worden war, und unter dem ein kleines rundes Löchelchen von einem Munde sich seltsam stutzte und zusammenzog, aus dem er unaufhörlich pustete, pfiff und zischte. Dazu stand das kleine Filzhütchen ganz unheimlich, welches nicht rund und nicht eckig und so sonderlich geformt war, daß es alle Augenblicke seine Gestalt zu verändern schien, obgleich es unbeweglich saß, und von den Augen des Kerls war fast nichts als das Weiße zu sehen, da die Sterne unaufhörlich auf einer blitzschnellen Wanderung begriffen waren und wie zwei Hasen im Zickzack umhersprangen. »Seht mich nur an«, fuhr er fort, »Eure Väter kennen mich wohl und Jedermann in diesem Dorfe weiß wer ich bin, wenn er nur meine Nase ansieht. Da haben sie vor Jahren ausgeschrieben, daß ein Stück Geld für den Erben dieses Ackers bereit liege; ich habe mich zwanzigmal gemeldet, aber ich habe keinen Taufschein und keinen Heimatschein und meine Freunde, die Heimatlosen, die meine Geburt gesehen, haben kein gültiges Zeugnis, und so ist die Frist längst verlaufen und ich bin um den blutigen Pfennig gekommen, mit dem ich hätte auswandern können! Ich habe Eure Väter angefleht, daß sie mir bezeugen möchten, sie müßten mich nach ihrem Gewissen für den rechten Erben halten; aber sie haben mich von ihren Höfen gejagt und nun sind sie selbst zum Teufel gegangen! Item, das ist der Welt Lauf, mir kann's recht sein, ich will Euch doch geigen, wenn Ihr tanzen wollt!« Damit sprang er auf der andern Seite von den Steinen hinunter und machte sich dem Dorfe zu, wo gegen Abend der Erntesegen eingebracht wurde und die Leute guter Dinge waren. Als er verschwunden, ließ sich das Paar ganz mutlos und betrübt auf die Steine nieder; sie ließen ihre verschlungenen Hände fahren und stützten die traurigen Köpfe darauf; denn die Erscheinung des Geigers und seine Worte hatten sie aus der glücklichen Vergessenheit gerissen, in welcher sie wie zwei Kinder auf und abgewandelt, und wie sie nun auf dem harten Grund ihres Elendes saßen, Verdunkelte sich das heitere Lebenslicht und ihre Gemüter wurden so schwer wie Steine.

Da erinnerte sich Vrenchen unversehens der wunderlichen Gestalt und der Nase des Geigers, es mußte plötzlich hell auflachen und rief: »Der arme Kerl sieht gar zu spaßhaft aus! Was für eine Nase!« Und eine allerliebste sonnenhelle Lustigkeit verbreitete sich über des Mädchens Gesicht, als ob Sie nur geharrt hätte; bis des Geigers Nase die trüben Wolken wegstieße. Sali sah Vrenchen an und sah diese Fröhlichkeit. Es hatte die Ursache aber schon wieder vergessen und lachte nur noch auf eigene Rechnung dem Sali in's Gesicht. Dieser, verblüfft und erstaunt, starrte unwillkürlich mit lachendem Munde auf die Augen, gleich einem Hungrigen, der ein süßes Weizenbrot erblickt, und rief: »Bei Gott, Vreeli! wie schön bist Du!« Vrenchen lachte ihn nur noch mehr an und hauchte dazu aus klangvoller Kehle einige kurze mutwillige Lachtöne, welche dem armen Sali nicht anders dünkten, als der Gesang einer Nachtigall. »O Du Hexe! rief er, wo hast Du das gelernt? welche Teufelskünste treibst Du da?« »Ach Du lieber Gott!« sagte Vrenchen mit schmeichelnder Stimme und nahm Sali's Hand, »das sind keine Teufelskünste! Wie lange hätte ich gern einmal gelacht! Ich habe wohl zuweilen, wenn ich ganz allein war, über irgend etwas lachen müssen, aber es war nichts Rechts dabei; jetzt aber möchte ich Dich immer und ewig anlachen, wenn ich Dich sehe, und ich möchte Dich wohl immer und ewig sehen! Bist Du mir auch ein Bißchen recht gut?« »O Vreeli! sagte er und sah ihr ergeben und treuherzig in die Augen, ich habe noch nie ein Mädchen angesehen, es war mir immer, als ob ich Dich einst lieb haben müßte, und ohne daß ich wollte oder wußte, hast Du mir doch immer im Sinn gelegen!« »Und Du mir auch, sagte Vrenchen, und das noch viel mehr; denn Du hast mich nie angesehen und wußtest nicht, wie ich geworden bin; ich aber habe dich zu Zeiten aus der Ferne und sogar heimlich aus der Nähe recht gut betrachtet und wußte immer, wie Du aussiehst! Weißt Du noch, wie oft wir als Kinder hieher gekommen sind? denkst Du noch des kleinen Wagens? Wie kleine Leute sind wir damals gewesen und wie lang ist es her! Man sollte denken, wir wären recht alt.« »Wie alt bist Du jetzt?« fragte Sali voll Vergnügen und Zufriedenheit, »Du mußt ungefähr siebzehn sein?« »Siebzehn und ein halbes Jahr bin ich alt!« erwiderte Vrenchen, »und wie alt bist Du? Ich weiß aber schon, Du bist bald zwanzig?« »Woher weißt Du das?« fragte Sali. »Gelt, wenn ich es sagen wollte!« »Du willst es nicht sagen?« »Nein!« »Gewiß nicht?« »Nein, nein!« »Du sollst es sagen!« »Willst Du mich etwa zwingen?« »Das wollen wir sehen!« Diese einfältigen Reden führte Sali, um seine Hände zu beschäftigen und mit ungeschickten Liebkosungen, welche wie eine Strafe aussehen sollten, das schöne Mädchen zu bedrängen. Sie führte auch, sich wehrend, mit vieler Langmut den albernen Wortwechsel fort, der trotz seiner Leerheit beide witzig und süß genug dünkte, bis Sali erbost und kühn genug war, Vrenchens Hände zu bezwingen und es in die Mohnblumen zu drücken. Da lag es nun und zwinkerte in der Sonne mit den Augen; seine Wangen glühten wie Purpur und sein Mund war halb geöffnet und ließ zwei Reihen weiße Zähne durchschimmern. Fein und schön flossen die dunklen Augenbrauen in einander und die junge Brust hob und senkte sich mutwillig unter sämtlichen vier Händen, welche sich kunterbunt darauf streichelten und bekriegten. Sali wußte sich nicht zu lassen vor Freuden, das schlanke schöne Geschöpf vor sich zu sehen, es sein eigen zu wissen, und es dünkte ihm ein Königreich. »Alle Deine weißen Zähne hast Du noch! lachte er, weißt Du noch, wie oft wir sie einst gezählt haben? Kannst Du jetzt zählen?« »Das sind ja nicht die gleichen, Du Kind! sagte Vrenchen, jene sind längst ausgefallen!« Sali wollte nun in seiner Einfalt jenes Spiel wieder erneuern und die glänzenden Zahnperlen zählen; aber Vrenchen verschloß plötzlich den roten Mund, richtete sich auf und begann einen Kranz von Mohnrosen zu winden, den es sich auf den Kopf setzte. Der Kranz war voll und breit und gab der bräunlichen Dirne ein fabelhaft reizendes Ansehen, und der arme Sali hielt in seinem Arm, was reiche Leute teuer bezahlt hätten, wenn sie es nur gemalt an ihren Wänden hätten sehen können. Jetzt sprang sie aber empor und rief: »Himmel, wie heiß ist es hier! Da sitzen wir wie die Narren und lassen uns versengen! Komm, Mein Lieber! laß uns in's hohe Korn sitzen!« Sie schlüpften hinein so geschickt und sachte, daß sie kaum eine Spur zurückließen, und bauten sich einen engen Kerker in den goldenen Ähren, die ihnen hoch über den Kopf ragten; als sie drin saßen, so daß sie nur den tiefblauen Himmel über sich sahen und sonst nichts von der Welt. Sie umhalsten sich und küßten sich unverweilt und so lange bis sie einstweilen müde waren, oder wie man es nennen will, wenn das Küssen zweier Verliebter auf eine oder zwei Minuten sich selbst überlebt und die Vergänglichkeit alles Lebens mitten im Rausche der Blütezeit ahnen läßt. Sie hörten die Lerchen singen hoch über sich und suchten dieselben mit ihren scharfen Augen, und wenn sie glaubten, flüchtig Eine in der Sonne aufblitzen zu sehen, gleich einem plötzlich aufleuchtenden oder hinschießenden Stern am blauen Himmel, so küßten sie sich wieder zur Belohnung und suchten einander zu übervorteilen und zu täuschen, so viel sie konnten. »Siehst Du, dort blitzt Eine!« flüsterte Sali und Vrenchen erwiderte eben so leise: »Ich höre sie wohl, aber ich sehe sie nicht!« »Doch, paß nur auf, dort wo das weiße Wölkchen steht, ein wenig rechts davon!« Und Beide sahen eifrig hin und sperrten vorläufig ihre Schnäbel auf, wie die jungen Wachteln im Neste, um sie unverzüglich auf einander zu heften, wenn sie sich einbildeten, die Lerche gesehen zu haben. Auf einmal hielt Vrenchen inne und sagte: »Dies ist also eine ausgemachte Sache, daß Jedes von uns einen Schatz hat, dünkt es Dich nicht so?« »Ja, sagte Sali, es scheint mir auch so!« »Wie gefällt Dir denn Dein Schätzchen, sagte Vrenchen, was ist es für ein Ding, was hast Du von ihm zu melden?« »Es ist ein gar feines Ding, sagte Sali, es hat zwei braune Augen, einen roten Mund und läuft auf zwei Füßen; aber seinen Sinn kenn' ich weniger als den Papst zu Rom! und was kannst Du von Deinem Schatz berichten?« »Er hat zwei blaue Augen, einen nichtsnutzigen Mund und braucht zwei verwegene starke Arme; aber seine Gedanken sind mir unbekannter, als der türkische Kaiser!« »Es ist eigentlich wahr, sagte Sali, daß wir uns weniger kennen, als wenn wir uns nie gesehen hätten, so fremd hat uns die lange Zeit gemacht, seit wir groß geworden sind! Was ist alles vorgegangen in Deinem Köpfchen, mein liebes Kind?« »Ach, nicht viel! tausend Narrenspossen haben sich wollen regen, aber es ist mir immer so trübselig ergangen, daß sie nicht aufkommen konnten!« »Du armes Schätzchen, sagte Sali, ich glaube aber Du hast es hinter den Ohren, nicht?« »Das kannst Du ja nach und nach erfahren, wenn Du mich recht lieb hast!« »Wenn Du einst meine Frau bist?« Vrenchen zitterte leis bei diesem letzten Worte und schmiegte sich tiefer in Sali's Arme, ihn von Neuem lange und zärtlich küssend. Es traten ihr dabei Tränen in die Augen und Beide wurden auf einmal traurig, da ihnen ihre hoffnungsarme Zukunft in den Sinn kam und die Feindschaft ihrer Eltern. Vrenchen seufzte und sagte: »Komm, ich muß nun gehen!« und so erhoben sie sich und gingen Hand in Hand aus dem Kornfeld, als sie Vrenchens Vater spähend vor sich sahen. Mit dem kleinlichen Scharfsinn des müßigen Elendes hatte dieser, als er dem Sali begegnet, neugierig gegrübelt, was der wohl allein im Dorfe zu suchen ginge, und sich des gestrigen Vorfalles erinnernd, verfiel er, immer nach der Stadt zu schlendernd, endlich auf die richtige Spur, rein aus Groll und unbeschäftigter Bosheit, und nicht so bald gewann der Verdacht eine bestimmte Gestalt, als er mitten in den Gassen von Seldwyla umkehrte und wieder in das Dorf hinaustrollte, wo er seine Tochter in Haus und Hof und rings in den Hecken vergeblich suchte. Mit wachsender Neugier rannte er auf den Acker hinaus, und als er da Vrenchens Korb liegen sah, in welchem es die Früchte zu holen pflegte, das Mädchen selbst aber nirgends erblickte, spähte er eben am Korne des Nachbars herum, als die erschrockenen Kinder herauskamen.

Sie standen wie versteinert und Marti stand erst auch da und beschaute sie mit bösen Blicken, bleich wie Blei; dann fing er fürchterlich an zu toben in Gebärden und Schimpfworten und langte zugleich grimmig nach dem jungen Burschen, um ihn zu würgen; Sali wich aus und floh einige Schritte zurück, entsetzt über den wilden Mann, sprang aber sogleich wieder zu, als er sah, daß der Alte statt seiner nun das zitternde Mädchen faßte, ihm eine Ohrfeige gab, daß der rote Kranz herunterflog, und seine Haare um die Hand wickelte, um es mit sich fort zu reißen und weiter zu mißhandeln. Ohne sich zu besinnen, raffte er einen Stein auf und schlug mit demselben den Alten gegen den Kopf, halb in Angst um Vrenchen und halb im Jähzorn. Marti taumelte erst ein wenig, sank dann bewußtlos auf den Steinhaufen nieder und zog das erbärmlich aufschreiende Vrenchen mit. Sali befreite noch dessen Haare aus der Hand des Bewußtlosen und richtete es auf; dann stand er da wie eine Bildsäule, ratlos und gedankenlos. Das Mädchen, als es den wie tot daliegenden Vater sah, fuhr sich mit den Händen über das erbleichende Gesicht, schüttelte sich und sagte: Hast Du ihn erschlagen? Sali nickte lautlos und Vrenchen schrie: O Gott, Du lieber Gott! Es ist mein Vater! der arme Mann! und sinnlos warf es sich über ihn und hob seinen Kopf auf, an welchem indessen kein Blut floß. Es ließ ihn wieder sinken; Sali ließ sich auf der andern Seite des Mannes nieder, und Beide schauten, still wie das Grab und mit erlahmten reglosen Händen in das leblose Gesicht. Um nur etwas anzufangen, sagte endlich Sali: »Er wird doch nicht gleich tot sein müssen? das ist gar nicht ausgemacht!« Vrenchen riß ein Blatt von einer Klatschrose ab und legte es auf die erblaßten Lippen und es bewegte sich schwach. »Er atmet noch, rief es, so lauf doch in's Dorf und hol' Hülfe!« Als Sali aufsprang und laufen wollte, streckte es ihm die Hand nach und rief ihn zurück: »Komm aber nicht mit zurück und sage nichts, wie es zugegangen, ich werde auch schweigen, man soll nichts aus mir herausbringen!« sagte es und sein Gesicht, das es dem armen ratlosen Burschen zuwandte, überfloß von schmerzlichen Tränen. »Komm, küß mich noch ein Mal! Nein; geh, mach Dich fort! Es ist aus, es ist ewig aus, wir können nicht zusammenkommen!« Es stieß ihn fort und er lief willenlos dem Dorfe zu. Er begegnete einem Knäbchen, das ihn nicht kannte; diesem trug er auf, die nächsten Leute zu holen und beschrieb ihm genau, wo die

Hülfe nötig sei. Dann machte er sich verzweifelt fort und irrte die ganze Nacht im Gehölze herum. Am Morgen schlich er in die Felder, um zu erspähen, wie es gegangen sei, und hörte von frühen Leuten, welche mit einander sprachen, daß Marti noch lebe, aber nichts von sich wisse, und wie das eine seltsame Sache wäre, da kein Mensch wisse, was ihm zugestoßen. Erst jetzt ging er in die Stadt zurück und verbarg sich in dem dunkeln Elend des Hauses.

Vrenchen hielt ihm Wort; es war nichts aus ihm herauszufragen, als daß es selbst den Vater so gefunden habe, und da er am andern Tage sich wieder tüchtig regte und atmete, freilich ohne Bewußtsein, und überdies kein Kläger da war, so nahm man an, er sei betrunken gewesen und auf die Steine gefallen und ließ die Sache auf sich beruhen. Vrenchen pflegte ihn und ging nicht von seiner Seite, außer um die Arzneimittel zu holen beim Doktor und etwa für sich selbst eine schlechte Suppe zu kochen; denn es lebte beinahe von nichts, obgleich es Tag und Nacht wach sein mußte und Niemand ihm half. Es dauerte beinahe sechs Wochen, bis der Kranke allmälig zu seinem Bewußtsein kam, obgleich er vorher schon wieder aß und in seinem Bette ziemlich munter war. Aber es war nicht das alte Bewußtsein, das er jetzt erlangte, sondern es zeigte sich immer deutlicher, je mehr er sprach, daß er blödsinnig geworden, und zwar auf die wunderlichste Weise. Er erinnerte sich nur dunkel an das Geschehene und wie an etwas sehr Lustiges, was ihn nicht weiter berühre, lachte immer wie ein Narr und war guter Dinge. Noch im Bette liegend brachte er hundert närrische, sinnlos mutwillige Redensarten und Einfälle zum Vorschein, schnitt Gesichter und zog sich die schwarzwollene Zipfelmütze in die Augen und über die Nase herunter; daß diese aussah, wie ein Sarg unter einem Bahrtuch. Das bleiche und abgehärmte Vrenchen hörte ihm geduldig zu, Tränen vergießend über das törichte Wesen, welches die arme Tochter noch mehr ängstigte, als die frühere Bosheit; aber wenn der Alte zuweilen etwas gar zu drolliges anstellte, so mußte es mitten in seiner Qual laut auflachen, da sein unterdrücktes Wesen immer zur Lust aufzuspringen bereit war, wie ein gespannter Bogen, worauf dann eine um so tiefere Betrübnis erfolgte. Als der Alte aber aufstehen konnte, war gar nichts mehr mit ihm anzustellen; er machte nichts als Dummheiten, lachte und stöberte um das Haus herum, setzte sich in die Sonne und streckte die Zunge heraus oder hielt lange Reden in die Bohnen hinein.

Um die gleiche Zeit aber war es auch aus mit den wenigen Überbleibseln seines ehemaligen Besitzes und die Unordnung so weit gediehen, daß auch sein Haus und der letzte Acker, seit geraumer Zeit verpfändet, nun gerichtlich verkauft wurden. Denn der Bauer, welcher die zwei Äcker des Manz gekauft, benutzte die gänzliche Verkommenheit Martis und seine Krankheit und führte den alten Streit wegen des streitigen Steinfleckes kurz und entschlossen zu Ende, und der verlorene Prozeß trieb Martis Faß vollends den Boden aus, indessen er in seinem Blödsinne nichts mehr von diesen Dingen wußte. Die Versteigerung fand statt; Marti wurde von der Gemeinde in einer Stiftung für dergleichen arme Tröpfe auf öffentliche Kosten untergebracht. Diese Anstalt befand sich in der Hauptstadt des Ländchens; der gesunde und eßbegierige Blödsinnige wurde noch gut gefüttert, dann auf ein mit Ochsen bespanntes Wägelchen geladen, das ein ärmlicher Bauersmann nach der Stadt führte, um zugleich einen oder zwei Säcke Kartoffeln zu verkaufen, und Vrenchen setzte sich zu dem Vater auf das Fuhrwerk, um ihn auf diesem letzten Gange zu dem lebendigen Begräbnis zu begleiten. Es war eine traurige und bittere Fahrt, aber Vrenchen wachte sorgfältig über seinen Vater und ließ es ihm an nichts fehlen, und es sah sich nicht um und ward nicht ungeduldig, wenn durch die Kapriolen des Unglücklichen die Leute aufmerksam wurden und dem Wägelchen nachliefen, wo sie durchfuhren. Endlich erreichten sie das weitläufige Gebäude in der Stadt, wo die langen Gänge, die Höfe und ein freundlicher Garten von einer Menge ähnlicher Tröpfe belebt waren, die alle in weiße Kittel gekleidet waren und dauerhafte Lederkäppchen auf den harten Köpfen trugen. Auch Marti wurde noch vor Vrenchens Augen in diese Tracht gekleidet, und er freuete sich wie ein Kind darüber und tanzte singend umher. »Gott grüß euch, ihr geehrten Herren!« rief er seine neuen Genossen an, »ein schönes Haus habt ihr hier! Geh' heim, Vrenggel, und sag' der Mutter, ich komme nicht mehr nach Haus, hier gefällt's mir bei Gott! Juchhei! Es kreucht ein Igel über den Hag, ich hab' ihn hören bellen! O Meitli, küß kein' alten Knab', küß nur die jungen Gesellen! Alle die Wässerlein laufen in Rhein, die mit dem Pflaumenaug', die muß es ein! Gehst Du schon, Vreeli? Du siehst ja aus wie der Tod im Häfelein und geht es mir doch so erfreulich! Die Füchsin schreit im Felde: Halleo, halleo! das Herz tut ihr weho! Hoho!« Ein Aufseher gebot ihm Ruhe und führte ihn zu einer leichten Arbeit, und Vrenchen ging das Fuhrwerk aufzusuchen. Es setzte sich auf den Wagen, zog ein Stückchen Brot hervor und aß dasselbe; dann schlief es, bis der Bauer kam und mit ihm nach dem Dorfe zurückfuhr. Sie kamen erst in der Nacht an. Vrenchen ging nach dem Hause, in dem es geboren und nur zwei Tage bleiben durfte, und es war jetzt zum ersten Mal in seinem Leben ganz allein darin. Es machte ein Feuer, um das letzte Restchen Kaffe zu kochen, das es noch besaß, und setzte sich auf den Herd, denn es war ihm ganz elendiglich zu Mut. Es sehnte sich und härmte sich ab, den Sali nur ein einziges Mal zu sehen, und dachte inbrünstig an ihn; aber die Sorgen und der Kummer verbitterten seine Sehnsucht und diese machte die Sorgen wieder viel schwerer. So saß es und stützte den Kopf in die Hände, als Jemand durch die offenstehende Tür hereinkam. »Sali!« rief Vrenchen, als es aufsah, und fiel ihm um den Hals; dann sahen sich aber Beide erschrocken an und riefen: »Wie siehst Du elend aus!« Denn Sali sah nicht minder als Vrenchen bleich und abgezehrt aus. Alles vergessend zog es ihn zu sich auf den Herd und sagte: »Bist Du krank gewesen, oder ist es Dir auch so schlimm gegangen?« Sali antwortete: »Nein, ich bin gerade nicht krank, außer vor Heimweh nach Dir! Bei uns geht es jetzt hoch und herrlich zu; der Vater hat einen Einzug und Unterschleif von auswärtigem Gesindel und ich glaube, so viel ich merke, ist er ein Diebshehler geworden. Deshalb ist jetzt einstweilen Hülle und Fülle in unserer Taverne, so lang es geht und bis es ein Ende mit Schrecken nimmt. Die Mutter hilft dazu, aus bitterlicher Gier, nur etwas im Hause zu sehen, und glaubt den Unfug noch durch eine gewisse Aufsicht und Ordnung annehmlich und nützlich zu machen! Mich fragt man nicht und ich konnte mich nicht viel darum kümmern; denn ich kann nur an Dich denken Tag und Nacht. Da allerhand Landstreicher bei uns einkehren, so haben wir alle Tage gehört, was bei euch vorgeht, worüber mein Vater sich freut wie ein kleines Kind. Daß Dein Vater heute nach dem Spittel gebracht wurde, haben wir auch vernommen; ich habe gedacht, Du werdest jetzt allein sein und bin gekommen, um Dich zu sehen!« Vrenchen klagte ihm jetzt auch alles, was sie drückte und was sie erlitt, aber mit so leichter zutraulicher Zunge, als ob sie ein großes Glück beschriebe, weil sie glücklich war, Sali neben sich zu sehen. Sie brachte inzwischen notdürftig ein Becken voll warmen Kaffe zusammen, welchen mit ihr zu teilen sie den Geliebten zwang. »Also übermorgen mußt Du hier weg?« sagte Sali, »was soll denn um's Himmelswillen werden?« »Das weiß ich nicht,« sagte Vrenchen, »ich werde dienen müssen und in die Welt hinaus! Ich werde es aber nicht aushalten ohne Dich, und doch kann ich Dich nie bekommen, auch wenn alles andere nicht wäre, bloß weil du meinen Vater geschlagen und um den Verstand gebracht hast! Dies würde immer ein schlechter Grundstein unserer Ehe sein und wir Beide nie sorglos werden, nie!« Sali seufzte und sagte: »Ich wollte auch schon hundert Mal Soldat werden oder mich in einer fremden Gegend als Knecht verdingen, aber ich kann noch nicht fortgehen, so lange Du hier bist und hernach wird es mich aufreiben. Ich glaube das Elend macht meine Liebe zu Dir stärker und schmerzhafter, so daß es um Leben und Tod geht! Ich habe von dergleichen keine Ahnung gehabt!« Vrenchen sah ihn liebevoll lächelnd an; sie lehnten sich an die Wand zurück und sprachen nichts mehr, sondern gaben sich schweigend der glückseligen Empfindung hin, die sich über allen Gram erhob, daß sie sich im größten Ernste gut wären und geliebt wüßten. Darüber schliefen sie friedlich ein auf dem unbequemen Herde, ohne Kissen und Pfühl, und schliefen so sanft und ruhig wie zwei Kinder in einer Wiege. Schon graute der Morgen, als Sali zuerst erwachte; er weckte Vrenchen so sacht er konnte; aber es duckte sich immer wieder an ihn, schlaftrunken, und wollte sich nicht ermuntern. Da küßte er es heftig auf den Mund und Vrenchen fuhr empor, machte die Augen weit auf und als es Sali erblickte, rief es: »Herrgott! ich habe eben noch von Dir geträumt! Es träumte mir, wir tanzten mit einander auf unserer Hochzeit, lange, lange Stunden! und waren so glücklich, sauber geschmückt und es fehlte uns an nichts. Da wollten wir uns endlich küssen und dürsteten darnach, aber immer zog uns etwas auseinander und nun bist Du es selbst gewesen, der uns gestört und gehindert hat! Aber wie gut, daß Du gleich da bist!« Gierig fiel es ihm um den Hals und küßte ihn, als ob es kein Ende nehmen sollte. »Und was hast Du denn geträumt?« fragte sie und streichelte ihm Wangen und Kinn. »Mir träumte, ich ginge endlos auf einer langen Straße durch einen Wald und Du in der Ferne immer vor mir her; zuweilen sahest Du nach mir um, winktest mir und lachtest und dann war ich wie im Himmel. Das ist Alles!« Sie traten unter die offengebliebene Küchentüre, die unmittelbar in's Freie führte, und mußten lachen, als sie sich in's Gesicht sahen. Denn die rechte Wange Vrenchens und die linke Salis, welche im Schlafe aneinander gelehnt hatten, waren von dem Drucke ganz rot gefärbt, während die Blässe der andern durch die kühle Nachtluft noch erhöht war. Sie rieben sich zärtlich die kalte bleiche Seite ihrer Gesichter, um sie auch rot zu machen; die frische Morgenluft, der tauige stille Frieden, der über der Gegend lag, das junge Morgenrot machten sie fröhlich und selbstvergessen und besonders in Vrenchen schien ein freundlicher Geist der Sorglosigkeit gefahren zu sein. »Morgen Abend muß ich also aus diesem Hause fort,« sagte es, »und ein anderes

Obdach suchen. Vorher aber möchte ich Ein Mal, nur Ein Mal recht lustig sein; und zwar mit Dir; ich möchte recht herzlich und fleißig mit Dir tanzen irgendwo, denn das Tanzen aus dem Traume steckt mir immerfort im Sinn!« »Jedenfalls will ich dabei sein und sehen, wo Du unterkommst,« sagte Sali, »und tanzen wollte ich auch gerne mit Dir, Du herziges Kind! Aber wo?« »Es ist Morgen Kirchweih an zwei Orten nicht sehr weit von hier,« erwiderte Vrenchen, »da kennt und beachtet man uns weniger; draußen am Wasser will ich auf dich warten und dann können wir gehen, wohin es uns gefällt, um uns lustig zu machen, einmal, Ein Mal nur! Aber je, wir haben ja gar kein Geld!« setzte es traurig hinzu, »da kann nichts daraus werden!« »Laß nur, sagte Sali, ich will schon etwas mitbringen!« »Doch nicht von Deinem Vater, von – von dem Gestohlenen?« »Nein, sei nur ruhig! ich habe noch meine silberne Uhr bewahrt bis dahin, die will ich verkaufen.« »Ich will Dir nicht abraten, sagte Vrenchen errötend, denn ich glaube, ich müßte sterben, wenn ich nicht morgen mit Dir tanzen könnte.« »Es wäre das Beste, wir Beide könnten sterben!« sagte Sali; sie umarmten sich wehmütig und schmerzlich zum Abschied, und als sie von einander ließen, lachten sie sich doch freundlich an in der sicheren Hoffnung auf den nächsten Tag. »Aber wann willst Du denn kommen?« rief Vrenchen noch. »Spätestens um eilf Uhr Mittags, erwiderte er, wir wollen recht ordentlich zusammen Mittag essen!« »Gut, gut! komm' lieber um halb eilf schon!« Doch als Sali schon im Gehen war, rief sie ihn noch einmal zurück, und zeigte ein plötzlich verändertes verzweiflungsvolles Gesicht.

»Es wird doch nichts daraus, sagte sie bitterlich weinend, ich habe keine Sonntagsschuhe mehr. Schon gestern habe ich diese groben hier anziehen müssen, um nach der Stadt zu kommen! Ich weiß keine Schuhe aufzubringen!« Sali stand ratlos und verblüfft. »Keine Schuhe! sagte er, da mußt Du halt in diesen kommen!« »Nein, nein, in denen kann ich nicht tanzen!« »Nun, so müssen wir welche kaufen!« »Wo, mit was?« »Ei, in Seldwyl da gibt es Schuhläden genug! Geld werde ich in minder als zwei

Stunden haben.« »Aber ich kann doch nicht mir Dir in Seldwyl herumgehen, und dann wird das Geld nicht langen, auch noch Schuhe zu kaufen!« »Es muß! und ich will die Schuhe kaufen und morgen mitbringen!« »O Du Närrchen, sie werden ja nicht passen, die Du kaufst!« »So gibt mir einen alten Schuh mit, oder halt, noch besser, ich will Dir das Maß nehmen, das wird doch kein Hexenwerk sein!« »Das Maß nehmen? Wahrhaftig, daran hab' ich nicht gedacht! Komm, komm, ich will Dir ein Schnürchen suchen!« Sie setzte sich wieder auf den Herd, zog den Rock etwas zurück und streifte den Schuh vom Fuße, der noch von der gestrigen Reise her mit einem weißen Strumpfe bekleidet war. Sali kniete nieder und nahm so gut er es verstand, das Maß, indem er den zierlichen Fuß der Länge und Breite nach umspannte mit dem Schnürchen und sorgfältig Knoten in dasselbe knüpfte. »Du Schuhmacher!« sagte Vrenchen und lachte errötend und freundschaftlich zu ihm nieder. Sali wurde aber auch rot und hielt den Fuß fest in seinen Händen, länger als nötig war, so daß Vrenchen ihn noch tiefer errötend zurückzog, den verwirrten Sali aber noch einmal stürmisch umhalste und küßte, dann aber fortschickte.

Sobald er in der Stadt war, trug er seine Uhr zu einem Uhrmacher, der ihm sechs oder sieben Gulden dafür gab; für die silberne Kette bekam er auch einige Gulden, und er dünkte sich nun reich genug, denn er hatte, seit er groß war, nie so viel Geld besessen auf einmal. Wenn nur erst der Tag vorüber und der Sonntag angebrochen wäre, um das Glück damit zu erkaufen, das er sich von dem Tage versprach, dachte er; denn wenn das Übermorgen auch um so dunkler und unbekannter hereinragte, so gewann die ersehnte Lustbarkeit von Morgen nur einen seltsamern erhöhten Glanz und Schein. Indessen brachte er die Zeit noch leidlich hin, indem er ein Paar Schuhe für Vrenchen suchte, und dies war ihm das vergnügteste Geschäft, das er je betrieben. Er ging von einem Schuhmacher zum andern, ließ sich alle Weiberschuhe zeigen, die vorhanden waren, und endlich handelte er ein leichtes und feines Paar ein, so hübsch, wie sie Vrenchen

noch nie getragen. Er verbarg die Schuhe unter seiner Weste und
tat sie die übrige Zeit des Tages nicht mehr von sich; er nahm sie
sogar mit in's Bett und legte sie unter das Kopfkissen. Da er das
Mädchen heute früh noch gesehen und morgen wieder sehen
sollte, so schlief er fest und ruhig, war aber in aller Frühe munter
und begann seinen dürftigen Sonntagsstaat zurecht zu machen
und auszuputzen, so gut es gelingen wollte. Es fiel seiner Mutter
auf und sie fragte verwundert, was er vor habe; da er sich schon
lange nicht mehr so sorglich angezogen. Er wolle einmal über
Land gehen und sich ein wenig umtun, erwiderte er, er werde
sonst krank in diesem Hause. »Das ist mir die Zeit her ein merk-
würdiges Leben, murrte der Vater, und ein Herumschleichen!«
»Laß ihn nur gehen, sagte aber die Mutter, es tut ihm vielleicht
gut, es ist ja ein Elend, wie er aussieht!« »Hast Du Geld zum
Spazierengehen? woher hast Du es?« sagte der Alte. »Ich brauche keines!« sagte Sali. »Da hast Du einen Gulden!« versetzte
der Alte und warf ihm denselben hin. »Du kannst im Dorf in's
Wirtshaus gehen und ihn dort verzehren, damit sie nicht glauben, wir seien hier so übel d'ran.« »Ich will nicht in's Dorf und
brauche den Gulden nicht, behaltet ihn nur!« »So hast Du ihn
gehabt, es wäre Schad, wenn Du ihn haben müßtest, Du Starr-
kopf!« rief Manz und schob seinen Gulden wieder in die Tasche.
Seine Frau aber, welche nicht wußte, warum sie heute ihres Soh-
nes wegen so wehmütig und gerührt war, brachte ihm ein großes
schwarzes Mailänder Halstuch mit rotem Rande, das sie nur selten getragen und er schon früher gern gehabt hätte. Er schlang
es um den Hals und ließ die langen Zipfel fliegen; auch stellte er
zum ersten Mal den Hemdkragen, den er sonst immer umge-
schlagen, ehrbar und männlich in die Höhe, bis über die Ohren
hinauf, in einer Anwandlung ländlichen Stolzes, und machte
sich dann, seine Schuhe in der Brusttasche des Rockes, schon
nach sieben Uhr auf den Weg. Als er die Stube verließ, drängte
ihn ein seltsames Gefühl, Vater und Mutter die Hand zu geben
und auf der Straße sah er sich noch einmal nach dem Hause um:
»Ich glaube am Ende, sagte Manz, der Bursche streicht irgend

einem Weibsbild nach; das hätten wir gerade noch nötig!« Die Frau sagte: »O wollte Gott! daß er vielleicht ein Glück machte! das täte dem armen Buben gut!« »Richtig! sagte der Mann, das fehlt nicht! das wird ein himmlisches Glück geben, wenn er nur erst an eine solche Maultasche zu geraten das Unglück hat! das täte dem armen Bübchen gut! natürlich!«

Sali richtete seinen Schritt erst nach dem Flusse zu, wo er Vrenchen erwarten wollte; aber unterwegs ward er anderen Sinnes und ging geradezu in's Dorf, um Vrenchen im Hause selbst abzuholen, weil es ihm zu lang währte bis halb eilf. »Was kümmern uns die Leute!« dachte er. »Niemand hilft uns und ich bin ehrlich und fürchte Niemand!« So trat er unerwartet in Vrenchens Stube und eben so unerwartet fand er es schon vollkommen angekleidet und geschmückt dasitzen und der Zeit harren, wo es gehen könne, nur die Schuhe fehlten ihm noch. Aber Sali stand mit offenem Munde still in der Mitte der Stube, als er das Mädchen erblickte, so schön sah es aus. Es hatte nur ein einfaches Kleid an von blaugefärbter Leinwand, aber dasselbe war frisch und sauber und saß ihm sehr gut um den schlanken Leib. Darüber trug es ein schneeweißes Mousselinehalstuch und dies war der ganze Anzug. Das braune gekräuselte Haar war sehr wohl geordnet und die sonst so wilden Löckchen lagen nun fein und lieblich um den Kopf; da Vrenchen seit vielen Wochen fast nicht aus dem Hause gekommen, so war seine Farbe zarter und durchsichtiger geworden, so wie auch vom Kummer; aber in diese Durchsichtigkeit goß jetzt die Liebe und die Freude ein Rot um das andere, und an der Brust trug es einen schönen Blumenstrauß von Rosmarin, Rosen und prächtigen Astern. Es saß am offenen Fenster und atmete still und hold die frisch durchsonnte Morgenluft; wie es aber Sali erscheinen sah, streckte es ihm beide hübsche Arme entgegen welche vom Ellbogen an bloß waren, und rief: »Wie Recht hast Du, daß Du schon jetzt und hieher kommst! Aber hast Du mir Schuhe gebracht? Gewiß? Nun steh' ich nicht auf, bis ich sie an habe!« Er zog die Ersehnten aus der Tasche und gab sie dem begierigen schönen

Mädchen; es schleuderte die alten von sich, schlüpfte in die neuen und sie paßten sehr gut. Erst jetzt erhob es sich vom Stuhl, wiegte sich in den neuen Schuhen und ging eifrig einige Male auf und nieder. Es zog das lange blaue Kleid etwas zurück und beschaute wohlgefällig die roten wollenen Schleifen, welche die Schuhe zierten, während Sali unaufhörlich die feine reizende Gestalt betrachtete, welche da in lieblicher Aufregung vor ihm sich regte und freute. »Du beschaust meinen Strauß? sagte Vrenchen, hab' ich nicht einen schönen zusammengebracht? Du mußt wissen, dies sind die letzten Blumen, die ich noch aufgefunden in dieser Wüstenei. Hier war noch ein Röschen, dort eine Aster, und wie sie nun gebunden sind, würde man es ihnen nicht ansehen, daß sie aus einem Untergange zusammengesucht sind! Nun ist es aber Zeit, daß ich fortkomme, nicht ein Blümchen mehr im Garten und das Haus auch leer!« Sali sah sich um und bemerkte erst jetzt, daß alle Fahrhabe*, die noch da gewesen, weggebracht war. »Du armes Vreeli!« sagte er, »haben sie Dir schon Alles genommen?« »Gestern«, erwiderte es, »haben sie's weggeholt, was sich von der Stelle bewegen ließ, und mir kaum mehr mein Bett gelassen. Ich hab's aber auch gleich verkauft und hab' jetzt auch Geld, sieh!« Es holte einige neu glänzende Talerstücke aus der Tasche seines Kleides und zeigte sie ihm. »Damit,« fuhr es fort, »sagte der Waisenvogt, der auch hier war, solle ich mir einen Dienst suchen in einer Stadt und ich solle mich heute gleich auf den Weg machen!« »Da ist aber auch gar nichts mehr vorhanden,« sagte Sali, nachdem er in die Küche geguckt hatte, »ich sehe kein Hölzchen, kein Pfännchen, kein Messer! Hast Du denn auch nicht zu Morgen gegessen?« »Nichts!« sagte Vrenchen, »ich hätte mir etwas holen können, aber ich dachte, ich wolle lieber hungrig bleiben, damit ich recht viel essen könne mit Dir zusammen, denn ich freue mich so sehr darauf, Du glaubst nicht, wie ich mich freue!« »Wenn ich Dich nur anrühren dürfte,« sagte Sali, »so wollte ich Dir zeigen, wie

* bewegliche Gegenstände, im Unterschied zur Immobilie

es mir ist, Du schönes, schönes Ding!« »Du hast Recht, Du würdest meinen ganzen Staat verderben, und wenn wir die Blumen ein bißchen schonen, so kommt es zugleich meinem armen Kopf zu gut, den Du mir übel zuzurichten pflegst!« »So komm, jetzt wollen wir ausrücken!« »Noch müssen wir warten, bis das Bett abgeholt wird; denn nachher schließe ich das leere Haus zu und gehe nicht mehr hieher zurück! Mein Bündelchen gebe ich der Frau aufzuheben, die das Bett gekauft hat.« Sie setzten sich daher einander gegenüber und warteten; die Bäuerin kam bald, eine vierschrötige Frau mit lautem Mundwerk, und hatte einen Burschen bei sich, welcher die Bettstelle tragen sollte. Als diese Frau Vrenchens Liebhaber erblickte und das geputzte Mädchen selbst, sperrte sie Maul und Augen auf, stemmte die Arme unter und schrie: »Ei sieh da, Vreeli! Du treibst es ja schon gut! Hast einen Besucher und bist gerüstet wie eine Prinzeß?« »Gelt aber!« sagte Vrenchen freundlich lachend, »wißt Ihr auch, wer das ist?« »Ei, ich denke, das ist wohl der Sali Manz? Berg und Tal kommen nicht zusammen, sagt man, aber die Leute! Aber nimm Dich doch in Acht, Kind, und denk', wie es euren Eltern ergangen ist!« »Ei, das hat sich jetzt gewendet und alles ist gut geworden«, erwiderte Vrenchen lächelnd und freundlich mitteilsam, ja beinahe herablassend, »seht, Sali ist mein Hochzeiter!« »Dein Hochzeiter! was Du sagst!« »Ja und er ist ein reicher Herr, er hat hunderttausend Gulden in der Lotterie gewonnen! Denket einmal, Frau!« Diese tat einen Sprung, schlug ganz erschrocken die Hände zusammen und schrie: »Hundhunderttausend Gulden!« »Hunderttausend Gulden!« versicherte Vrenchen ernsthaft. »Herr Du meines Lebens! Es ist aber nicht wahr, Du lügst mich an, Kind!« »Nun, glaubt was Ihr wollt!« »Aber wenn es wahr ist und Du heiratest ihn, was wollt ihr denn machen mit dem Gelde? Willst Du wirklich eine vornehme Frau werden?« »Versteht sich, in drei Wochen halten wir die Hochzeit!« »Geh' mir weg, Du bist eine häßliche Lügnerin!« »Das schönste Haus hat er schon gekauft in Seldwyl mit einem großen Garten und Weinberg; Ihr müßt mich auch besuchen, wenn wir eingerichtet sind, ich zähle darauf!« »Allweg, Du Teufels-hexlein, was Du bist!« »Ihr werdet sehen, wie schön es da ist! einen herrlichen Kaffe werde ich machen und Euch mit feinem Eierbrot aufwarten, mit Butter und Honig!« »O du Schelmen-kind! zähl' d'rauf; daß ich komme!« rief die Frau mit lüsternem Gesicht und der Mund wässerte ihr. »Kommt Ihr aber um die Mittagszeit und seid ermüdet vom Markt, so soll Euch eine kräftige Fleischbrühe und ein Glas Wein immer parat stehen!« »Das wird mir baß tun!« »Und an etwas Zuckerwerk oder wei-ßen Wecken für die lieben Kinder zu Hause soll es Euch auch nicht fehlen!« »Es wird mir ganz schmachtend!« »Ein artiges Halstüchelchen oder ein Restchen Seidenzeug oder ein hüb-sches altes Band für Euere Röcke, oder ein Stück Zeug zu einer neuen Schürze wird gewiß auch zu finden sein, wenn wir meine Kisten und Kasten durchmustern in einer vertrauten Stunde!« Die Frau drehte sich auf den Hacken herum und schüttelte jauchzend ihre Röcke. »Und wenn Euer Mann ein vorteilhaftes Geschäft machen könnte mit einem Land- oder Viehhandel, und er mangelt des Geldes, so wißt Ihr, wo Ihr anklopfen sollt. Mein lieber Sali wird froh sein, jederzeit ein Stück Bares sicher und erfreulich anzulegen! Ich selbst werde auch etwa einen Spar-pfennig haben, einer vertrauten Freundin beizustehen!« Jetzt war der Frau nicht mehr zu helfen, sie sagte gerührt: »Ich habe immer gesagt, Du seist ein braves und gutes und schönes Kind! Der Herr wolle es Dir wohl ergehen lassen immer und ewiglich und es Dir gesegnen, was Du an mir tust!« »Dagegen verlange ich aber auch, daß Ihr es gut mit mir meint!« »Allweg kannst Du das verlangen!« »Und daß Ihr jederzeit eure Ware, sei es Obst, seien es Kartoffeln, sei es Gemüse, erst zu mir bringet und mir anbietet, ehe ihr auf den Markt gehet, damit ich sicher sei, eine rechte Bäuerin an der Hand zu haben, auf die ich mich verlassen kann! Was irgend Einer gibt für die Ware, werde ich gewiß auch geben mit tausend Freuden, Ihr kennt mich ja! Ach, es ist nichts Schöneres, als wenn eine wohlhabende Stadtfrau, die so ratlos in ihren Mauern sitzt und doch so vieler Dinge benötigt ist, und eine rechtschaffene ehrliche Landfrau, erfahren in allem Wichtigen und Nützlichen, eine gute und dauerhafte Freundschaft zusammen haben! Es kommt Einem zu gut in hundert Fällen, in Freud und Leid, bei Gevatterschaften und Hochzeiten, wenn die Kinder unterrichtet werden, und konfirmiert, wenn sie in die Lehre kommen und wenn sie in die Fremde sollen! Bei Mißwachs und Überschwemmungen, bei Feuersbrünsten und Hagelschlag, wofür uns Gott behüte!« »Wofür uns Gott behüte!« sagte die gute Frau schluchzend und trocknete mit ihrer Schürze die Augen; »welch' ein verständiges und tiefsinniges Bräutlein bist Du, ja, Dir wird es gut gehen, da müßte keine Gerechtigkeit in der Welt sein! Schön, sauber, klug und weise bist Du, arbeitsam und geschickt zu allen Dingen! Keine ist feiner und besser als Du, in und außer dem Dorfe, und wer Dich hat, der muß meinen, er sei im Himmelreich, oder er ist ein Schelm und hat es mit mir zu tun. Hör' Sali! daß Du nur recht artlich bist mit meinem Vreeli, oder ich will Dir den Meister zeigen, Du Glückskind, das Du bist, ein solches Röslein zu brechen!« »So nehmt jetzt auch hier noch mein Bündel mit, wie Ihr mir versprochen habt, bis ich es abholen lassen werde! Vielleicht komme ich aber selbst in der Kutsche und hole es ab, wenn Ihr nichts dagegen habt! Ein Töpfchen Milch werdet Ihr mir nicht abschlagen alsdann, und etwa eine schöne Mandeltorte dazu werde ich schon selbst mitbringen!« »Tausendskind! Gib her den Bündel!« Vrenchen lud ihr auf das zusammengebundene Bett, das sie schon auf dem Kopfe trug, einen langen Sack, in welchen es sein Plunder und Habseliges gestopft, so daß die arme Frau mit einem schwankenden Turme auf dem Haupte dastand. »Es wird mir doch fast zu schwer auf einmal, sagte sie, könnte ich nicht zwei mal d'ran machen?« »Nein, nein! wir müssen jetzt augenblicklich gehen, denn wir haben einen weiten Weg, um vornehme Verwandte zu besuchen, die sich jetzt gezeigt haben, seit wir reich sind! Ihr wißt ja, wie es geht!« »Weiß wohl! so behüt' Dich Gott und denk' an mich in Deiner Herrlichkeit!«

Die Bäuerin zog ab mit ihrem Bündelturme, mit Mühe

das Gleichgewicht behauptend, und hinter ihr drein ging ihr Knechtchen, das sich in Vrenchens einst buntbemalte Bettstatt hineinstellte, den Kopf gegen den mit verblichenen Sternen bedeckten Himmel derselben stemmte und, ein zweiter Simson*, die zwei vorderen zierlich geschnitzten Säulen faßte, welche diesen Himmel trugen. Als Vrenchen, an Sali gelehnt, dem Zuge nachschaute und den wandelnden Tempel zwischen den Gärten sah, sagte es: »Das gäbe noch ein artiges Gartenhäuschen oder eine Laube, wenn man's in einen Garten pflanzte, ein Tischchen und ein Bänklein drein stellte und Winden drum herumsäete! Wolltest Du mit darin sitzen, Sali?« »Ja, Vreeli! besonders wenn die Winden aufgewachsen wären!« »Was stehen wir noch? sagte Vrenchen, nichts hält uns mehr zurück!« »So komm und schließ das Haus zu! Wem willst Du denn den Schlüssel übergeben?« Vrenchen sah sich um. »Hier an die Helbart wollen wir ihn hängen; sie ist über hundert Jahr in diesem Hause gewesen, habe ich den Vater oft sagen hören, nun steht sie da als der letzte Wächter!« Sie hingen den rostigen Hausschlüssel an einen rostigen Schnörkel der alten Waffe, an welcher die Bohnen rankten, und gingen davon. Vrenchen wurde aber bleicher und verhüllte ein Weilchen die Augen, daß Sali es führen mußte, bis sie ein Dutzend Schritte entfernt waren. Es sah aber nicht zurück. »Wo gehen wir nun zuerst hin?« fragte es. »Wir wollen ordentlich über Land gehen, erwiderte Sali, wo es uns freut den ganzen Tag, uns nicht übereilen, und gegen Abend werden wir dann schon einen Tanzplatz finden!« »Gut!« sagte Vrenchen, »den ganzen Tag werden wir beisammen sein und gehen, wo wir Lust haben. Jetzt ist mir aber elend, wir wollen gleich im andern Dorf einen Kaffe trinken!« »Versteht sich!« sagte Sali, »mach nur, daß wir aus diesem Dorf wegkommen!«

Bald waren sie auch im freien Felde und gingen still neben einander durch die Fluren; es war ein schöner Sonntagmor-

---

* biblischer Held aus dem Alten Testament, der durch seine Stärke die Säulen eines feindlichen Tempels zum Einsturz brachte

gen im September, keine Wolke stand am Himmel, die Höhen und die Wälder waren mit einem zarten Duftgewebe bekleidet, welches die Gegend geheimnisvoller und feierlicher machte, und von allen Seiten tönten die Kirchenglocken herüber, hier das harmonische tiefe Geläute einer reichen Ortschaft, dort die geschwätzigen zwei Bimmelglöcklein eines kleinen armen Dörfchens. Das liebende Paar vergaß, was am Ende dieses Tages werden sollte, und gab sich einzig der hoch aufatmenden wortlosen Freude hin, sauber gekleidet und frei, wie zwei Glückliche, die sich von Rechtswegen angehören, in den Sonntag hineinzuwandeln. Jeder in der Sonntagsstille verhallende Ton oder ferne Ruf klang ihnen erschütternd durch die Seele; denn die Liebe ist eine Glocke, welche das Entlegenste und Gleichgültigste wiedertönen läßt und in eine besondere Musik verwandelt. Obgleich sie hungrig waren, dünkte sie die halbe Stunde Weges bis zum nächsten Dorfe nur ein Katzensprung lang zu sein und sie betraten zögernd das Wirtshaus am Eingang des Ortes. Sali bestellte ein gutes Frühstück und während es bereitet wurde, sahen sie mäuschenstill der sichern und freundlichen Wirtschaft in der großen reinlichen Gaststube zu. Der Wirt war zugleich ein Bäcker, das eben Gebackene durchduftete angenehm das ganze Haus und Brot aller Art wurde in gehäuften Körben herbeigetragen, da nach der Kirche die Leute hier ihr Weißbrot holten oder ihren Frühschoppen tranken. Die Wirtin, eine artige und saubere Frau, putzte gelassen und freundlich ihre Kinder heraus, und so wie eines entlassen war, kam es zutraulich zu Vrenchen gelaufen, zeigte ihm seine Herrlichkeiten und erzählte von allem, dessen es sich erfreute und rühmte. Wie nun der wohlduftende starke Kaffe kam, setzten sich die zwei Leutchen schüchtern an den Tisch, als ob sie da zu Gast gebeten wären. Sie ermunterten sich jedoch bald und flüsterten bescheiden, aber glückselig mit einander; ach wie schmeckte dem aufblühenden Vrenchen der gute Kaffe, der fette Rahm, die frischen noch warmen Brötchen, die schöne Butter und der Honig, der Eierkuchen und was alles noch für Leckerbissen da waren! sie schmeckten ihm, weil es den Sali dazu ansah, und es aß so vergnügt, als ob es ein Jahr lang gefastet hätte. Dazu freute es sich über das feine Geschirr, über die silbernen Kaffelöffelchen; denn die Wirtin schien sie für rechtliche junge Leutchen zu halten, die man anständig bedienen müsse, und setzte sich auch ab und zu plaudernd zu ihnen, und die Beiden gaben ihr verständigen Bescheid, welches ihr gefiel. Es war dem guten Vrenchen so wählig zu Mut, daß es nicht wußte, mochte es lieber wieder ins Freie, um allein mit seinem Schatz herumzuschweifen durch Auen oder Wälder, oder mochte es lieber in der gastlichen Stube bleiben, um wenigstens auf Stunden sich an einem stattlichen Orte zu Hause zu träumen. Doch Sali erleichterte die Wahl; indem er ehrbar und geschäftig zum Aufbruch mahnte, als ob sie einen bestimmten und wichtigen Weg zu machen hätten. Die Wirtin und der Wirt begleiteten sie bis vor das Haus und entließen sie auf das Wohlwollendste wegen ihres guten Benehmens, trotz der durchscheinenden Dürftigkeit, und das arme junge Blut verabschiedete sich mit den besten Manieren von der Welt und wandelte sittig und ehrbar von hinnen. Aber auch als sie schon wieder im Freien waren und einen stundenlangen Eichwald betraten, gingen sie noch in dieser Weise neben einander her, in angenehme Träume vertieft, als ob sie nicht aus zank- und elenderfüllten vernichteten Häusern herkämen, sondern guter Leute Kinder wären, welche in lieblicher Hoffnung wandelten. Vrenchen senkte das Köpfchen tiefsinnig gegen seine blumengeschmückte Brust und ging, die Hände sorglich an das Gewand gelegt, einher auf dem glatten feuchten Waldboden, Sali dagegen schritt schlank aufgerichtet, rasch und nachdenklich, die Augen auf die festen Eichenstämme geheftet wie ein Bauer, der überlegt, welche Bäume er am vorteilhaftesten fällen soll. Endlich erwachten sie aus diesen vergeblichen Träumen, sahen sich an und entdeckten, daß sie immer noch in der Haltung gingen, in welcher sie das Gasthaus verlassen, erröteten und ließen traurig die Köpfe hängen. Aber Jugend hat keine Tugend, der Wald war grün, der Himmel blau und sie allein in der weiten Welt, und sie überließen sich alsbald wieder diesem Gefühle. Doch blieben sie nicht lange mehr allein, da die schöne Waldstraße sich belebte mit lustwandelnden Gruppen von jungen Leuten, sowie mit einzelnen Paaren, welche schäkernd und singend die Zeit nach der Kirche verbrachten. Denn die Landleute haben so gut ihre ausgesuchten Promenaden und Lustwälder, wie die Städter, nur mit dem Unterschied, daß dieselben keine Unterhaltung kosten und noch schöner sind; sie spazieren nicht nur mit einem besonderen Sinn des Sonntags durch ihre blühenden und reifenden Felder, sondern sie machen sehr gewählte Gänge durch Gehölze und an grünen Halden entlang, setzen sich hier auf eine anmutige, fernsichtige Höhe, dort an einen Waldrand, lassen ihre Lieder ertönen und die schöne Wildnis ganz behaglich auf sich einwirken; und da sie dies offenbar nicht zu ihrer Pönitenz* tun, sondern zu ihrem Vergnügen, so ist wohl anzunehmen, daß sie Sinn für die Natur haben, auch abgesehen von ihrer Nützlichkeit. Immer brechen sie was Grünes ab, junge Bursche wie alte Mütterchen, welche die alten Wege ihrer Jugend aufsuchen, und selbst steife Landmänner in den besten Geschäftsjahren, wenn sie über Land gehen, schneiden sich gern eine schlanke Gerte, sobald sie durch einen Wald gehen, und schälen die Blätter ab, von denen sie nur oben ein grünes Büschel stehen lassen. Solche Rute tragen sie wie ein Szepter vor sich hin; wenn sie in eine Amtsstube oder Kanzlei treten, so stellen sie die Gerte ehrerbietig in einen Winkel, vergessen aber auch nach den ernstesten Verhandlungen nie, dieselbe säuberlich wieder mitzunehmen und unversehrt nach Hause zu tragen, wo es erst dem kleinsten Söhnchen gestattet ist, sie zu Grunde zu richten. – Als Sali und Vrenchen die vielen Spaziergänger sahen, lachten sie in's Fäustchen und freuten sich, auch gepaart zu sein, schlüpften aber seitwärts auf engere Waldpfade, wo sie sich in tiefen Einsamkeiten verloren. Sie hielten sich auf, wo es sie freute, eilten vorwärts und ruhten wieder, und wie keine Wol-

* Buße, Strafe

ke am reinen Himmel stand, trübte auch keine Sorge in diesen
Stunden ihr Gemüt; sie vergaßen, woher sie kamen und wohin
sie gingen und benahmen sich so fein und ordentlich dabei, daß
trotz aller frohen Erregung und Bewegung Vrenchens niedli-
cher einfacher Aufputz so frisch und unversehrt blieb, wie er
am Morgen gewesen war. Sali betrug sich auf diesem Wege nicht
wie ein beinahe zwanzigjähriger Landbursche oder der Sohn
eines verkommenen Schenkwirtes, sondern wie wenn er einige
Jahre jünger und sehr wohl erzogen wäre, und es war beinahe
komisch, wie er nur immer sein feines lustiges Vrenchen ansah,
voll Zärtlichkeit, Sorgfalt und Achtung. Denn die armen Leutchen mußten an diesem einen Tage, der ihnen vergönnt war, alle
Manieren und Stimmungen der Liebe durchleben und sowohl
die verlorenen Tage der zarteren Zeit nach holen als das leiden-
schaftliche Ende vorausnehmen mit der Hingabe ihres Lebens.

So liefen sie sich wieder hungrig und waren erfreut, von der
Höhe eines schattenreichen Berges ein glänzendes Dorf vor
sich zu sehen, wo sie Mittag halten wollten. Sie stiegen rasch
hinunter, betraten dann aber ebenso sittsam diesen Ort, wie sie
den vorigen verlassen. Es war Niemand um den Weg, der sie
erkannt hätte; denn besonders Vrenchen war die letzten Jahre
hindurch gar nicht unter die Leute und noch weniger in andere
Dörfer gekommen. Deshalb stellten sie ein wohlgefälliges ehr-
sames Pärchen vor, das irgend einen angelegentlichen Gang tut.
Sie gingen in's erste Wirtshaus des Dorfes, wo Sali ein erkleck-
liches Mahl bestellte; ein eigener Tisch wurde ihnen sonntäglich
gedeckt und sie saßen wieder still und bescheiden daran und be-
guckten die schön getäfelten Wände von gebohntem Nußbaumholz, das ländliche aber glänzende und wohlbestellte Büffet von
gleichem Holze, und die klaren weißen Fenstervorhänge. Die
Wirtin trat zutulich herzu und setzte ein Geschirr voll frischer
Blumen auf den Tisch. »Bis die Suppe kommt, sagte sie, könnt
ihr, wenn es euch gefällig ist, einstweilen die Augen sättigen
an dem Strauße. Allem Anschein nach, wenn es erlaubt ist zu
fragen, seid ihr ein junges Brautpaar, das gewiß nach der Stadt

geht, um sich morgen kopulieren* zu lassen?« Vrenchen wurde rot und wagte nicht aufzusehen, Sali sagte auch nichts und die Wirtin fuhr fort: »Nun, ihr seid freilich beide noch wohl jung, aber jung geheiratet lebt lang, sagt man zuweilen, und ihr seht wenigstens hübsch und brav aus und braucht euch nicht zu verbergen. Ordentliche Leute können etwas zuwege bringen, wenn sie so jung zusammen kommen und fleißig und treu sind. Aber das muß man freilich sein, denn die Zeit ist kurz und doch lang und es kommen viele Tage, viele Tage! Je nun, schön genug sind sie und amüsant dazu, wenn man gut Haus hält damit! Nichts für ungut, aber es freut mich, euch anzusehen, so ein schmuckes Pärchen seid ihr!« Die Kellnerin brachte die Suppe, und da sie einen Teil dieser Worte noch gehört und lieber selbst geheiratet hätte, so sah sie Vrenchen mit scheelen Augen an, welches nach ihrer Meinung so gedeihliche Wege ging. In der Nebenstube ließ die unliebliche Person ihren Unmut frei und sagte zur Wirtin, welche dort zu schaffen hatte, so laut, daß man es hören konnte: »Das ist wieder ein rechtes Hudelvölkchen, das wie es geht und steht nach der Stadt läuft und sich kopulieren läßt, ohne einen Pfennig, ohne Freunde, ohne Aussteuer und ohne Aussicht, als auf Armut und Bettelei! Wo soll das noch hinaus, wenn solche Dinger heiraten, die die Jüppe noch nicht allein anziehen und keine Suppe kochen können? Ach der hübsche junge Mensch kann mich nur dauern, der ist schön petschiert** mit seiner jungen Gungeline!« »Bscht! willst Du wohl schweigen, Du hässiges Ding! sagte die Wirtin, denen lasse ich nichts geschehen! Das sind gewiß zwei recht ordentliche Leutlein aus den Bergen, wo die Fabriken sind; dürftig sind sie gekleidet, aber sauber, und wenn sie sich nur gern haben und arbeitsam sind, so werden sie weiter kommen als Du mit Deinem bösen Maul! Du kannst freilich noch lang warten, bis Dich Einer abholt, wenn Du nicht freundlicher bist, Du Essighafen!«

*   hier: verheiraten
** hier: gebrandmarkt

So genoß Vrenchen, alle Wonnen einer Braut, die zur Hochzeit reiset: die wohlwollende Ansprache und Aufmunterung
einer sehr vernünftigen Frau, den Neid einer heiratslustigen
bösen Person, welche aus Ärger den Geliebten lobte und be-
dauerte; und ein leckeres Mittagsmahl an der Seite eben dieses
Geliebten. Es glühte im Gesicht, wie eine rote Nelke, das Herz
klopfte ihm, aber es aß und trank nichts desto minder mit gutem
Appetit und war mit der aufwartenden Kellnerin nur um so arti-
ger, konnte aber nicht unterlassen, dabei den Sali zärtlich anzusehen und mit ihm zu lispeln, so daß es diesem auch ganz kraus
im Gemüt wurde. Sie saßen indessen lang und gemächlich am
Tische, wie wenn sie zögerten und sich scheuten, aus der holden
Täuschung herauszugehen. Die Wirtin brachte zum Nachtisch
süßes Backwerk und Sali bestellte feineren und stärkeren Wein
dazu, welcher Vrenchen feurig durch die Adern rollte, als es ein
wenig davon trank; aber es nahm sich in Acht, nippte bloß zuweilen und saß so züchtig und verschämt da, wie eine wirkliche
Braut. Halb spielte es aus Schalkheit diese Rolle und aus Lust,
zu versuchen, wie es tue, halb war es ihm in der Tat so zu Mut
und vor Bangigkeit und heißer Liebe wollte ihm das Herz brechen, so daß es ihm zu eng ward innerhalb der vier Wände und
es zu gehen begehrte. Es war als ob sie sich scheuten, auf dem
Wege wieder so abseits und allein zu sein; denn sie gingen un-
verabredet auf der Hauptstraße weiter, mitten durch die Leute
und sahen weder rechts noch links. Als sie aber aus dem Dorfe
waren und auf das nächstgelegene zugingen, wo Kirchweih war,
hing sich Vrenchen an Sali's Arm und flüsterte mit zitternden
Worten: »Sali! warum sollen wir uns nicht haben und glücklich
sein!« »Ich weiß auch nicht warum!« erwiderte er und heftete
seine Augen an den milden Herbstsonnenschein, der auf den
Auen webte, und er mußte sich bezwingen und das Gesicht ganz
sonderbar verziehen. Sie standen still, um sich zu küssen; aber
es zeigten sich Leute und sie unterließen es und zogen weiter.
Das große Kirchdorf, in dem Kirchweih war, belebte sich schon
von der Lust des Volkes; aus dem stattlichen Gasthofe tönte eine

pomphafte Tanzmusik, da die jungen Dörfler bereits um Mittag
den Tanz angehoben, und auf dem Platz vor dem Wirtshause war
ein kleiner Markt aufgeschlagen, bestehend aus einigen Tischen
mit Süßigkeiten und Backwerk und ein paar Buden mit Flitterstaat, um welche sich die Kinder und dasjenige Volk drängten,
welches sich einstweilen mehr mit Zusehen begnügte. Sali und
Vrenchen traten auch zu den Herrlichkeiten und ließen ihre Augen darüber fliegen; denn beide hatten zugleich die Hand in der
Tasche und jedes wünschte dem andern etwas zu schenken, da
sie zum ersten und einzigen Male mit einander zu Markt waren;
Sali kaufte ein großes Haus von Lebkuchen, das mit Zuckerguß
freundlich geweißt war, mit einem grünen Dach, auf welchem
weiße Tauben saßen und aus dessen Schornstein ein Amörchen
guckte als Kaminfeger; an den offenen Fenstern umarmten sich
pausbäckige Leutchen mit winzig kleinen roten Mündchen, die
sich recht eigentlich küßten, da der flüchtige praktische Maler
mit einem Kleckschen gleich zwei Mündchen gemacht, die so in
einander verflossen. Schwarze Pünktchen stellten muntere Äug-
lein vor. Auf der rosenroten Haustür aber waren diese Verse zu
lesen:

> Tritt in mein Haus, o Liebste!
> Doch sei Dir unverhehlt:
> Drin wird allein nach Küssen
> Gerechnet und gezählt.

> Die Liebste sprach: »O Liebster,
> Mich schrecket nichts zurück!
> Hab' Alles wohl erwogen:
> In Dir nur lebt mein Glück!

> Und wenn ich's recht bedenke,
> Kam ich deswegen auch!«
> Nun denn, spazier' mit Segen
> Herein und üb' den Brauch!

Ein Herr in einem blauen Frack und eine Dame mit einem sehr hohen Busen komplimentierten sich diesen Versen gemäß in das Haus hinein, links und rechts an die Mauer gemalt. Vrenchen schenkte Sali dagegen ein Herz, auf dessen einer Seite ein Zettelchen klebte mit den Worten:

Ein süßer Mandelkern steckt in dem Herze hier,
Doch süßer als der Mandelkern ist meine Lieb zu Dir!

Und auf der andern Seite:

Wenn Du dies Herz gegessen, vergiß dies Sprüchlein nicht!
Viel eh'r als meine Liebe mein braunes Auge bricht!

Sie lasen eifrig die Sprüche und nie ist etwas Gereimtes und Gedrucktes schöner befunden und tiefer empfunden worden als diese Pfefferkuchensprüche; sie hielten, was sie lasen, in besonderer Absicht auf sich gemacht, so gut schien es ihnen zu passen. »Ach, seufzte Vrenchen, Du schenkst mir ein Haus! Ich habe Dir auch eines und erst das wahre geschenkt; denn unser Herz ist jetzt unser Haus, darin wir wohnen, und wir tragen so unsere Wohnung mit uns, wie die Schnecken! Andere haben wir nicht!« »Dann sind wir aber zwei Schnecken, von denen jede das Häuschen der andern trägt!« sagte Sali und Vrenchen erwiderte: »Desto weniger dürfen wir von einander gehen, damit jedes seiner Wohnung nah bleibt!« Doch wußten sie nicht, daß sie in ihren Reden eben solche Witze machten, als auf den vielfach geformten Lebkuchen zu lesen waren, und fuhren fort, diese süße einfache Liebesliteratur zu studieren, die da ausgebreitet lag und besonders auf vielfach verzierte kleine und große Herzen geklebt war. Alles dünkte sie schön und einzig zutreffend; als Vrenchen auf einem vergoldeten Herzen, das wie eine Lyra mit Saiten bespannt war, las: Mein Herz ist wie ein Zitherspiel, rührt man es viel, so tönt es viel! ward ihm so musikalisch zu Mut, daß es glaubte, sein eigenes Herz klingen zu hören. Ein

Napoleonsbild war da, welches aber auch der Träger eines verliebten Spruches sein mußte, denn es stand darunter geschrieben: Groß war der Held Napoleon, sein Schwert von Stahl, sein
Herz von Ton; meine Liebe trägt ein Röslein frei, doch ist ihr
Herz wie Stahl so treu! – Während sie aber beiderseitig in das
Lesen vertieft schienen, nahm jedes die Gelegenheit wahr, einen heimlichen Einkauf zu machen. Sali kaufte für Vrenchen ein
vergoldetes Ringelchen mit einem grünen Glassteinchen, und
Vrenchen einen Ring von schwarzem Gemshorn, auf welchem
ein goldenes Vergißmeinnicht eingelegt war. Wahrscheinlich
hatten sie die gleichen Gedanken, sich diese armen Zeichen bei
der Trennung zu geben.

Während sie in diese Dinge sich versenkten, waren sie so vergessen, daß sie nicht bemerkten, wie nach und nach ein weiter
Ring sich um sie gebildet hatte von Leuten, die sie aufmerksam
und neugierig betrachteten. Denn da viele junge Bursche und
Mädchen aus ihrem Dorfe hier waren, so waren sie erkannt
worden, und Alles stand jetzt in einiger Entfernung um sie herum und sah mit Verwunderung auf das wohlgeputzte Paar, welches in andächtiger Innigkeit die Welt um sich her zu vergessen
schien. »Ei seht! hieß es, das ist ja wahrhaftig das Vrenchen Marti und der Sali aus der Stadt! Die haben sich ja säuberlich gefunden und verbunden! Und welche Zärtlichkeit und Freundschaft,
seht doch, seht! Wo die wohl hinaus wollen?« Die Verwunderung dieser Zuschauer war ganz seltsam gemischt aus Mitleid
mit dem Unglück, aus Verachtung der Verkommenheit und
Schlechtigkeit der Eltern und aus Neid gegen das Glück und die
Einigkeit des Paares, welches auf eine ganz ungewöhnliche und
fast vornehme Weise verliebt und aufgeregt war und in dieser
rückhaltlosen Hingebung und Selbstvergessenheit dem rohen
Völkchen eben so fremd erschien, wie in seiner Verlassenheit
und Armut. Als sie daher endlich aufwachten und um sich sahen, erschauten sie nichts als gaffende Gesichter von allen Seiten; Niemand grüßte sie und sie wußten nicht, sollten sie Jemand grüßen, und diese Verfremdung und Unfreundlichkeit

war von beiden Seiten mehr Verlegenheit als Absicht. Es wurde Vrenchen bang und heiß; es wurde bleich und rot, Sali nahm es aber bei der Hand und führte das arme Wesen hinweg, das ihm mit seinem Haus in der Hand willig folgte; obgleich die Trompeten im Wirtshause lustig schmetterten und Vrenchen so gern tanzen wollte. »Hier können wir nicht tanzen!« sagte Sali, als sie sich etwas entfernt hatten, »wir würden hier wenig Freude haben, wie es scheint!« »Jedenfalls,« sagte Vrenchen traurig; »es wird auch am besten sein, wir lassen es ganz bleiben und ich sehe, wo ich ein Unterkommen finde!« »Nein,« rief Sali, »Du sollst einmal tanzen, ich habe Dir darum Schuhe gebracht! Wir wollen gehen, wo das arme Volk sich lustig macht, zu dem wir jetzt auch gehören, da werden sie uns nicht verachten; im Paradiesgärtchen wird jedesmal auch getanzt, wenn hier Kirchweih ist, da es in die Kirchgemeinde gehört, und dorthin wollen wir gehen, dort kannst Du zur Not auch übernachten.« Vrenchen schauerte zusammen bei dem Gedanken, nun zum ersten Mal an einem unbekannten Ort zu schlafen; doch folgte es willenlos seinem Führer, der jetzt alles war, was es in der Welt hatte. Das Paradiesgärtlein war ein schöngelegenes Wirtshaus an einer einsamen Berghalde; das weit über das Land weg sah, in welchem aber an solchen Vergnügungstagen nur das ärmere Volk, die Kinder der ganz kleinen Bauern und Tagelöhner und sogar mancherlei fahrendes Gesinde verkehrte. Vor hundert Jahren war es als ein kleines Landhaus von einem reichen Sonderling gebaut worden, nach welchem Niemand mehr da wohnen mochte, und da der Platz sonst zu nichts zu gebrauchen war, so geriet der wunderliche Landsitz in Verfall und zuletzt in die Hände eines Wirtes, der da sein Wesen trieb. Der Name und die demselben entsprechende Bauart waren aber dem Hause geblieben. Es bestand nur aus einem Erdgeschoß, über welchem ein offener Estrich gebaut war, dessen Dach an den vier Ecken von Bildern aus Sandstein getragen wurde, so die vier Erzengel vorstellten und gänzlich verwittert waren. Auf dem Gesimse des Daches saßen rings herum kleine musizierende Engel mit dikken Köpfen und Bäuchen, den Triangel; die Geige, die Flöte, Zimbel und Tamburin spielend, ebenfalls aus Sandstein, und die Instrumente waren ursprünglich vergoldet gewesen. Die Decke inwendig, sowie die Brustwehr des Estrichs und das übrige Gemäuer des Hauses waren mit verwaschenen Freskomalereien bedeckt, welche lustige Engelscharen, sowie singende und tanzende Heilige darstellten. Aber alles war verwischt und undeutlich wie ein Traum und überdies reichlich mit Weinreben übersponnen, und blaue reifende Trauben hingen überall in dem Laube. Um das Haus herum standen verwilderte Kastanienbäume, und knorrige starke Rosenbüsche, auf eigene Hand fortlebend, wuchsen da und dort so wild herum, wie anderswo die Hollunderbäume. Der Estrich diente zum Tanzsaal; als Sali mit Vrenchen daher kam, sahen sie schon von weitem die Paare unter dem offenen Dache sich drehen, und rund um das Haus zechten und lärmten eine Menge lustiger Gäste. Vrenchen, welches andächtig und wehmütig sein Liebeshaus trug, glich einer heiligen Kirchenpatronin auf alten Bildern, welche das Modell eines Domes oder Klosters auf der Hand hält, so sie gestiftet; aber aus der frommen Stiftung, die ihr im Sinne lag, konnte nichts werden. Als es aber die wilde Musik hörte, welche vom Estrich ertönte, vergaß es sein Leid und verlangte endlich nichts, als mit Sali zu tanzen. Sie drängten sich durch die Gäste, die vor dem Hause saßen und in der Stube, verlumpte Leute aus Seldwyla, die eine billige Landpartie machten, armes Volk von allen Enden, und stiegen die Treppe hinauf und sogleich drehten sie sich im Walzer herum, keinen Blick von einander abwendend. Erst als der Walzer zu Ende, sahen sie sich um; Vrenchen hatte sein Haus zerdrückt und zerbrochen und wollte eben betrübt darüber werden, als es noch mehr erschrak über den schwarzen Geiger, in dessen Nähe sie standen. Er saß auf einer Bank, die auf einem Tische stand, und sah so schwarz aus wie gewöhnlich; nur hatte er heute einen grünen Tannenbusch auf sein Hütchen gesteckt, zu seinen Füßen hatte er eine Flasche Rotwein und ein Glas stehen, welche er nie umstieß, obgleich er fortwährend mit den Beinen strampelte, wenn er geigte, und so eine Art von Eiertanz damit vollbrachte. Neben ihm saß noch ein schöner aber trauriger junger Mensch mit einem Waldhorn: und ein Buckliger stand an einer Baßgeige. Sali erschrak auch, als er den Geiger erblickte; dieser grüßte sie aber auf das Freundlichste und rief: »Ich habe doch gewußt, daß ich euch noch einmal aufspielen werde! So macht euch nur recht lustig, ihr Schätzchen, und tut mir Bescheid!« Er bot Sali das volle Glas und Sali trank und tat ihm Bescheid. Als der Geiger sah, wie erschrocken Vrenchen war, suchte er ihm freundlich zuzureden und machte einige fast anmutige Scherze, die es zum Lachen brachten. Es ermunterte sich wieder und nun waren sie froh, hier einen Bekannten zu haben und gewissermaßen unter dem besonderen Schutze des Geigers zu stehen. Sie tanzten nun ohne Unterlaß, sich und die Welt vergessend in dem Drehen, Singen und Lärmen, welches in und außer dem Hause rumorte und vom Berge weit in die Gegend hinausschallte, welche sich allmälig in den silbernen Duft des Herbstabends hüllte. Sie tanzten bis es dunkelte und der größere Teil der lustigen Gäste sich schwankend und johlend nach allen Seiten entfernte. Was noch zurückblieb, war das eigentliche Hudelvölkchen, welches nirgends zu Hause war und sich zum guten Tag auch noch eine gute Nacht machen wollte. Unter diesen waren einige, welche mit dem Geiger gut bekannt schienen und fremdartig aussahen in ihrer zusammengewürfelten Tracht. Besonders ein junger Bursche fiel auf, der eine grüne Manchesterjacke trug und einen zerknitterten Strohhut, um den er einen Kranz von Ebereschen oder Vogelbeerbüscheln gebunden hatte. Dieser führte eine wilde Person mit sich, die einen Rock von kirschrotem weiß getüpfeltem Kattun trug und sich einen Reifen von Rebenschossen um den Kopf gebunden, so daß an jeder Schläfe eine blaue Traube hing. Dies Paar war das ausgelassenste von allen, tanzte und sang unermüdlich und war in allen Ecken zugleich. Dann war noch ein schlankes hübsches Mädchen da, welches ein schwarzseidenes abgeschossenes Kleid trug und ein weißes Tuch um den Kopf, daß der Zipfel über den

Rücken fiel. Das Tuch zeigte rote, eingewobene Streifen, und war eine gute leinene Handzwehle* oder Serviette. Darunter leuchteten aber ein Paar veilchenblaue Augen hervor. Um den Hals und auf der Brust hing eine sechsfache Kette von Vogelbeeren auf einen Faden gezogen und ersetzte die schönste Korallenschnur. Diese Gestalt tanzte fortwährend allein mit sich selbst und verweigerte hartnäckig mit einem der Gesellen zu tanzen. Nichts desto minder bewegte sie sich anmutig und leicht herum und lächelte jedesmal, wenn sie sich an dem traurigen Waldhornbläser vorüberdrehte, wozu dieser immer den Kopf abwandte. Noch einige andere vergnügte Frauensleute waren da mit ihren Beschützern, alle von dürftigem Aussehen, aber sie waren um so lustiger und in bester Eintracht unter einander. Als es gänzlich dunkel war, wollte der Wirt keine Lichter anzünden, da er behauptete, der Wind lösche sie aus, auch ginge der Vollmond sogleich auf und für das, was ihm diese Herrschaften einbrächten, sei das Mondlicht gut genug. Diese Eröffnung wurde mit großem Wohlgefallen aufgenommen; die ganze Gesellschaft stellte sich an die Brüstung des luftigen Saales und sah dem Aufgange des Gestirnes entgegen, dessen Röte schon am Horizonte stand; und sobald der Mond aufging und sein Licht quer durch den Estrich des Paradiesgärtels warf, tanzten sie im Mondschein weiter, und zwar so still, artig und seelenvergnügt, als ob sie im Glanze von hundert Wachskerzen tanzten. Das seltsame Licht machte Alle vertrauter und so konnten Sali und Vrenchen nicht umhin, sich unter die gemeinsame Lustbarkeit zu mischen und auch mit andern zu tanzen. Aber jedesmal, wenn sie ein Weilchen getrennt gewesen, flogen sie zusammen und feierten ein Wiedersehen, als ob sie sich Jahre lang gesucht und endlich gefunden. Sali machte ein trauriges und unmutiges Gesicht, wenn er mit einer Andern tanzte, und drehte fortwährend das Gesicht nach Vrenchen hin, welches ihn nicht ansah, wenn es vorüberschwebte, glühte wie eine Purpurrose und überglücklich schien,

* Handtuch

mit wem es auch tanzte. »Bist Du eifersüchtig, Sali?« fragte es ihn, als die Musikanten müde waren und aufhörten. »Gott bewahre!« sagte er, »ich wüßte nicht, wie ich es anfangen sollte!« »Warum bist Du denn so bös, wenn ich mit Andern tanze?« »Ich bin nicht darüber bös, sondern weil ich mit Andern tanzen muß! Ich kann kein anderes Mädchen ausstehen, es ist mir, als wenn ich ein Stück Holz im Arm habe, wenn Du es nicht bist! Und Du? wie geht es Dir?« »O, ich bin immer wie im Himmel, wenn ich nur tanze und weiß, daß Du zugegen bist! Aber ich glaube, ich würde sogleich tot umfallen, wenn Du weggingest und mich da ließest!« Sie waren hinabgegangen und standen vor dem Hause; Vrenchen umschloß ihn mit beiden Armen, schmiegte seinen schlanken zitternden Leib an ihn, drückte seine glühende Wange, die von heißen Tränen feucht war, an sein Gesicht und sagte schluchzend: »Wir können nicht zusammen sein und doch kann ich nicht von Dir lassen, nicht einen Augenblick mehr, nicht eine Minute!« Sali umarmte und drückte das Mädchen heftig an sich und bedeckte es mit Küssen. Seine verwirrten Gedanken rangen nach einem Ausweg, aber er sah keinen. Wenn auch das Elend und die Hoffnungslosigkeit seiner Herkunft zu überwinden gewesen wären, so war seine Jugend und unerfahrene Leidenschaft nicht beschaffen, sich eine lange Zeit der Prüfung und Entsagung vorzunehmen und zu überstehen, und dann wäre erst noch Vrenchens Vater da gewesen, welchen er zeitlebens elend gemacht. Das Gefühl, in der bürgerlichen Welt nur in einer ganz ehrlichen und gewissenfreien Ehe glücklich sein zu können, war in ihm eben so lebendig wie in Vrenchen, und in beiden verlassenen Wesen war es die letzte Flamme der Ehre, die in früheren Zeiten in ihren Häusern geglüht hatte und welche die sich sicher fühlenden Väter durch einen unscheinbaren Mißgriff ausgeblasen und zerstört hatten, als sie, eben diese Ehre zu äufnen wähnend durch Vermehrung ihres Eigentums, so gedankenlos sich das Gut eines Verschollenen aneigneten, ganz gefahrlos, wie sie meinten. Das geschieht nun freilich alle Tage; aber zuweilen stellt das Schicksal ein Exempel auf und läßt zwei solche Äufner* ihrer Hausehre und ihres Gutes zusammentreffen, die sich dann unfehlbar aufreiben und auffressen wie zwei wilde Tiere. Denn die Mehrer des Reiches verrechnen sich nicht nur auf den Thronen, sondern zuweilen auch in den niedersten Hütten und langen ganz am entgegengesetzten Ende an, als wohin sie zu kommen trachteten, und der Schild der Ehre ist im Umsehen eine Tafel der Schande. Sali und Vrenchen hatten aber noch die Ehre ihres Hauses gesehen in zarten Kinderjahren und erinnerten sich, wie wohlgepflegte Kinderchen sie gewesen und daß ihre Väter ausgesehen wie andere Männer, geachtet und sicher. Dann waren sie auf lange getrennt worden und als sie sich wiederfanden, sahen sie in sich zugleich das verschwundene Glück des Hauses, und beider Neigung klammerte sich nur um so heftiger in einander. Sie mochten so gern fröhlich und glücklich sein, aber nur auf einem guten Grund und Boden, und dieser schien ihnen unerreichbar, während ihr wallendes Blut am liebsten gleich zusammengeströmt wäre. »Nun ist es Nacht,« rief Vrenchen, »und wir sollen uns trennen!« »Ich soll nach Hause gehen und Dich allein lassen?« rief Sali, »nein, das kann ich nicht!« »Dann wird es Tag werden und nicht besser um uns stehen!«

»Ich will Euch einen Rat geben, Ihr närrischen Dinger!« tönte eine schrille Stimme hinter ihnen und der Geiger trat vor sie hin. »Da steht Ihr, sagte er, wißt nicht wo hinaus und hättet Euch gern. Ich rate Euch, nehmt Euch, wie Ihr seid und säumet nicht. Kommt mit mir und meinen guten Freunden in die Berge, da brauchet Ihr keinen Pfarrer, kein Geld, keine Schriften, keine Ehre, kein Bett, nichts als Eueren guten Willen! Es ist gar nicht so übel bei uns, gesunde Luft und genug zu essen, wenn man tätig ist; die grünen Wälder sind unser Haus, wo wir uns lieb haben, wie es uns gefällt, und im Winter machen wir uns die wärmsten Schlupfwinkel oder kriechen den Bauern in's warme Heu. Also kurz entschlossen, haltet gleich hier Hochzeit und

* Sammler

122

kommt mit uns, dann seid Ihr aller Sorgen los und habt Euch für immer und ewiglich, so lang es Euch gefällt wenigstens; denn alt werdet Ihr bei unserem freien Leben, das könnt Ihr glauben! Denkt nicht etwa, daß ich Euch nachtragen will, was Eure Alten an mir getan! Nein! es macht mir zwar Vergnügen, Euch da angekommen zu sehen, wo Ihr seid; allein damit bin ich zufrieden und werde Euch behilflich und dienstfertig sein, wenn Ihr mir folgt.« Er sagte das wirklich in einem aufrichtigen und gemütlichen Tone: »Nun, besinnt Euch ein bißchen, aber folget mir, wenn ich Euch gut zum Rat bin! Laßt fahren die Welt und nehmet Euch und fraget Niemandem was nach! Denkt an das lustige Hochzeitbett im tiefen Wald oder auf einem Heustock, wenn es euch zu kalt ist!« Damit ging er in's Haus. Vrenchen zitterte in Sali's Armen und dieser sagte: »Was meinst Du dazu? Mich dünkt, es wäre nicht übel, die ganze Welt in den Wind zu schlagen und uns dafür zu lieben ohne Hindernis und Schranken!« Er sagte es aber mehr als einen verzweifelten Scherz, denn im Ernst. Vrenchen aber erwiderte ganz treuherzig und küßte ihn: »Nein, dahin möchte ich nicht gehen, denn da geht es auch nicht nach meinem Sinne zu. Der junge Mensch mit dem Waldhorn und das Mädchen mit dem seidenen Rocke gehören auch so zu einander und sollen sehr verliebt gewesen sein. Nun sei letzte Woche die Person ihm zum ersten Mal untreu geworden, was ihm nicht in den Kopf wolle, und deshalb sei er so traurig und schmolle mit ihr und mit den Andern, die ihn auslachen. Sie aber tut eine mutwillige Buße, indem sie allein tanzt und mit Niemandem spricht, und lacht ihn auch nur aus damit. Dem armen Musikanten sieht man es jedoch an, daß er sich noch heute mit ihr versöhnen wird. Wo es aber so hergeht, möchte ich nicht sein, denn nie möcht' ich Dir untreu werden, wenn ich auch sonst noch alles ertragen würde, um Dich zu besitzen!« Indessen aber fieberte das arme Vrenchen immer heftiger an Sali's Brust; denn schon seit dem Mittag, wo jene Wirtin es für eine Braut gehalten und es eine solche ohne Widerrede vorgestellt, lohte ihm das Brautwesen im Blute, und je hoffnungsloser es war, um so wilder und unbezwinglicher. Dem Sali erging es eben so schlimm, da die Reden des Geigers, so wenig er ihnen folgen mochte, dennoch seinen Kopf verwirrten, und er sagte mit ratlos stockender Stimme: »Komm' herein, wir müssen wenigstens noch was essen und trinken.« Sie gingen in die Gaststube, wo Niemand mehr war, als die kleine Gesellschaft der Heimatlosen, welche bereits um einen Tisch saß und eine spärliche Mahlzeit hielt. »Da kommt unser Hochzeitpaar!« rief der Geiger, »jetzt seid lustig und fröhlich und laßt Euch zusammen geben!« Sie wurden an den Tisch genötigt und flüchteten sich vor sich selbst an denselben hin; sie waren froh, nur für den Augenblick unter Leuten zu sein. Sali bestellte Wein und reichlichere Speisen, und es begann eine große Fröhlichkeit. Der Schmollende hatte sich mit der Untreuen versöhnt und das Paar liebkoste sich in begieriger Seligkeit; das andere wilde Paar sang und trank und ließ es ebenfalls nicht an Liebesbezeugungen fehlen, und der Geiger nebst dem buckligen Baßgeiger lärmten in's Blaue hinein. Sali und Vrenchen waren still und hielten sich umschlungen; auf einmal gebot der Geiger Stille und führte eine spaßhafte Zeremonie auf, welche eine Trauung vorstellen sollte. Sie mußten sich die Hände geben und die Gesellschaft stand auf und trat der Reihe nach zu ihnen, um sie zu beglückwünschen und in ihrer Verbrüderung willkommen zu heißen. Sie ließen es geschehen, ohne ein Wort zu sagen, und betrachteten es als einen Spaß, während es sie doch kalt und heiß durchschauerte.

Die kleine Versammlung wurde jetzt immer lauter und aufgeregter, angefeuert durch den stärkeren Wein, bis plötzlich der Geiger zum Aufbruch mahnte. »Wir haben weit, rief er, und Mitternacht ist vorüber! Auf! wir wollen dem Brautpaar das Geleit geben und ich will vorausgeigen, daß es eine Art hat!« Da die ratlosen Verlassenen nichts Besseres wußten und überhaupt ganz verwirrt waren, ließen sie abermals geschehen, daß man sie voranstellte und die übrigen zwei Paare einen Zug hinter ihnen formierten, welchen der Bucklige abschloß mit seiner Baßgeige über der Schulter. Der Schwarze zog voraus und spielte auf seiner Geige wie besessen den Berg hinunter, und die Andern lachten, sangen und sprangen hintendrein. So strich der tolle nächtliche Zug durch die stillen Felder und durch das Heimatdorf Sali's und Vrenchens, dessen Bewohner längst schliefen.

Als sie durch die stillen Gassen kamen und an ihren verlorenen Vaterhäusern vorüber; ergriff sie eine schmerzhaft wilde Laune und sie tanzten mit den Andern um die Wette hinter dem Geiger her, küßten sich, lachten und weinten. Sie tanzten auch den Hügel hinauf, über welchen der Geiger Sie führte, wo die drei Äcker lagen, und oben strich der schwärzliche Kerl die Geige noch einmal so wild, sprang und hüpfte wie ein Gespenst, und seine Gefährten blieben nicht zurück in der Ausgelassenheit, so daß es ein wahrer Blocksberg war auf der stillen Höhe; selbst der Bucklige sprang keuchend mit seiner Last herum und keines schien mehr das andere zu sehen. Sali faßte Vrenchen fester in den Arm und zwang es still zu stehen; denn er war zuerst zu sich gekommen. Er küßte es, damit es schweige, heftig auf den Mund, da es sich ganz vergessen hatte und laut sang. Es verstand ihn endlich und sie standen still und lauschend, bis ihr tobendes Hochzeitgeleite das Feld entlang gerast war, und, ohne sie zu vermissen, am Ufer des Stromes hinauf sich verzog. Die Geige, das Gelächter der Mädchen und die Jauchzer der Bursche tönten aber noch eine gute Zeit durch die Nacht, bis zuletzt alles verklang und still wurde.

»Diesen sind wir entflohen, sagte Sali, aber wie entfliehen wir uns selbst? Wie meiden wir uns?«

Vrenchen war nicht im Stande zu antworten und lag hochaufatmend an seinem Halse. »Soll ich Dich nicht lieber in's Dorf zurückbringen und Leute wecken, daß sie Dich aufnehmen? Morgen kannst Du ja dann Deines Weges ziehen und gewiß wird es Dir wohl gehen, Du kommst überall fort!«

»Fortkommen, ohne Dich!«

»Du mußt mich vergessen!«

»Das werde ich nie! Könntest denn Du es tun?«

»Darauf kommt's nicht an, mein Herz!« sagte Sali und streichelte ihm die heißen Wangen, je nachdem es sie leidenschaftlich an seiner Brust herumwarf, »es handelt sich jetzt nur um Dich; Du bist noch so ganz jung und es kann Dir noch auf allen Wegen gut gehen!«

»Und Dir nicht auch, Du alter Mann?«

»Komm!« sagte Sali und zog es fort. Aber sie gingen nur einige Schritte und standen wieder still, um sich bequemer zu umschlingen und zu herzen. Die Stille der Welt sang und musizierte ihnen durch die Seelen, man hörte nur den Fluß unten sacht und lieblich rauschen im langsamen Ziehen.

»Wie schön ist es da rings herum! Hörst Du nicht etwas tönen, wie ein schöner Gesang oder ein Geläute!«

»Es ist das Wasser das rauscht! Sonst ist alles still.«

»Nein, es ist noch etwas anderes, hier, dort hinaus, überall tönt's!«

»Ich glaube, wir hören unser eigenes Blut in unsern Ohren rauschen!«

Sie horchten ein Weilchen auf diese eingebildeten oder wirklichen Töne, welche von der großen Stille herrührten oder welche sie mit den magischen Wirkungen des Mondlichtes verwechselten, welches nah und fern über die weißen Herbstnebel wallte, welche tief auf den Gründen lagen. Plötzlich fiel Vrenchen etwas ein; es suchte in seinem Brustgewand und sagte: »Ich habe Dir noch ein Andenken gekauft, das ich Dir geben wollte!« Und es gab ihm den einfachen Ring und steckte ihm denselben selbst an den Finger. Sali nahm sein Ringlein auch hervor und steckte ihn an Vrenchens Hand, indem er sagte: So haben wir die gleichen Gedanken gehabt! Vrenchen hielt seine Hand in das bleiche Silberlicht und betrachtete den Ring. »Ei, wie ein feiner Ring!« sagte es lachend; »nun sind wir aber doch verlobt und versprochen, Du bist mein Mann und ich Deine Frau, wir wollen es einmal einen Augenblick lang denken, nur bis jener Nebelstreif am Mond vorüber ist oder bis wir zwölf gezählt haben! Küsse mich zwölfmal!«

Sali liebte gewiß eben so stark als Vrenchen, aber die Heiratsfrage war in ihm doch nicht so leidenschaftlich lebendig als ein bestimmtes Entweder-Oder, als ein unmittelbares Sein oder Nichtsein, wie in Vrenchen, welches nur das Eine zu fühlen fähig war und mit leidenschaftlicher Entschiedenheit unmittelbar Tod oder Leben darin sah. Aber jetzt ging ihm endlich ein Licht auf und das weibliche Gefühl des jungen Mädchens ward in ihm auf der Stelle zu einem wilden und heißen Verlangen und eine glühende Klarheit erhellte ihm die Sinne. So heftig er Vrenchen schon umarmt und liebkos't hatte, tat er es jetzt doch ganz anders und stürmischer und übersäete es mit Küssen. Vrenchen fühlte trotz aller eigenen Leidenschaft auf der Stelle diesen Wechsel und ein heftiges Zittern durchfuhr sein ganzes Wesen, aber ehe jener Nebelstreif am Monde vorüber war, war es auch davon ergriffen. Im heftigen Schmeicheln und Ringen begegneten sich ihre ringgeschmückten Hände und faßten sich fest, wie von selbst eine Trauung vollziehend, ohne den Befehl eines Willens. Sali's Herz klopfte bald wie mit Hämmern, bald stand es still, er atmete schwer und sagte leise: Es gibt Eines für uns, Vrenchen, wir halten Hochzeit zu dieser Stunde und gehen dann aus der Welt – dort ist das tiefe Wasser – dort scheidet uns Niemand mehr und wir sind zusammen gewesen – ob kurz oder lang, das kann uns dann gleich sein. –

Vrenchen sagte sogleich: »Sali – was Du da sagst, habe ich schon lang bei mir gedacht und ausgemacht, nämlich daß wir sterben könnten und dann Alles vorbei wäre – so schwör' mir es, daß Du es mit mir tun willst!«

»Es ist schon so gut wie getan, es nimmt Dich Niemand mehr aus meiner Hand, als der Tod!« rief Sali außer sich. Vrenchen aber atmete hoch auf, Tränen der Freude entströmten seinen Augen; es raffte sich auf und sprang leicht wie ein Vogel über das Feld gegen den Fluß hinunter. Sali eilte ihm nach; denn er glaubte, es wolle ihm entfliehen, und Vrenchen glaubte, er wolle es zurückhalten, so sprangen sie einander nach und Vrenchen lachte wie ein Kind, welches sich nicht will fangen lassen. »Bereust Du es schon?« rief Eines zum Andern, als sie am Flusse angekommen

waren und sich ergriffen; »nein! es freut mich immer mehr!«
erwiderte ein Jedes. Aller Sorgen ledig gingen sie am Ufer hinunter und überholten die eilenden Wasser, so hastig suchten sie
eine Stätte, um sich niederzulassen; denn ihre Leidenschaft sah
jetzt nur den Rausch der Seligkeit, der in ihrer Vereinigung lag;
und der ganze Wert und Inhalt des übrigen Lebens drängte sich
in diesem zusammen; was danach kam, Tod und Untergang, war
ihnen ein Hauch, ein Nichts, und sie dachten weniger daran, als
ein Leichtsinniger denkt, wie er den andern Tag leben will, wenn
er seine letzte Habe verzehrt.

»Meine Blumen gehen mir voraus, rief Vrenchen, sieh, sie sind
ganz dahin und verwelkt!« Es nahm sie von der Brust, warf sie
ins Wasser und sang laut dazu: »Doch süßer als ein Mandelkern
ist meine Lieb’ zu Dir!«

»Halt! rief Sali, hier ist Dein Brautbett!«

Sie waren an einen Fahrweg gekommen, der vom Dorfe her
an den Fluß führte, und hier war eine Landungsstelle, wo ein
großes Schiff, hoch mit Heu beladen, angebunden lag. In wilder
Laune begann er unverweilt die starken Seile loszubinden, Vrenchen fiel ihm lachend in den Arm und rief: »Was willst Du tun?
Wollen wir den Bauern ihr Heuschiff stehlen zu guter Letzt?«
»Das soll die Aussteuer sein, die sie uns geben, eine schwim-
mende Bettstelle und ein Bett, wie noch keine Braut gehabt! Sie
werden überdies ihr Eigentum unten wieder finden, wo es ja
doch hin soll, und werden nicht wissen, was damit geschehen
ist. Sieh, schon schwankt es und will hinaus!«

Das Schiff lag einige Schritte vom Ufer entfernt im tieferen
Wasser. Sali hob Vrenchen mit seinen Armen hoch empor und
schritt durch das Wasser gegen das Schiff; aber es liebkos’te ihn
so heftig ungebärdig und zappelte wie ein Fisch, daß er im ziehenden Wasser keinen Stand halten konnte. Es strebte Gesicht
und Hände ins Wasser zu tauchen und rief: »Ich will auch das
kühle Wasser versuchen! Weißt Du noch, wie kalt und naß unsere Hände waren, als wir sie uns zum ersten Mal gaben? Fische
fingen wir damals, jetzt werden wir selber Fische sein und zwei

schöne große!« »Sei ruhig, Du lieber Teufel!« sagte Sali, der
Mühe hatte zwischen dem tobenden Liebchen und den Wellen
sich aufrecht zu halten, »es zieht mich sonst fort!« Er hob seine Last in das Schiff und schwang sich nach; er hob sie auf die
hochgebettete weiche und duftende Ladung und schwang sich
auch hinauf, und als sie oben saßen, trieb das Schiff allmälig in
die Mitte des Stromes hinaus und schwamm dann, sich langsam
drehend, zu Tal.

Der Fluß zog bald durch hohe dunkle Wälder, die ihn über-
schatteten, bald durch offenes Land; bald an stillen Dörfern
vorbei, bald an einzelnen Hütten; hier geriet er in eine Stille,
daß er einem ruhigen See glich und das Schiff beinah still hielt,
dort strömte er um Felsen und ließ die schlafenden Ufer schnell
hinter sich; und als die Morgenröte aufstieg, tauchte zugleich
eine Stadt mit ihren Türmen aus dem silbergrauen Strome. Der
untergehende Mond, rot wie Gold, legte eine glänzende Bahn
den Strom hinauf und auf dieser kam das Schiff langsam über-
quer gefahren. Als es sich der Stadt näherte, glitten im Froste des
Herbstmorgens zwei bleiche Gestalten, die sich fest umwanden,
von der dunklen Masse herunter in die kalten Fluten.

Das Schiff legte sich eine Weile nachher unbeschädigt an eine
Brücke und blieb da stehen. Als man später unterhalb der Stadt
die Leichen fand und ihre Herkunft ausgemittelt hatte, war in
den Zeitungen zu lesen, zwei junge Leute, die Kinder zweier
blutarmen zu Grunde gegangenen Familien, welche in unver-
söhnlicher Feindschaft lebten, hätten im Wasser den Tod gesucht,
nachdem sie einen ganzen Nachmittag herzlich mit einander getanzt und sich belustigt auf einer Kirchweih. Es sei dies Ereignis
vermutlich in Verbindung zu bringen mit einem Heuschiff aus
jener Gegend, welches ohne Schiffleute in der Stadt gelandet sei,
und man nehme an, die jungen Leute haben das Schiff entwendet, um darauf ihre verzweifelte und gottverlassene Hochzeit zu
halten, abermals ein Zeichen von der um sich greifenden Entsitt-
lichung und Verwilderung der Leidenschaften.

Brief an Johanna Kapp

Heidelberg, 7. Dezember 1849

Trotz des leidenschaftlichen Lebens, welches ich seit einiger Zeit geführt habe, hätte ich doch nicht geglaubt, daß es mir noch so elend zu Mute sein könnte, als es mir vergangene Nacht und den Morgen darauf gewesen ist. Ich war die letzten Wochen hindurch sozusagen glücklich gewesen, ich kannte nichts Wünschenswertes mehr, als einige Stunden mit Ihnen zuzubringen, und war ich bei Ihnen, so dachte ich in glücklicher Vergessenheit weder an die Zukunft noch an die Vergangenheit, nicht an mich selbst und nicht einmal an Sie. Ich hatte von der ganzen Welt genug, wenn ich auf den Bergen hinter Ihnen oder neben Ihnen hergehend Ihre Stimme fortwährend hörte und manchmal in Ihr Gesicht sah oder im Zimmer auf Ihre Hände schauen konnte, wenn Sie etwas arbeiteten. Es war gerade kein rühmlicher Zustand, und es ist vielleicht unschicklich, daß ich Sie noch mit diesen Klagen in die Ferne verfolge, Sie, welche genug selbst zu tragen haben. Aber erstens kann ich den heutigen Tag nur dadurch erträglich zubringen, daß ich irgend etwas an Sie schreibe; und dann werden Sie auch, wenn Sie diese Zeilen erhalten, überzeugt sein können, daß es mir wieder frischer und besser zu Mut ist. Ich will Ihnen zukünftig nie mehr von meiner Liebe schreiben, sondern ganz vernünftig von Menschen und Dingen, die ich sehe, und mit tausend Freuden von Ihnen selbst und Ihrem Schicksale, wenn ich Ihnen auf Ihre Aufforderung irgend etwas Gutes oder Aufmunterndes sagen kann. Nur muß ich Sie bitten, immer und so lange zu leiden und zu glauben, daß mein Herz an Ihnen hängt, auch wenn ich nichts mehr davon sage, bis ich Ihnen selbst meinen Abfall verkündige; und ich werde fröhlichen Sinnes der erste sein, welcher die drückende Last von Ihnen und mir zugleich nimmt. Daß dies jedoch bald geschehen werde, daran zweifle ich selbst. Meine Jugend ist nun vorüber, und mit ihr wird auch das Bedürfnis nach einem jugendlich poetischen Glücke schwinden; vielleicht, wenn es mir in der Welt sonst gut geht, werde ich noch ein fröhlicher Mensch, der diesen oder jenen Winterschwank aufführt. Mein Herz aber einem liebenden Weibe noch als bare Münze anzubieten, dazu, dünkt mich, habe ich es nun schon zu sehr abgebraucht und werde es noch ferner abbrauchen, bis es nur von Ihnen frei ist …

Ich hatte ganz fest geschlafen bis gegen Morgen; aber um halb drei Uhr erwachte ich, wie wenn ich selbst verreisen müßte. Während ich munter wurde, kam es mir nach und nach in den Sinn, worum es sich handelte. Ich ging ans Fenster und sah jenseits des Neckars Licht in Ihrem Zimmer; es strahlte hell und still durch die helle Winternacht und spiegelte sich so schön im Flusse, wie ich es noch nie gesehen. Obgleich von Schlaf keine Rede mehr war, so hätte ich doch um keinen Preis ein Licht angezündet, aus Furcht, Sie möchten es bemerken; und ich wollte Ihnen mein armseliges Bild nicht noch aufdrängen bei Ihrer sonstigen Aufregung. Nach einiger Zeit glaubte ich einen Wagen hinausfahren zu hören, und bald darauf rollte er zurück über die Brücke. Jetzt geht sie, dachte ich, drückte mein Gesicht in das Kissen und führte mich so schlecht auf wie ein Kind, dem man ein Stück Zuckerbrot genommen hat. Den ganzen Vormittag war ich dumpf und tot und sagte nur: diese Zeit wird auch vorübergehen! Ja, sonderbarer Weise mischte sich in meine Trauer ein Ärger über jene kahlen Jahre, wo ich, wie ich vorauszusehen glaubte, über meinen jetzigen Schmerz lächeln würde. Und gerade aus diesem Ärger lauschte eigentlich nur meine einzige Hoffnung, die Hoffnung auf jene Zeit der Ruhe und Unbefangenheit. Es war der altbekannte Strohhalm des Ertrinkenden.

Schöne Brücke

Schöne Brücke, hast mich oft getragen
Wenn mein Herz erwartungsvoll geschlagen
Und mit dir den Strom ich überschritt.
Und mich dünkte, deine stolzen Bogen
Sind in kühnerm Schwunge mitgezogen,
Und sie fühlten meine Freude mit.

Weh der Täuschung, da ich jetzo sehe,
Wenn ich schweren Leids hinübergehe,
Daß der Last kein Joch sich fühlend biegt;
Soll ich einsam in die Berge gehen
Und nach einem schwachen Stege spähen,
Der sich meinem Kummer zitternd fügt?

Aber *sie*, mit anderm Weh und Leiden
Und im Herzen andre Seligkeiten:
Trage leicht die blühende Gestalt!
Schöne Brücke, magst du ewig stehen
Ewig aber wird es nie geschehen
Daß ein beßres Weib hinüber wallt!

Brief an Ferdinand Freiligrath

Berlin, 22. September 1850

Ich lache in die Faust, wenn meine Gönner glauben, ich sei eingeschlafen. Es wird ein schreckliches Erwachen sein für dieselben, wenn meine schwarzen Taten endlich das Licht erblicken.

»Der grüne Heinz« ist endlich unter der Presse, und ich habe die ersten acht Bogen korrigiert. Er wird, höre und zittere! drei Bände stark werden, aus Rücksicht für – die Leihbibliotheken, welche übrigens damit angeschmiert sind; denn der Stil des Buches ist noch ziemlich breit und willkürlich und der Inhalt monoton und trübselig. Um so mehr freue ich mich auf ein forsches, lebensfrohes Schaffen, das nun beginnen soll, nachdem es allmählich in mir reif geworden ist. Das subjektive und eitle Geblümsel und Unsterblichkeitswesen, das pfuscherhafte Glücklichseinwollen und das impotente Poetenfieber haben mich lange genug befangen. Ich lobe nur mein Phlegma, welches mich nicht noch mehr Dummheiten begehen ließ, als ich schon begangen habe zum Gaudium der andern Esel.

Vieweg will nun aus freien Stücken doch noch meine Gedichte drucken, und ich bin deshalb in Verlegenheit; wenn ich nicht das Geld brauchte, so gäbe ich sie ihm nicht, da sie zum Teil auch noch stümperhaft sind. Es ist mit der Lyrik eine eigene Sache; sie duldet nur selten eine rivalisierende Tätigkeit neben sich und erfordert ein ganzes und ungeteiltes Leben, um aus dessen edelstem Blute als unvergängliche Blüte hervorgehen zu können. Jedes gute Lied kostet einen schrecklichen Aufwand an konsumierten Viktualien, Nervenverbrauch und manchmal Tränen, vom Lachen oder vom Weinen, gleichviel: und dann wird es einem bogenweise berechnet! Und die sechs Strophen füllen nicht einmal zwei Seiten – da geh' einer hin und werde Lyriker!

Der grüne Heinrich. Erste Fassung
Aus dem Anfang des Romans

Unter einer offenen Halle dieses Waldes ging am frühesten Ostermorgen ein junger Mensch; er trug ein grünes Röcklein mit übergeschlagenem schneeweißen Hemde, braunes dichtwallendes Haar und darauf eine schwarze Samtmütze, in deren Falten ein feines weiß und blaues Federchen von einem Nußhäher steckte. Diese Dinge, nebst Ort und Tageszeit, kündigten den zwanzigjährigen Gefühlsmenschen an. Es war Heinrich Lee, der heute von der bisher nie verlassenen Heimat scheiden und in die Fremde, nach Deutschland ziehen wollte; hier heraufgekommen, um den letzten Blick über sein schönes Heimatland zu werfen, beging er zugleich den Akt eines Naturkultus, wie es häufig bei hoffnungsreichen und enthusiastischen Jünglingen geschieht.

Sowenig, außer dem tiefen ruhigen Strömen des Flusses ein Ton in dieser Frühe hörbar wurde, ebensowenig war an der weiten tiefen himmlischen Kristallglocke der leiseste Hauch eines Wölkleins zu sehen. Der weite See verschmolz mit den Füßen des Hochgebirges in eine blaugraue Dämmerung; die Schneekuppen und Hörner standen milchblaß in der Frühe. Als Heinrich an den Rand des Waldes trat, überflog der erste Rosenschimmer der nahenden Sonne die geisterhaften Gebilde; über dem letzten einsamen Eisaltar glimmte noch der Morgenstern.

Indem unser Knabe starr nach ihm hinsah, tat er einen jener stummen, flüchtigen Gebetseufzer, die, wenn sie in Worte zu fassen wären, ungefähr so lauten würden: Das ist sehr schön, o Gott! ich danke dir dafür, ich gelobe, das Meinige auch zu tun! Wo und wer du auch seist, habe Nachsicht mit mir, du weißt, wie alles kommt in deiner Welt, übrigens mache mit mir, was du willst!

Die Brust des jungen Menschen hob und senkte sich sehr

stark; aber seine Seele war so keusch, daß er vor allem pathe-
tischen Verweilen, vor aller Selbstgefälligkeit solcher Augenblicke floh, ehe sich obige wenigen Sätze in seinem Sinne deutlich entwickeln konnten. Also drehte er sich wie der Blitz auf
seinem Absatze herum und eilte, nach Norden und Westen zu
schauen. Die Sonne war aufgegangen; während im Süden die Al-
penkette nun im fröhlichsten hellsten Golde glänzte, hatte das
westliche und nördliche flache Land, gegen das Rheingebiet hin,
die Rosenfarbe des Morgens angenommen, besonders, wo sich
die laublosen, für diese Farbe empfänglichen Waldungen und
violetten Brachfelder dehnten; was junggrünes Saatland war,
schimmerte mehr silbergrau in der Ferne. Von Schnee war außer
dem Gebirge keine Spur mehr zu finden; aber das wenige Grün
war noch trocken und taulos.

Die Tiefe des Himmels und mit ihr das Gewässer waren jetzt
blau und das Land sonnig geworden. Nur der untere Teil der
Stadt und der Fluß lagen noch im Schatten und letzterer ging
tief grün, und bloß die länglich ziehenden Spiegel seiner Wellen
warfen von ihren glattesten Stellen etwas Blau zurück.

Heinrich Lee sah in seine Vaterstadt hinüber. Die alte Kirche badete im Morgenschein, hie und da blitzte auch ein ge-
öffnetes Fenster, ein Kind schaute heraus und sang, und man
konnte aus der Tiefe der Stube die Mutter sprechen hören, die
es zum Waschen rief. Die vielen Gäßchen, durch mannigfaltiges
steinernes Treppenwerk unterbrochen und verbunden, lagen
noch alle im Schatten und nur wenige freiere Kinderspielplät-
ze leuchteten bestreift aus dem Dunkel. Auf allen diesen Stufen und Geländern hatte Heinrich gesessen und gesprungen,
und die Kinderzeit dünkte ihm noch vor der Türe des gestrigen
Abends zu liegen. Schnell ließ er seine Augen treppauf und -ab
in allen Winkeln der Stadt herumspringen, die traulichen Kin-
derplätze waren alle still und leer, wie Kirchenstühle am Werk-
tag. Das einzige Geräusch kam noch vom großen Stadtbrunnen,
dessen vier Röhren man durch den Flußgang hindurch glaubte
rauschen zu hören; die vier Strahlen glänzten hell, ebenso was

an dem steinernen Brunnenritter vergoldet war, sein Schwert-
knauf und sein Brustharnisch, welch letzterer die Morgensonne
recht eigentlich auffing, zusammenfaßte und sein funkelndes
Gold wunderbar aus der dunkelgrünen Tiefe des Stromes herauf widerscheinen ließ. Dieser reiche Brunnen stand auf dem
hohen Platze vor dem noch reicheren Kirchenportale und sein
Wasser entsprang auf dem Berge diesseits des Flusses, auf welchem Heinrich jetzt stand. Es war früher sein liebstes Knaben-
spiel gewesen, hier oben ein Blatt oder eine Blume in die verborgene Quelle zu stecken, dann neben den hölzernen Röhren
hinab, über die lange Brücke, die Stadt hinauf zu dem Brunnen
zu laufen und sich zu freuen, wenn zu gleicher Zeit oben das
Zeichen aus der Röhre in das Becken sprang; manchmal kam es
auch nicht wieder zum Vorschein. Er pflückte eine eben aufgehende Primel und eilte nach der Brunnenstube, deren Deckel er
zu heben wußte; dann eilte er die unzähligen Stufen zwischen
wucherndem Efeugewebe hinunter, über den Kirchhof, wieder hinunter, durch das Tor über die Brücke, unter welcher die
Wasserleitung auch mit hinüberging. Doch auf der Mitte der
Brücke, von wo man unter den dunklen Bogen des Gebälkes die
schönste Aussicht über den glänzenden See hin genießt, selbst
über dem Wasser schwebend, vergaß er seinen Beruf und ließ
das arme Schlüsselblümchen allein den Berg wieder hinaufge-
hen. Als er sich endlich erinnerte und zum Brunnen hinanstieg,
drehte es sich schon emsig in dem Wirbel unter dem Wasser-
strahle herum und konnte nicht hinauskommen. Er steckte es
zu dem Federchen auf seiner Mütze und schlenderte endlich
seiner Wohnung zu durch alle die Gassen, in welche überall die
Alpen blau und silbern hineinleuchteten. Jedes Bild, klein oder
groß, war mit diesem bedeutenden Grunde versehen: vor der
niedrigen Wohnung armer Leute stand Heinrich still und guckte
durch die Fensterlein, die, einander entsprechend, an zwei Wänden angebracht waren, quer durch das braune Gerümpel in die
blendende Ferne, welche durch das jenseitige Fenster der Stube
glänzte. Er sah bei dieser Gelegenheit den grauen Kopf einer

Matrone nebst einer kupfernen Kaffeekanne sich dunkel auf die Silberfläche einer zehn Meilen fernen Gletscherfirne zeichnen und erinnerte sich, daß er dieses Bild unverändert gesehen, seit er sich denken mochte.

So spielte dieser Jüngling wie ein Kind mit der Natur und schien seine bevorstehende, für seine kleinen Verhältnisse bedeutungsvolle Abreise ganz zu vergessen. Allein plötzlich fiel es ihm schwer aufs Herz, als er nun vor seinem düstern Vaterhause stand und die Mutter ihm ungeduldig aus dem Fenster winkte. Schnell eilte er die engen Treppen hinauf, den Wohngemächern der Haushaltungen vorbei, die alle im Hause wohnten.

»Wo bleibst du denn so lang?« empfing ihn die Frau Lee, eine geringe Frau von etwa fünfundvierzig Jahren, an welcher weiter nichts auffiel, als daß sie noch kohlschwarze schwere Haare hatte, was ihr ein ziemlich junges Ansehen gab; auch war sie um einen Kopf kleiner als ihr Sohn.

»Da habe ich schon angefangen, deinen Koffer zu packen, weil du sonst vor Abgang der Post nicht mehr fertig würdest.«

Der grüne Heinrich. Zweite Fassung
Anfang des Romans

LOB DES HERKOMMENS

Mein Vater war ein Bauernsohn aus einem uralten Dorfe, welches seinen Namen von dem Alemannen erhalten hat, der zur Zeit der Landteilung seinen Spieß dort in die Erde steckte und einen Hof baute. Nachdem im Verlauf der Jahrhunderte das namengebende Geschlecht im Volke verschwunden, machte ein Lehenmann den Dorfnamen zu seinem Titel und baute ein Schloß, von dem niemand mehr weiß, wo es gestanden hat; ebensowenig ist bekannt, wann der letzte »Edle« jenes Stammes gestorben ist. Aber das Dorf steht noch da, seelenreich und belebter als je, während ein paar Dutzend Zunamen unverändert geblieben und für die zahlreichen, weitläufigen Geschlechter fort und fort ausreichen müssen. Der kleine Gottesacker, welcher sich rings an die trotz ihres Alters immer weiß geputzte Kirche legt und niemals erweitert worden ist, besteht in seiner Erde buchstäblich aus den aufgelösten Gebeinen der vorübergegangenen Geschlechter; es ist unmöglich, daß bis zur Tiefe von zehn Fuß ein Körnlein sei, welches nicht seine Wanderung durch den menschlichen Organismus gemacht und einst die übrige Erde mit umgraben geholfen hat. Doch ich übertreibe und vergesse die vier Tannenbretter, welche jedesmal mit in die Erde kommen und den ebenso alten Riesengeschlechtern auf den grünen Bergen rings entstammen; ich vergesse ferner die derbe, ehrliche Leinwand der Grabhemden, welche auf diesen Fluren wuchs, gesponnen und gebleicht wurde, und also so gut zur Familie gehört, wie jene Tannenbretter, und nicht hindert, daß die Erde unseres Kirchhofes so schön kühl und schwarz sei, als irgendeine. Es wächst auch das grünste Gras darauf, und die Rosen nebst dem Jasmin wuchern in göttlicher Unordnung und Überfülle, so daß nicht einzelne Stäudlein auf ein frisches

Grab gesetzt, sondern das Grab muß in den Blumenwald hineingehauen werden, und nur der Totengräber kennt genau die Grenze in diesem Wirrsal, wo das frisch umzugrabende Gebiet anfängt.

Das Dorf zählt kaum zweitausend Bewohner, von welchen je ein paar hundert den gleichen Namen führen; aber höchstens zwanzig bis dreißig von diesen pflegen sich Vetter zu nennen, weil die Erinnerungen selten bis zum Urgroßvater hinaufsteigen. Aus der unergründlichen Tiefe der Zeiten an das Tageslicht gestiegen, sonnen sich diese Menschen darin, so gut es gehen will, rühren sich und wehren sich ihrer Haut, um wohl oder wehe wieder in der Dunkelheit zu verschwinden, wenn ihre Zeit gekommen ist. Wenn sie ihre Nasen in die Hand nehmen, so sind sie sattsam überzeugt, daß sie eine ununterbrochene Reihe von zweiunddreißig Ahnen besitzen müssen, und anstatt dem natürlichen Zusammenhange derselben nachzuspüren, sind sie vielmehr bemüht, die Kette ihrerseits nicht ausgehen zu lassen. So kommt es, daß sie alle möglichen Sagen und wunderlichen Geschichten ihrer Gegend mit der größten Genauigkeit erzählen können, ohne zu wissen, wie es zugegangen ist, daß der Großvater die Großmutter nahm. Alle Tugenden glaubt jeder selbst zu besitzen, wenigstens diejenigen, welche nach seiner Lebensweise für ihn wirkliche Tugenden sind, und was die Missetaten betrifft, so hat der Bauer so gut Ursache wie der Herr, die seiner Väter in Vergessenheit begraben zu wünschen; denn er ist zuweilen trotz seines Hochmutes auch nur ein Mensch.

Ein großes, rundes Gebiet von Feld und Wald bildet ein reiches, unverwüstliches Vermögen der Bewohner. Dieser Reichtum blieb sich von jeher so ziemlich gleich; wenn auch hie und da eine Braut einen Teil verschleppt, so unternehmen die jungen Burschen dafür häufige Raubzüge bis auf acht Stunden weit und sorgen für hinlänglichen Ersatz, sowie dafür, daß die Gemütsanlagen und körperlichen Physiognomien der Gemeinde die gehörige Mannigfaltigkeit bewahren, und sie entwickeln hierin eine tiefere und gelehrtere Einsicht für ein frisches Fortgedeihen, als manche reiche Patrizier- oder Handelsstadt und als die europäischen Fürstengeschlechter.

Die Einteilung des Besitzes aber verändert sich von Jahr zu Jahr ein wenig und mit jedem halben Jahrhundert fast bis zur Unkenntlichkeit. Die Kinder der gestrigen Bettler sind heute die Reichen im Dorfe, und die Nachkommen dieser treiben sich morgen mühsam in der Mittelklasse umher, um entweder ganz zu verarmen oder sich wieder aufzuschwingen.

Mein Vater starb so früh, daß ich ihn nicht mehr von *seinem* Vater konnte erzählen hören; ich weiß daher so gut wie nichts von diesem Manne; nur soviel ist gewiß, daß damals die Reihe einer ehrbaren Unvermöglichkeit an seiner engeren Familie war. Da ich nicht annehmen mag, daß der ganz unbekannte Urgroßvater ein liederlicher Kauz gewesen sei, so halte ich es für wahrscheinlich, daß sein Vermögen durch eine zahlreiche Nachkommenschaft zersplittert wurde; wirklich habe ich auch eine Menge entfernter Vettern, welche ich kaum noch zu unterscheiden weiß, die, wie die Ameisen krabbelnd, bereits wieder im Begriffe sind, ein gutes Teil der viel zerhackten und durchfurchten Grundstücke an sich zu bringen. Ja, einige Alte unter denselben sind in der Zeit schon wieder reich gewesen und ihre Kinder wieder arm geworden.

Dazumal war es nicht ganz mehr jene Schweiz, welche dem Legationssekretär Werther so erbärmlich vorgekommen ist, und wenn auch die junge Saat der französischen Ideen durch einen ungeheuren Schneefall österreichischer, russischer und selbst französischer Quartierbillets* bedeckt worden war, so gestattete doch die Mediationsverfassung** einen gelinden Nachsommer und verhinderte meinen Vater nicht, die Kühe, die er weidete, eines Morgens stehen zu lassen und nach der Stadt zu gehen, um ein gutes Handwerk zu erlernen. Von da an verscholl er so ziemlich für seine Mitbürger; denn nach harten, aber gut be-

* Formular für die Einquartierung von Soldaten
** von Napoleon diktierte Verfassung für die Schweiz

standenen Lehrjahren führte ihn sein Trieb, einen immer küh-
neren Schwung nehmend, in die Ferne und er durchschweifte
als ein geschickter Steinmetz entlegene Reiche. Indessen aber
hatte der sanftknisternde Papierblumenfrühling, welcher nach
der Schlacht bei Waterloo aufging, wie überall hin, so auch in
alle Winkel der Schweiz sein bläuliches Kerzenlicht verbreitet;
auch in meines Vaters Geburtsdorf, dessen Bewohner in den
Neunzigerjahren ebenfalls entdeckt hatten, daß sie seit undenklichen Zeiten mitten in einer Republik lebten, war die ehrwürdi-
ge Dame Restauration* mit allen ihren Schachteln und Kartons
feierlich eingezogen und richtete sich in dem Neste so gut ein,
als sie konnte. Schattige Wälder, Höhen und Täler mit den angenehmsten Freudenplätzen, ein fischreicher, klarer Fluß und die
Wiederholung aller dieser guten Dinge in einer weiten, belebten Nachbarschaft, welche sogar noch mit einigen bewohnten
Schlössern geziert war, zogen den einwohnenden Herrschaften
eine Menge jagender, fischender, tanzender, singender, essender
und trinkender Gäste aus der Stadt zu. Man bewegte sich um
so leichter, als man den Reifrock und die Perücke weislich da
liegen ließ, wohin sie die Revolution geworfen hatte, und das
griechische Kostüm der Kaiserzeit**, wenn auch in diesen Gegenden etwas nachträglich, angetan hatte. Die Bauern sahen
mit Verwunderung die weißumflorten Göttergestalten ihrer
vornehmen Mitbürgerinnen, ihre sonderbaren Hüte und noch
merkwürdigeren Taillen, welche dicht unter den Armen ge-
gürtet waren. Die Herrlichkeit des aristokratischen Regiments
entfaltete sich am höchsten im Pfarrhause. Die reformierten
Landgeistlichen der Schweiz waren keine armen, demütigen
Schlucker, wie ihre Amtsbrüder im protestantischen Norden.
Da alle Pfründen im Lande fast ausschließlich den Bürgern
der herrschenden Städte offen standen, so bildeten sie zu den

* nach dem Sturz Napoleons vom Konservatismus geprägte Epoche (bis
  1848)
** der antikisierende Stil des napoleonischen Zeitalters

weltlichen Ehrenstellen eine Ergänzung im Systeme der Herrschaft, und die Pfarrer, deren Brüder das Schwert und die Waage handhabten, nahmen teil an der Glorie, wirkten und regierten auf ihre Weise im Sinne des Ganzen kräftig mit und überließen sich einem sorgenfreien, vergnüglichen Dasein. Sehr oft waren sie von Haus aus reich, und die ländlichen Pfarrhäuser glichen eher den Landsitzen großer Herren; auch gab es eine Menge adeliger Seelenhirten, welche die Bauern Junker Pfarrer nennen mußten. Ein solcher war nun zwar der Pfarrer meines Heimatdorfes nicht, auch nichts weniger als ein reicher Mann; doch sonst einer alten Stadtfamilie angehörend, vereinigte er in seiner Person und in seinem Hauswesen allen Stolz, Kastengeist und Lustbarkeit eines warmgesessenen Städtetumes. Er tat sich etwas darauf zugut, ein Aristokrat zu heißen, und vermischte seine geistliche Würde ungezwungen mit einem derben, militärisch-junkerhaften Anstriche; denn man wußte dazumal noch nichts weder von dem Namen noch von dem Wesen des modernen Traktätlein-Konservatismus. Es ging in seinem Hause geräuschvoll und lustig her; die Pfarrkinder steuerten reichlich, was Feld und Stall abwarf, die Gäste holten sich selbst aus dem Forste Hasen, Schnepfen und Rebhühner, und da Treibjagden doch nicht landesüblich waren, so wurden die Bauern dafür zu großen Fischzügen freundschaftlich angehalten, was jedesmal ein Fest gab, und so war das Pfarrhaus nie ohne Freude und Lärm. Man durchzog das Land rings umher, stattete Besuche ab in Masse und empfing solche, schlug Zelte auf und tanzte darunter oder spannte sie über die lauteren Bäche und die Griechinnen badeten darunter; man überfiel in hellen Haufen eine einsame kühle Mühle oder fuhr in vollgepfropften Nachen auf Seen und Flüssen, der Pfarrer immer voran mit einer Entenflinte über dem Rücken oder ein mächtiges spanisches Rohr* in der Hand.

Geistige Bedürfnisse waren in diesen Kreisen nicht viele vor-

* Spazierstock

handen; die weltliche Bibliothek des Pfarrers bestand, wie ich sie noch gesehen habe, aus einigen altfranzösischen Schäferromanen, Geßners Idyllen, Gellerts Lustspielen und einem stark zerlesenen Exemplar des Münchhausen. Zwei oder drei einzelne Bände von Wieland schienen aus der Stadt geliehen und nicht mehr zurückgeschickt worden zu sein. Man sang Höltys Lieder und nur die Jugend führte etwa einen Mathisson mit sich. Der Pfarrer selbst, wenn einmal von dergleichen Dingen die Rede war, pflegte seit dreißig Jahren regelmäßig zu fragen: »Haben Sie Klopstocks Messias gelesen?« und wenn das, wie natürlich, bejaht wurde, schwieg er vorsichtig. Im übrigen gehörten die Gäste nicht zu jenen feinsten Kreisen, welche die Kultur der herrschenden Interessen durch erhöhte Geistestätigkeit pflegen und durch eine edle Bildung zu befestigen suchen, sondern zu der gemütlichen Klasse, welche sich darauf beschränkt, die Früchte jener Bemühungen zu genießen und sich ohne weiteres Kopfzerbrechen lustig zu machen, solange es Kirchweih ist.

Aber diese ganze Herrlichkeit barg bereits den Keim ihres Zerfalles in sich selbst. Der Pfarrer hatte einen Sohn und eine Tochter, welche beide in ihren Neigungen von denjenigen ihrer Umgebung abwichen. Während der Sohn, ebenfalls ein Geistlicher und dazu bestimmt, seinem Vater im Amte zu folgen, vielfache Verbindungen mit jungen Bauern anknüpfte, mit ihnen ganze Tage auf dem Felde lag oder auf Viehmärkte fuhr und mit Kennerblick die jungen Kühe betastete, hing die Tochter, so oft sie nur immer konnte, die griechischen Gewänder an den Nagel und zog sich in Küche und Garten zurück, dafür sorgend, daß die unruhige Gesellschaft etwas Ordentliches zu beißen fand, wenn sie von ihren Fahrten zurückkehrte. Auch war diese Küche nicht der schwächste Anziehungspunkt für die genäschigen Städtebewohner, und der große, gutbebaute Garten zeugte für einen ausdauernden Fleiß und treffliche Ordnungsliebe.

Der Sohn endigte sein Treiben damit, daß er eine begüterte, rüstige Bauerntochter heiratete, in ihr Haus zog und alle sechs Werktage hindurch ihre Äcker und ihr Vieh bestellte. In Anwartschaft seines höheren Amtes übte er sich, als Säemann den göttlichen Samen in wohlberechneten Würfen auszustreuen und das Böse in Gestalt von wirklichem Unkraut auszujäten. Der Schrecken und der Zorn hierüber waren groß im Pfarrhause, zumal wenn man bedachte, daß die junge Bäuerin einst als Hausfrau dort einziehen und herrschen sollte, sie, welche weder mit der gehörigen Anmut im Grase zu liegen, noch einen Hasen standesgemäß zu braten und aufzutragen wußte. Deshalb war es der allgemeine Wunsch, daß die Tochter, welche allmählich schon über ihre erste Jugend hinausgeblüht hatte, entweder einen standesgetreuen, jungen Geistlichen ins Haus locken oder sonst noch lange die zusammenhaltende Kraft desselben bleiben möchte. Aber auch diese Hoffnungen schlugen fehl.

Der grüne Heinrich. Erste Fassung
Aus dem dritten Band
Drittes Kapitel

Judith lachte und rief: »Denke daran, wenn man am gescheite-
sten zu sein glaubt, so kommt man am ehesten als ein Esel zum
Vorschein!« – »Du brauchst nicht zu lachen!« erwiderte ich ärgerlich, »ich habe dir soeben, als ich kam, auch einen Tort angetan; ich habe gefürchtet, daß du vielleicht einen fremden Mann
bei dir haben könntest!«

Sie gab mir sogleich eine Ohrfeige, doch wie es mir schien,
mehr aus Vergnügen, als aus Zorn und sagte: »Du bist ein recht
unverschämter Gesell und glaubst wohl, du brauchst deine
schändlichen Gedanken nur einzugestehen, um von mir absol-
viert zu sein! Freilich sind es nur die beschränkten und verna-
gelten Leute, welche nie etwas eingestehen wollen; aber die übrigen machen deswegen damit auch nicht alles gut! Zur Strafe
gehst du mir jetzt gleich zum Tempel hinaus und machst, daß
du nach Hause kommst! Morgen des Nachts darfst du dich wieder zeigen!« Sie trieb mich unerbittlich aus dem Hause; denn sie
hatte jetzt genugsam gemerkt, daß es mich stark zu ihr hinzog
und daß ich eifersüchtig auf sie war.

Ich begab mich nun, sooft es anging, des Nachts zu ihr; sie
brachte den Tag meistens allein und einsam zu, während ich entweder weite Streifzüge unternahm, um zu zeichnen, oder in des
Schulmeisters Haus, als in einer Schule des Leidens, mich still
und gemessen halten mußte. So hatten wir in diesen Nächten
vollauf zu plaudern und saßen oft stundenlang am offenen Fenster, wo der Glanz des nächtlichen Himmels über der sommer-
lichen Welt lag, oder wir machten dasselbe zu, schlossen die La-
den und setzten uns an den Tisch und lasen zusammen. Ich hatte
ihr im Herbst auf ihr Verlangen nach einem Buche eine deutsche
Übersetzung des Rasenden Roland zurückgelassen, welchen ich

selbst noch nicht näher kannte; Judith hatte aber den Winter über oft darin gelesen und pries mir jetzt das Buch als das allerschönste in der Welt an. Judith zweifelte nicht mehr an Annas baldigem Tod und sagte mir dies unverhohlen, obgleich ich es nicht zugeben wollte; durch diesen Gegenstand und meine Berichte von jenem Krankenlager wurden wir trübselig und düster, jedes auf seine Weise, und wenn wir nun im Ariost lasen, so vergaßen wir alle Trübsal und tauchten uns in eine frische glänzende Welt. Judith hatte das Buch erst ganz volkstümlich als etwas Gedrucktes genommen, wie es war, ohne über seinen Ursprung und seine Bedeutung zu grübeln: als wir aber jetzt zusammen darin lasen, verlangte sie manches zu wissen, und ich mußte ihr, so gut ich konnte, einen Begriff geben von der Entstehungsweise und der Geltung eines solchen Werkes, von dem Wollen und den bewußten Absichten des Dichters, und ich erzählte, soviel ich wußte, von Ariost. Nun wurde sie erst recht fröhlich, nannte ihn einen klugen und weisen Mann und las die Gesänge mit verdoppelter Lust, da sie wußte, daß diesen so heiteren und so tiefsinnigen Wechselgeschichten eine helle und tiefgefühlte Absicht zugrunde lag, ein Wollen, Schaffen und Gestalten, eine Einsicht und ein Wissen, das ihr in seiner Neuheit wie ein Stern aus dunkler Nacht erglänzte. Wenn die in Schönheit leuchtenden Geschöpfe rastlos an uns vorüberzogen, von Täuschung zu Täuschung und leidenschaftlich sich jagend und haschend, immer eins dem anderen entschwand und ein drittes hervortrat, oder wenn sie in kurzen Augenblicken bestraft und trauernd ruheten von ihrer Leidenschaft, oder vielmehr sich tiefer in dieselbe hineinzuruhen schienen an klaren Gewässern, unter wundervollen Bäumen, so rief Judith: »O kluger Mann! Ja, so geht es zu, so sind die Menschen und ihr Leben, so sind wir selbst, wir Narren!«

Noch mehr glaubte ich selbst der Gegenstand eines poetischen Scherzes zu sein, wenn ich mich neben einem Weibe sah, welches ganz wie jene Fabelwesen auf der Stufe der voll entfalteten Kraft und Schönheit stillzustehen und dazu angetan schien, unablässig die Leidenschaft fahrender Heiden zu erregen. An ihrer ganzen Gestalt hatte jeder Zug ein siegreiches festes Gepräge, und die Faltenlagen ihrer einfachen Kleider waren immer so schmuck und stattlich, daß man durch sie hindurch in der Aufregung wohl goldene Spangen oder gar schimmernde Waffenstücke zu ahnen glaubte. Entblößte jedoch das üppige Gedicht seine Frauen von Schmuck und Kleidung und brachte ihre bloßgegebene Schönheit in offene Bedrängnis oder in eine mutwillig verführerische Lage, während ich mich nur durch einen dünnen Faden von der blühendsten Wirklichkeit geschieden sah, so war es mir vollends, als wäre ich ein törichter Fabelheld und das Spielzeug eines ausgelassenen Dichters; nicht nur das platonische Pflicht- und Treuegefühl gegen das von christlichen Gebeten umgebene Leidensbett eines zarten Wesens, sondern auch die Furcht, schlechtweg durch Annas krankhafte Träume verraten zu werden, legten ein Band um die verlangenden Sinne, während Judith aus Rücksicht für Anna und mich und aus dem Bedürfnisse sich beherrschte, in dem zierlich platonischen Wesen der Jugend noch etwas mitzuleben. Unsere Hände bewegten sich manchmal unwillkürlich nach den Schultern oder den Hüften des anderen, um sich darumzulegen, tappten aber auf halbem Wege in der Luft und endigten mit einem zaghaften abgebrochenen Wangenstreicheln, so daß wir närrischerweise zwei jungen Katzen glichen, welche mit den Pfötchen nach einander auslangen, elektrisch zitternd und unschlüssig, ob sie spielen oder sich zerzausen sollen.

In solchen Augenblicken rafften wir uns auf; Judith zog ihre Schuhe an und begleitete mich in die Sommernacht hinaus; es reizte uns, ungesehen ins Freie zu gelangen und auf nächtliche Abenteuer durch den Wald und über die Höhen zu gehen. Solche romantische Gewohnheiten vergnügten meine Begleiterin um so mehr, als sie ihr neu waren und sie noch nie ohne einen bestimmten und außerordentlichen Zweck nächtlicherweise aus dem Dorfe gegangen war. Sie freuete sich aber dieser Freiheit um ihrer selbst willen und nicht aus Naturschwärmerei, weil sie einmal ein abgesondertes und eigenes Leben führte, obgleich ursprünglich niemand besser als sie zu einem frischen Zusammenleben geschaffen war. Sie stellte daher keine gefühlvollen Betrachtungen über den Mondschein an, sondern sie rauschte mutwillig und rasch durch die Gebüsche, oder knickte halb unmutig manchen grünen Zweig, mit dem sie mir ins Gesicht schlug, als ob sie damit alles wegzaubern wollte, was zwischen mir und ihr lag, die Jahre, die fremde Liebe und den ungleichen Stand. Sie wurde dann ganz anders, als sie erst in der Stube gewesen, und förmlich boshaft, spielte mir tausend Schabernack, verlor sich im dunkeln Dickicht, daß ich sie plötzlich zu fassen bekam, oder hob beim Springen über einen Graben das Kleid so hoch, daß ich in Verwirrung geriet. Einmal erzählte ich ihr das Abenteuer, das ich als kleiner Junge mit jener Schauspielerin gehabt, und vertraute ihr ganz offen, welchen Eindruck mir der erste Anblick einer bloßen Frauenbrust gemacht, so daß ich dieselbe noch immer in dem weißen Mondlicht vor mir sehe und dabei der längst entschwundenen Frau fast sehnsüchtig gedenke, während ihre Gesichtszüge und ihr Name schon lange bis auf die letzte Spur in meinem Gedächtnis verwischt. Wir gingen gerade dem Waldbache entlang, über welchem der Mond ein geheimnisvolles Netz von Dunkel und Licht zittern ließ; Judith verschwand plötzlich von meiner Seite und huschte durch die Büsche, während ich verblüfft vorwärts ging. Dies dauerte wohl fünf Minuten, während welcher ich keinen Laut vernahm außer dem leisen Wehen der Bäume und dem Rieseln der Wellen. Es wurde mir zumute, wie wenn Judith sich aufgelöst hätte und still in die Natur verschwunden wäre, in welcher mich ihre Elemente geisterhaft neckend umrauschten. So gelangte ich unversehens in die Gegend der Heidenstube und sah nun die graue Felswand im hellen Vollmond, der über den Bäumen stand, in den Himmel ragen; das Wasser und die Steine zu meinen Füßen waren ebenfalls beschienen. Auf den Steinen lagen Kleider, zuoberst ein weißes Hemd, welches, als ich es aufhob, noch ganz warm war, wie eine soeben entseelte irdische Hülle. Ich vernahm aber keinen

Laut, noch sah ich etwas von Judith, es wurde mir wirklich unheimlich zumute, da die Stille der Nacht von einer dämonischen Absicht ganz getränkt erschien. Ich wollte eben Judith beim Namen rufen, als ich seltsame, halb seufzende, halb singende Töne vernahm, aus denen zuletzt ein deutliches altes Lied wurde, das ich schon hundertmal gehört und jetzt doch einen zauberhaften Eindruck auf mich machte. Sein Inhalt war die Tiefe des Wassers, etwas von Liebe und sonst nichts weiter; aber zuletzt war es von einem fast sichtbaren verführerischen Lächeln durchdrungen und von einem silbernen Geräusch begleitet, wie wenn jemand im Wasser plätschert und sich dasselbe in sanften Wellen gegen die Lenden schlägt. Wie ich so hinhorchte, entdeckte ich endlich mir gegenüber eine undeutliche weiße Gestalt, welche sich im Schatten hinter dem Felsen bewegte, sich an überhängende Zweige hing und den Körper im Wasser treiben ließ oder plötzlich sich hoch aufrichtete und eine Weile gespenstisch unbeweglich hielt. Es führte ein untiefer Damm des Geschiebes* zu jener Stelle und zwar in einem ziemlich weiten Bogen, und als ich einen Augenblick mich vergessen hatte, sah ich unversehens die nackte Judith schon auf der Mitte dieses Weges angelangt und auf mich zukommen. Sie war bis unter die Brust im Wasser; sie näherte sich im Bogen und ich drehete mich magnetisch nach ihren Bewegungen. Jetzt trat sie aus dem schief über das Flüßchen fallenden Schlagschatten und erschien plötzlich im Mondlichte; zugleich erreichte sie bald das Ufer und stieg immer höher aus dem Wasser und dieses rauschte jetzt glänzend von ihren Hüften und Knien zurück. Jetzt setzte sie den triefenden weißen Fuß auf die trockenen Steine, sah mich an und ich sie; sie war nur noch drei Schritte von mir und stand einen Augenblick still; ich sah jedes Glied in dem hellen Lichte deutlich, aber wie fabelhaft vergrößert und verschönt, gleich einem überlebensgroßen alten Marmorbilde. Auf den Schultern, auf den Brüsten und auf den Hüften schimmerte das Wasser, aber noch mehr leuchteten ihre

---

* Gesteinsbrocken

149

Augen, die sie schweigend auf mich gerichtet hielt. Jetzt hob sie die Arme und bewegte sich gegen mich; aber ich, von einem heißkalten Schauer und Respekt durchrieselt, ging mit jedem Schritt, den sie vorwärts tat, wie ein Krebs einen Schritt rückwärts, aber sie nicht aus den Augen verlierend. So trat ich unter die Bäume zurück, bis ich mich in den Brombeerstauden fing und wieder stillstand. Ich war nun verborgen und im Dunkeln, während sie im Lichte mir vorschwebte und schimmerte; ich drückte meinen Kopf an einen kühlen Stamm und besah unverwandt die Erscheinung. Jetzt ward es ihr selbst unheimlich; sie stand dicht bei ihrem Gewande und begann wie der Blitz sich anzuziehen. Ich sah aber, daß sie erst jetzt in Verlegenheit geriet, und trat unwillkürlich, meine eigene Verwirrung vergessend, hervor, half ihr zitternd den Rock über der Brust zuheften und reichte ihr das große weiße Halstuch. Hierauf umschlang ich ihren Hals und küßte sie auf den Mund, gewissermaßen um keinen müßigen Augenblick aufkommen zu lassen; sie fühlte dies wohl; denn sie war nun über und über rot bis in die noch feuchte Brust hinein; sie steckte hastig ihre feinen Strümpfe in die Tasche und schlüpfte mit bloßen Füßen in die Schuhe, worauf sie mich noch einmal umschloß und heftig küßte, dann quer durch die Bäume die Halde hinaneilte und verschwand, indessen ich das Wasser entlang nach Hause ging. Ich fühlte sonderbarerweise die Schuld dieses Abenteuers allein auf mir ruhen, obgleich ich mich leidend dabei verhalten, während ich schon empfand, wie unauslöschlich der nächtliche Spuk, die glänzende Gestalt für immer meinen Sinnen eingeprägt sei und wie ein weißes Feuer in meinem Gehirne und in meinem Blute umging.

Zu diesen so ganz entgegengesetzten Aufregungen der Tage und der Nächte kamen diesen Sommer noch verschiedene Auftritte im ländlichen Familienleben, welche bei aller Einfachheit doch den gewaltigen Wechsel des Lebens und sein unaufhaltsames Vorübergehen ins Licht stellten. Der Haushalt des jungen Müllers ließ seine Heirat nicht länger aufschieben, und es wurde also eine dreitägige Hochzeit gefeiert, bei welcher die spärlichen

Überreste städtischen Gebrauches, so die Braut aus ihrem Hause mitbrachte, gar jämmerlich dem ländlichen Pomp unterliegen mußten. Die Geigen schwiegen nicht während der drei Tage; ich ging jeden Abend hin und fand Judith festlich geschmückt unter dem Gedränge der Gäste; ein und das andere Mal tanzte ich bescheiden und wie ein Fremder mit ihr, und auch sie hielt sich zurück, obgleich wir während der geräuschvollen Nächte Gelegenheit genug hatten, uns unbemerkt nahe zu sein. Aber erst dadurch empfand ich recht, welch ein zwingender Reiz in einem solchen Doppelleben und welch ein Zauber in dem Geheimnis liegt; ich war innerlich wie berauscht, und die schöne Judith sah es wohl und bewegte sich um so ruhiger und mit allen Leuten lachend, plaudernd herum, wobei es mir doch wohlgefiel, daß sie im geheimen doch auch ernster und leidenschaftlich bewegt schien. Alles war mir wie ein Märchen; die Geigen und die Gläser klangen, die Leute sangen und tanzten, überall faßte man sich bei den Händen und lachte sich an, und wenn mich soeben ein lustiges Mädchen gestellt und angeredet, und ich schweigend etwa das goldene Herzchen, das ihr vor der klopfenden Brust tanzte, in die Hand genommen und von allen Seiten beschaut, bis sie mir auf die Finger schlug, so ging ich um so nachdenklicher weiter. Dann kam die glückliche Braut, welche der Reihe nach mit aller Welt einer geheim vertraulichen Unterhaltung pflog, zog auch mich beiseite, fragte, warum ich nicht lustiger sei und versicherte mir angelegentlich, daß ich ein guter Junge und ihr sehr lieb sei. Ich ward gerührt und betroffen und mußte mich von ihr wenden, da mir die Tränen nahe waren, ohne daß ich eigentlich wußte, warum, und sie noch weniger. Noch tiefer fühlte ich mich betroffen, als ich an einem der Tage meine Mutter, welche auf ein halbes Stündchen erschienen war, fortbegleitete und plötzlich aus dem Lärm und Gedränge der Hochzeit heraus mich auf die stillen grünen Sommerpfade versetzt sah. Meine Mutter war so ruhig, zufrieden und gesprächig im Gefühle der erfüllten Pflicht und eines immer gleichen anspruchslosen Lebens, daß mein leidenschaftlich bewegtes Treiben im grellsten Lichte dagegen abstach, und ich, obgleich ich nun schon ein anderes Sittengesetz zu kennen glaubte, als das überkommene, mir den Gedanken nicht verwehren konnte, daß ich sie mit dem hintergehe, wovon sie keine Ahnung hatte.

Kaum war die Hochzeit vorüber, so erkrankte die Muhme*, welche noch nicht fünfzig Jahre alt war, und starb in Zeit von drei Wochen. Sie war eine starke und gesunde Frau, daher ihre Todeskrankheit um so gewaltsamer, und sie starb sehr ungern. Sie litt heftig und unruhig und ergab sich erst in den letzten zwei Tagen, und an dem Schrecken, der sich im Hause verbreitete, konnte man erst sehen, was sie allen gewesen. Aber wie nach dem Hinsinken eines guten Soldaten auf dem Felde der Ehre die Lücke schnell wieder ausgefüllt wird und der Kampf rüstig fortgeht, so erwies sich die Art des Lebens und des Todes dieser tapfern Frau auch auf das schönste dadurch, daß die Reihen ohne Lamentieren rasch sich schlossen, die Kinder teilten sich in Arbeit und Sorge und versparten den beschaulichen Schmerz bis auf die Tage, wo geruht und wo ihnen der Verlust ihrer Mutter erst ein schweres Wahrzeichen des Lebens werden wird. Nur der Oheim äußerte erst einige tiefere Klagen, faßte diese aber bald in das Wort »meine selige Frau« zusammen, das er nun webei jeder Gelegenheit anbrachte. An dem Leichenbegängnisse sah ich Judith unter den fremden Frauen. Sie trug ein städtisches schwarzes Kleid bis unter das Kinn zugeknöpft, sah demütig auf den Boden und ging doch hoch und stolz einher.

Wenige Wochen später erschien der junge philosophische Schullehrer im Hause und bewarb sich unversehens um die jüngste Tochter. Die Jungen wußten zwar schon längst, daß die beiden sich leidenschaftlich verbunden; allein dem Vater kam es ganz unerwartet und man sah nun an seinem Erstaunen und an seinem Unwillen, den er wenig verhehlte, welch ein unwillkommener Gast er bei allem Scherz für eine engere Verbindung war. Der Oheim wies ihn ab oder wenigstens auf

* Tante

152

die Zukunft, wegen des kürzlichen Todes seiner Frau und weil er auch deswegen jetzt keine Tochter mehr entbehren könne, am wenigsten die jüngste. Doch der Philosoph gab sich nicht zufrieden, sondern wandte ein, daß er, zum Oberlehrer vorgerückt, nun einen eigenen Haushalt zu führen und eine Frau zu haben wünsche, überhaupt er kein Hindernis sehe, zu heiraten, da er und das Mädchen einverstanden seien. Hierauf setzte er eine lange Denkschrift auf, in welcher er durch philosophische und rechtliche Gründe seine Sache verteidigte, mit großer Logik vom naturrechtlichen Standpunkt aus in die verwickelteren Verhältnisse unseres Land- und Familienrechtes überging und alle Konsequenzen in Aussicht stellte, welche er zu benutzen oder hervorzurufen wissen werde. Alles war in den kunstreichsten und ernsthaftesten Phrasen abgefaßt, und er erschien mit der Schrift und las dieselbe nach verlangter Erlaubnis mit seinem Silberstimmchen vor. Der Vater und die Söhne, welche letztere durch sein rücksichtsloses Benehmen nun auch gegen ihn eingenommen waren, glaubten nun ihre Sache gewonnen und entschieden, da sie, besonders wenn sie das immer noch zierliche Miniaturgesichtchen des Philosophen ansahen, einer so spaßhaften Wendung unmöglich eine ernste Folge zuschreiben mochten. Aber sie täuschten sich sehr. Sie warfen ihn zwar aus dem Hause, wobei sie auf das Schwesterchen keine große Rücksicht nahmen, allein der seltsame Werber verklagte sie sogleich und begann einen Prozeß um sein Recht, den er mit solcher Konsequenz und Energie durchführte, daß der Oheim entrüstet und aufgeregt schon auf halbem Wege erklärte, das Kind könne laufen, wohin es wolle. Noch glaubte man, das junge Mädchen, das man immer noch als Kind anzusehen gewohnt war, würde jetzt wenigstens noch eine Zeit bleiben, bis es im Frieden gehen könne, und man konnte seinen Abfall von der Familie nicht begreifen und schrieb denselben einem störrischen und mangelhaften Herzen zu; aber es kümmerte sich nicht darum, sah nicht Vater, noch Schwestern und Brüder und kaum das Grab seiner Mutter an und zog ohne Aussteuer, ohne Sang und Klang mit dem Philosophen aus dem Dorfe. Mit Verwunderung sah ich, wie Logik und Leidenschaft im Bunde in noch so jungen Köpfchen wohl so viel Bewegung verursachen können, als Erfahrung und gereifter Wille der Alten. Denn das Philosöphchen hatte sich vorgenommen, streng nach seiner Vernunft und seinem Naturrechte zu handeln und auch seine Handlungen ganz in diesem Sinne durchgeführt, so daß er sich unter der ganzen Lehrerschaft ein großes Ansehen erwarb, als ein Besieger des Vorurteils, während das Mädchen durch seine unerwartete und rücksichtslose Leidenschaft, für die es auf der ganzen Welt keine Richtschnur mehr gab, als der Wille des Geliebten, weiterum ein wunderliches Aufsehen erregte.

So war in kurzer Zeit die Gestalt des oheimlichen Hauses verändert und durch die verschiedenen Vorgänge alles älter und ernster geworden. Von der traurigen Schaubühne ihres Krankenbettes sah die arme Anna alle diese Veränderungen, aber schon mehr als äußerlich getrennt von den Ereignissen. Sie hatte eine geraume Zeit im gleichen Zustande verharrt und alle hofften, daß sie am Ende wieder aufleben würde. Aber da man es am wenigsten dachte, erschien eines Morgens im Herbste der Schulmeister schwarz gekleidet bei dem Oheim, welcher selbst noch schwarz ging, und verkündete ihren Tod.

In einem Augenblicke war nicht nur das Haus von Klagen erfüllt, sondern auch die benachbarte Mühle, und die Vorübergehenden verbreiteten das Leid im ganzen Dorfe. Seit bald einem Jahre war der Gedanke an Annas Tod großgezogen worden, und die Leute schienen sich ein rechtes Fest der Klage und des Bedaurens aufgespart zu haben; denn für eine allgemeine Totentrauer war dieser anmutige, schuldlose und geehrte Gegenstand geeigneter, als die eigenen Verluste.

Ich hielt mich ganz still im Hintergrunde; denn wenn ich auch bei freudigen Anlässen laut wurde und unwillkürlich eine anmaßende Rolle spielte, so wußte ich dagegen, wo es traurig herging, mich gar nicht vorzudrängen und geriet immer in die Verlegenheit, für teilnahmlos und verhärtet angesehen zu werden, und dies um so mehr, als mir von jeher nur die aus Schuld oder Unrecht entstandenen Mißstimmungen, die innere Berührung der Menschen, nie aber das unmittelbare Unglück oder der Tod Tränen zu entlocken vermochten.

Jetzt aber war ich erstaunt über den frühen Tod und noch mehr darüber, daß dies arme tote Mädchen meine Geliebte war. Ich versank in tiefes Nachdenken darüber, ohne Schrecken oder heftigen Schmerz zu empfinden, obgleich ich das Ereignis mit meinen Gedanken nach allen Seiten durchfühlte. Nicht einmal die Erinnerung an Judith verursachte mir Unruhe. Nachdem der Schulmeister einige Anordnungen getroffen, wurde ich endlich aus meiner Verborgenheit hervorgezogen, indem er mich aufforderte, nunmehr mit ihm zurückzugehen und einige Zeit bei ihm zu wohnen. Wir machten uns auf den Weg, indessen die übrigen Verwandten, besonders die noch im Hause lebende Tochter und die junge Müllerin, versprachen, sogleich nachzukommen.

Auf dem Wege faßte der Schulmeister sein Leid zusammen und gab ihm durch die nochmalige Schilderung der letzten Nacht und des Sterbens, das gegen Morgen eintraf, Worte. Ich hörte alles aufmerksam und schweigend an; die Nacht war beängstigend und leidenvoll gewesen, der Tod selbst aber fast unmerklich und sanft.

Meine Mutter und die alte Katherine hatten die Leiche schon geschmückt und in Annas Kämmerchen gelegt. Da lag sie, nach des Schulmeisters Willen, auf dem schönen Blumenteppich, den sie einst für ihren Vater gestickt und man jetzt über ihr schmales Bettchen gebreitet hatte; denn nach solchem Dienste gedachte der gute Mann diese Decke immer zunächst um sich zu haben, solange er noch lebte. Über ihr an der Wand hatte Katherine, deren Haar nun schon ganz ergraut war und die aufs heftigste und zärtlichste lamentierte, das Bild hingehängt, das ich einst von Anna gemacht, und gegenüber sah man immer noch die Landschaft mit der Heidenstube, welche ich vor Jahren auf die weiße Mauer gemalt. Die beiden Flügeltüren von Annas Schrank standen geöffnet und ihr unschuldiges Eigentum trat zutage und verlieh der stillen Totenkammer einen wohltuenden Schein von Leben. Auch gesellte sich der Schulmeister zu den beiden Frauen, die vor dem Schranke sich aufhielten, und half ihnen, die zierlichsten und erinnerungsreichsten Sächelchen, deren die Selige von früher Kindheit an gesammelt, hervorziehen und beschauen. Dies gewährte ihm eine lindernde Zerstreuung, welche ihn doch nicht von dem Gegenstande seines Schmerzes abzog. Manches holte er sogar aus seinem eigenen Verwahrsam herbei, wie z. B. ein Bündelchen Briefe, welche das Kind aus Welschland* an ihn geschrieben; diese legte er, nebst den Antworten, die er nun im Schranke vorfand, auf Annas kleinen Tisch, und ebenso noch andere Sachen, ihre Lieblingsbücher, angefangene und vollendete Arbeiten, einige Kleinode, jene silberne Brautkrone. Einiges wurde sogar ihr zur Seite auf den Teppich gelegt, so daß hier unbewußt und gegen den sonstigen Gebrauch von diesen einfachen Leuten eine Sitte alter Völker geübt wurde. Dabei sprachen sie immer so miteinander, als ob die Tote es noch hören könnte und keines mochte sich gern aus der Kammer entfernen.

Indessen verweilte ich ruhig bei der Leiche und beschauete sie mit unverwandten Blicken; aber ich ward durch das unmittelbare Anschauen des Todes nicht klüger aus dem Geheimnis desselben, oder vielmehr nicht aufgeregter, als vorhin. Anna lag da, nicht viel anders, als ich sie zuletzt gesehen, nur daß die Augen geschlossen waren und das blütenweiße Gesicht auf den Wangen wunderbarerweise mit einem leisen rosigen Hauche überflogen, wie vom Widerschein eines fernen, fernen Morgen- oder Abendrotes. Ihr Haar glänzte frisch und golden, und ihre weißen Händchen lagen gefaltet auf dem weißen Kleide mit einer weißen Rose. Ich sah alles wohl und empfand beinahe eine Art glücklichen Stolzes, in einer so traurigen Lage zu sein und eine so poetisch schöne tote Jugendgeliebte vor mir zu sehen. Erst als mir die alte Katherine jene Stickerei in die Hände gab, welche Anna zu einer Mappe für mich bestimmt und mühsam vollendet

* Französische Schweiz

hatte, mit dem Bericht, daß die Leidende während der verwiche-
nen Nacht plötzlich einmal gesagt, man solle nicht vergessen,
mir das Geschenk zu übergeben, sobald ich wiederkomme, erst
jetzt fiel es mir ein, daß wir unsterblich sind und fühlte mich
durch ein unauflösliches Band mit Anna verbunden.

Auch meine Mutter und der Schulmeister schienen stillschweigend mir ein nahes Recht auf die Verstorbene zuzuge-
stehen, als man verabredete, daß fortwährend jemand bei der
Toten weilen und ich die erste Wache halten sollte, damit die
übrigen sich in ihrer Erschöpfung einstweilen zurückziehen
und etwas erholen konnten. Ohne jene Voraussetzung hätten
sie mir eine solche zugleich zarte und ernste Zumutung wohl
nicht gestellt.

Ich blieb aber nicht lange allein mit der Anna, da bald die
Basen aus dem Dorfe kamen und nach ihnen viele andere Mädchen und Frauen, denen ein so rührendes Ereignis und eine so
berühmte Leiche wichtig genug waren, die drängendste Arbeit
liegen zu lassen und dem ehrfurchtsvollen Dienste des Men-
schengeschickes, des Todes, nachzugehen. Die Kammer füllte
sich mit Frauensleuten, welche erst einer feierlich flüsternden
Unterhaltung pflogen, dann aber in ein ziemliches Geplauder
gerieten. Sie standen dichtgedrängt um die stille Anna herum,
die jungen mit ehrbar aufeinandergelegten Händen, die ältern
mit untergeschlagenen Armen. Die Kammertür stand geöffnet
für die Ab- und Zugehenden und ich nahm die Gelegenheit
wahr, mich hinauszumachen und im Freien umherzuschlendern,
wo die nach dem Dorfe führenden Wege ungewöhnlich belebt
waren.

Erst nach Mitternacht traf mich die Reihe wieder, die Toten-
wache zu versehen, welche wir seltsamerweise nun einmal eingerichtet. Ich blieb nun bis zum Morgen in der Kammer; aber so
schnell mir die Stunden vorübergingen, wie ein Augenblick, so
wenig wüßte ich eigentlich zu sagen, was ich gedacht und empfunden. Es war so still, daß ich durch die Stille hindurch glaubte
das Rauschen der Ewigkeit zu hören; das tote weiße Mädchen

lag unbeweglich fort und fort, die farbigen Blumen des Teppichs aber schienen zu wachsen in dem schwachen Lichte. Nun ging der Morgenstern auf und spiegelte sich im See; ich löschte die Lampe ihm zu Ehren, damit er allein Annas Totenlicht sei, saß nun im Dunkeln in meiner Ecke und sah nach und nach die Kammer sich erhellen. Mit dem Morgengrauen, welches in das reinste goldene Morgenrot überging, schien es zu leben und zu weben um die stille Gestalt, bis sie deutlich und reglos im goldenen Tage dalag. Ich hatte mich erhoben und vor das Bett gestellt und indem ihre Gesichtszüge klar wurden, nannte ich ihren Namen, aber nur hauchend und tonlos; es blieb totenstill und als ich zugleich zaghaft ihre Hand berührte, zog ich die meinige entsetzt zurück, als ob ich an glühendes Eisen gekommen wäre; denn die Hand war kalt, wie ein Häuflein kühler Ton.

Wie dies abstoßende kalte Gefühl meinen ganzen Körper durchrieselte, ließ es mir nun auch plötzlich das Gesicht der Leiche so seelenlos und abwesend erscheinen, daß mir beinahe der erschreckte Ausruf entfuhr: »Was hab' ich mit dir zu schaffen?« als aus dem Saale her die Orgel in milden und doch kräftigen Tönen erklang, welche nur manchmal in leidvollem Zittern schwankten, dann aber wieder zu harmonischer Kraft sich ermannten. Es war der Schulmeister, welcher in dieser Morgenfrühe seinen Schmerz und seine Klage durch die Melodie eines alten Liedes zum Lob der Unsterblichkeit zu lindern suchte. Ich lauschte der Melodie, sie bezwang meinen körperlichen Schrekken, ihre geheimnisvollen Töne öffneten die unsterbliche Geisterwelt, und reuevoll gelobte ich Anna ewige Treue.

Ich fühlte mich stolz und glücklich durch diesen Entschluß; aber zugleich wurde mir nun der Aufenthalt in der Totenkammer zuwider und ich war froh, mit dem Gedanken der Unsterblichkeit hinauszukommen ins lebendige Grüne. Es erschien an diesem Tage ein Schreinergesell aus dem Dorfe, um hier den Sarg zu machen. Der Schulmeister hatte vor Jahren schon eigenhändig ein schlankes Tännlein gefällt und zu seinem Sarge bestimmt. Dasselbe lag in Bretter gesägt hinter dem Hause, durch das Vordach geschützt, und hatte immer zu einer Ruhebank gedient, auf welcher der Schulmeister zu lesen und seine Tochter als Kind zu spielen pflegte. Es zeigte sich nun, daß die obere schlankere Hälfte des Baumes den schmalen Totenschrein Annas abgeben könne, ohne den zukünftigen Sarg des Vaters zu beeinträchtigen; die wohlgetrockneten Bretter wurden abgehoben und eines nach dem anderen entzweigesägt. Der Schulmeister vermochte aber nicht lange dabeizusein, und selbst die Frauen im Hause klagten über den Ton der Säge. Der Schreiner und ich trugen daher die Bretter und das Werkzeug in den leichten Nachen und fuhren an eine entlegene Stelle des Ufers, wo das Flüßchen aus dem Gehölze hervortritt und in den See mündet. Junge Buchen bilden dort am Wasser eine lichte Vorhalle, und indem der Schreiner einige der Bretter mittelst Schraubzwingen an den Stämmchen befestigte, stellte er eine zweckmäßige Hobelbank her, über welcher die goldenen Laubkronen der Buchen sich wölbten. Zuerst mußte der Boden des Sarges zusammengefügt und geleimt werden. Ich machte aus den ersten Hobelspänen und aus Reisig ein Feuer und setzte die Leimpfanne darauf, in welche ich mit der Hand aus dem Bache Wasser träufelte, indessen der Schreiner rüstig darauf los sägte und hobelte. Während die gerollten Späne sich mit dem fallenden Laube vermischten und die Bretter weiß wurden, machte ich die nähere Bekanntschaft des jungen Gesellen. Es war ein Norddeutscher von der fernsten Ostsee, groß und schlank gewachsen, mit kühnen und schön geschnittenen Gesichtszügen, hellblauen aber feurigen Augen und mit starkem goldenem Haar, welches man immer über die freie Stirn zurückgestrichen und hinten in einen Schopf gebunden zu sehen glaubte, so urgermanisch sah er aus. Seine Bewegungen bei der Arbeit waren elegant und dabei hatte sein Wesen doch etwas Kindliches. Wir wurden bald vertraut und er erzählte mir von seiner Heimat, von den alten Städten im Norden, vom Meere und von der mächtigen Hansa. Wohlunterrichtet, erzählte er mir von der Vergangenheit, den Sitten und Gebräuchen jener Seeküsten; ich sah den langen und hartnäk

kigen Kampf der Städte mit den Seeräubern, den Vitalienbrü-
dern*, und wie Klaus Stürzenbecher** mit vielen Gesellen von
den Hamburgern geköpft wurde; dann sah ich wieder, wie am
ersten Mai aus den Toren von Stralsund der jüngste Ratsherr
mit einem glänzenden Jugendgefolge im Waffenschmuck zog
und in den prächtigen Buchenwäldern zum Maigrafen gekrönt
wurde mit einer grünen Laubkrone, und wie er abends mit einer
schönen Maigräfin tanzte. Auch beschrieb er die Wohnungen
und Trachten nordischer Bauern, von den Hinterpommern bis
zu den tüchtigen Friesen, bei welchen noch Spuren männlichen
Freiheitssinnes zu finden; ich sah ihre Hochzeiten und Leichenbegängnisse, bis der Geselle endlich auch von der Freiheit
deutscher Nation redete, und wie bald die stattliche Republik
eingeführt werden müßte. Ich schnitzte unterdessen nach seiner
Anleitung eine Anzahl hölzerner Nägel, er aber führte schon
mit dem Doppelhobel die letzten Stöße über die Bretter, feine
Späne lösten sich gleich zarten glänzenden Seidenbändern und
mit einem hell singenden Tone, welcher unter den Bäumen ein
seltsames Lied war. Die Herbstsonne schien warm und lieblich
drein, glänzte frei auf dem Wasser und verlor sich im blauen
Duft der Waldnacht, an deren Eingang wir uns angesiedelt. Jetzt
baueten wir die glatten weißen Bretter zusammen, die Hammer-
schläge hallten wieder durch den Wald, daß die Vögel überrascht
aufflogen und die Schwalben erschreckt über den Seespiegel
streiften, und bald stand der fertige Sarg in seiner Einfachheit
vor uns, schlank und ebenmäßig, der Deckel schön gewölbt.
Der Schreiner hobelte mit wenigen Zügen eine schmale zierliche
Hohlkehle um die Kanten, und ich sah verwundert, wie die zarten Linien sich spielend dem weichen Holze eindrückten; dann
zog er zwei schöne Stücke Bimsstein hervor und rieb sie aneinander, indem er sie über den Sarg hielt und das weiße Pulver über
denselben verbreitete; ich mußte lachen, als er die Stücke gerade

*   nordische Seefahrer und Piraten
**   der Pirat Klaus Störtebeker

so gewandt und anmutig handhabte und abklopfte, wie ich bei meiner Mutter gesehen, wenn sie zwei Zuckerschollen über einem Kuchen rieb. Als er aber den Sarg vollends mit dem Steine abschliff, wurde derselbe so weiß, wie Schnee, und kaum der leiseste rötliche Hauch des Tannenholzes schimmerte noch durch, wie bei einer Apfelblüte. Er sah so weit schöner und edler aus, als wenn er gemalt, vergoldet oder gar mit Erz beschlagen gewesen wäre. Am Haupte hatte der Schreiner der Sitte gemäß eine Öffnung mit einem Schieber angebracht, durch welche man das Gesicht sehen konnte, bis der Sarg versenkt wurde; es galt nun noch eine Glasscheibe einzusetzen, welche man vergessen, und ich fuhr nach dem Hause, um eine solche zu holen. Ich wußte schon, daß auf einem Schranke ein alter kleiner Rahmen lag, aus welchem das Bild lange verschwunden. Ich nahm das vergessene Glas, legte es vorsichtig in den Nachen und fuhr zurück. Der Geselle streifte ein wenig im Gehölze umher und suchte Haselnüsse; ich probierte indessen die Scheibe, und als ich fand, daß sie genau in die Öffnung paßte, tauchte ich sie, da sie ganz bestaubt und verdunkelt war, in den klaren Bach und wusch sie sorgfältig, ohne sie an den Steinen zu zerbrechen. Dann hob ich sie empor und ließ das lautere Wasser ablaufen, und indem ich das glänzende Glas hoch gegen die Sonne hielt und durch dasselbe schaute, erblickte ich das lieblichste Wunder, das ich je gesehen. Ich sah nämlich drei reizende, musizierende Engelknaben; der mittlere hielt ein Notenblatt und sang, die beiden anderen spielten auf altertümlichen Geigen, und alle schaueten freudig und andachtsvoll nach oben; aber die Erscheinung war so luftig und zart durchsichtig, daß ich nicht wußte, ob sie auf den Sonnenstrahlen, im Glase, oder nur in meiner Phantasie schwebte. Wenn ich die Scheibe bewegte, so verschwanden die Engel auf Augenblicke, bis ich sie plötzlich mit einer anderen Wendung wieder entdeckte. Ich habe seither erfahren, daß Kupferstiche oder Zeichnungen, welche lange, lange Jahre hinter einem Glase ungestört liegen, während der dunklen Nächte dieser Jahre sich dem Glase mitteilen und gleichsam ihr dauerndes Spiegelbild in demselben zurücklassen. Ich ahnte jetzt auch etwas dergleichen, als ich die fromme Schraffierung altdeutscher Kupferstecherei und in dem Bilde die Art Van Eyckscher Engel entdeckte. Eine Schrift war nicht zu sehen und also das Blatt vielleicht ein seltener Probedruck gewesen, der in diese Täler auf ebenso wunderbare Weise gekommen, als er wieder verschwunden war. Jetzt aber war mir die kostbare Scheibe die schönste Gabe, welche ich in den Sarg legen konnte, und ich befestigte sie selbst an dem Deckel, ohne jemandem etwas von dem Geheimnis zu sagen. Der Deutsche kam wieder herbei; wir suchten die feinsten Hobelspäne, unter welche sich manches gefallene Laub mischte, zusammen, und breiteten sie zum letzten Bett in den Sarg; dann schlossen wir ihn zu, trugen ihn in den Kahn und schifften mit dem weithin scheinenden weißen Gerät über den glänzenden stillen See, und die Frauen mit dem Schulmeister brachen in lautes Weinen aus, als sie uns heranfahren und landen sahen.

Am folgenden Tage wurde die Ärmste in den Sarg gelegt, von allen Blumen umgeben, welche in Haus und Garten augenblicklich blüheten; aber auf die Wölbung des Sarges wurde ein schwerer Kranz von Myrtenzweigen und weißen Rosen gelegt, welchen die Jungfrauen aus der Kirchgemeinde brachten, und außerdem noch so viele einzelne Sträuße weißer duftender Blüten aller Art, daß die ganze Oberfläche davon bedeckt wurde und nur die Glasscheibe frei blieb, durch welche man das weiße zarte Gesicht der Leiche sah.

Das Begräbnis sollte vom Hause des Oheims aus stattfinden, und zu diesem Ende hin mußte Anna erst über den Berg getragen werden. Es erschienen daher eine Anzahl Jünglinge aus dem Dorfe, welche die Bahre abwechselnd auf ihre Schultern nahmen, und unser kleines Gefolge der nächsten Angehörigen begleitete den Zug. Auf der sonnigen Höhe des Berges wurde ein kurzer Halt gemacht und die Bahre auf die Erde gesetzt. Es war so schön hier oben! Der Blick schweifte über die umliegenden Täler bis in die blauen Berge, das Land lag in glänzender

Farbenpracht rings um uns. Die vier kräftigen Jünglinge, welche die Bahre zuletzt getragen, saßen ruhend auf den Tragewangen derselben, die Häupter auf ihre Hände gestützt, und schaueten schweigend in alle vier Weltgegenden hinaus. Hoch am blauen Himmel zogen leuchtende weiße Wolken und schienen über dem Blumensarge einen Augenblick stillzustehen und neugierig durch das Fensterchen zu gucken, welches fast schalkhaft zwischen den Myrten und Rosen hervorfunkelte im Widerscheine der Wolken. Wir saßen, wie es sich traf, umher und selbst mich rührte jetzt eine große Traurigkeit, so daß mir einige Tränen entfielen, als ich bedachte, daß Anna nun zum letzten Mal und tot über diesen schönen Berg gehe.

Als wir ins Dorf hinuntergestiegen, läutete die Totenglocke zum ersten Mal; Kinder begleiteten uns in Scharen bis zum Hause, wo man den Sarg unter die Nußbäume vor die Tür hinstellte. Wehmütig gewährten die Verwandten der Toten das Gastrecht bei dieser letzten Einkehr; es waren nun kaum anderthalb Jahre vergangen, seit jener fröhliche Festzug der Hirten sich unter diesen selben Bäumen bewegte und mit bewundernder Lust Annas damalige Erscheinung begrüßte. Bald war der Platz voll Menschen, welche sich herandrängten, um der Seligen zum letzten Mal ins Angesicht zu schauen.

Nun ging der Leichenzug vor sich, welcher außerordentlich groß war; der Schulmeister, welcher dicht hinter dem Sarge ging, schluchzte fortwährend wie ein Kind. Ich bereute jetzt, keinen schwarzen ehrbaren Anzug zu besitzen, denn ich ging unter meinen schwarz gekleideten Vettern in meinem grünen Habit, wie ein fremder Heide. Die Kirche war ganz mit Leuten angefüllt, obgleich es im Felde viel zu tun gab. Nachdem die Gemeinde den gewohnten Gottesdienst beendigt und mit einem Choral beschlossen, scharte man sich draußen um das Grab, wo die ganze Jugend, außergewöhnlicherweise, einige sorgfältig eingeübte Figuralgesänge* mit heller und reiner Stimme sang.

* mehrstimmige Choräle

Ich hatte mich dicht an den Rand des Grabes gestellt, während die übrigen Verwandten mit dem leidvollen Vater in der Kirche blieben. Jetzt ward der Sarg hinabgelassen; der Totengräber reichte den Kranz und die Blumen herauf, daß man sie aufbewahre, und der arme Sarg stand nun blank in der feuchten Tiefe. Der Gesang dauerte fort, aber alle Frauen schluchzten. Der letzte Sonnenstrahl leuchtete nun durch die Glasscheibe in das bleiche Gesicht, das darunter lag; das Gefühl, das ich jetzt empfand, war so seltsam, daß ich es nicht anders, als mit dem fremden hochtrabenden und kalten Worte »objektiv« benennen kann, welches die deutsche Ästhetik erfunden hat. Ich glaube, die Glasscheibe tat es mir an, daß ich das Gut, was sie verschloß, gleich einem in Glas und Rahmen gefaßten Teil meiner Erfahrung, meines Lebens, in gehobener und feierlicher Stimmung, aber in vollkommener Ruhe begraben sah; noch heute weiß ich nicht, war es Stärke oder Schwäche, daß ich dies tragische und feierliche Ereignis viel eher genoß, als erduldete und mich beinahe des nun ernst werdenden Wechsels des Lebens freute.

Der Schieber wurde zugetan, der Totengräber und sein Gehülfe stiegen herauf und bald war der braune Hügel aufgebaut.

Judith ließ sich nicht sehen am Grabe; in einem demütigen und entsagenden Gefühle der Fremdheit hielt sie sich in ihrem Hause verschlossen.

Am anderen Tage, als der Schulmeister zu erkennen gab, daß er nun seinen Schmerz in der Einsamkeit allein mit seinem Gott überwinden wolle, schickte ich mich an, mit der Mutter nach der Stadt zurückzukehren. Vorher ging ich zur Judith und fand sie beschäftigt, ihre Bäume zu mustern, da die Zeit wieder gekommen war, wo man das Obst einsammelte. Der Herbstnebel traf gerade heute zum ersten Mal ein und verschleierte schon den Baumgarten mit seinem silbernen Gewebe. Judith war ernst und etwas verlegen, als sie mich sah, da sie nicht recht wußte, wie sie sich zu dem traurigen Erlebnis stellen sollte, während sie doch schon die Zeit vor sich sah, wo ich mich wenigstens so lange ihr ohne Rückhalt hingeben konnte, bis das Leben mich weiterführte.

Ich sagte aber ernsthaft, ich wäre gekommen, um Abschied von ihr zu nehmen, und zwar für immer; denn ich könnte sie nun nie wieder sehen. Sie erschrak und rief lächelnd, das werde nicht so unwiderruflich feststehen; sie war bei diesem Lächeln so erbleicht und doch so freundlich, daß dieser Zauber mich beinahe umkehrte, wie man einen Handschuh umkehrt. Doch ich bezwang mich und fuhr fort: daß es ferner nicht so gehen könne, daß ich Anna von Kindheit auf gern gehabt, daß sie mich bis zu ihrem Tode wahrhaft geliebt und meiner Treue versichert gewesen sei. Treue und Glauben müßten aber in der Welt sein, an etwas Sicheres müßte man sich halten, und ich betrachte es nicht nur für meine Pflicht, sondern auch als ein schönes Glück, in dem Andenken der Verstorbenen, im Hinblick auf unsere gemeinsame Unsterblichkeit, einen so klaren und lieblichen Stern für das ganze Leben zu haben, nach dem sich alle meine Handlungen richten könnten.

Als Judith diese Worte hörte, erschrak sie noch mehr und wurde zugleich schmerzlich berührt. Es waren wieder von den Worten, von denen sie behauptete, daß niemals jemand zu ihr welche gesagt habe. Heftig ging sie unter den Bäumen umher und sagte dann: »Ich habe geglaubt, daß du mich wenigstens auch etwas liebtest!«

»Gerade deswegen«, erwiderte ich, »weil ich wohl fühle, daß ich heftig an dir hange, muß ein Ende gemacht werden!«

»Nein, gerade deswegen mußt du erst anfangen, mich recht und ganz zu lieben!«

»Das wäre eine schöne Wirtschaft!« rief ich, »was soll dann aus Anna werden?«

»Anna ist tot!«

»Nein! Sie ist nicht tot, ich werde sie wiedersehen und ich kann doch nicht einen ganzen Harem von Frauen für die Ewigkeit ansammeln!«

Bitter lachend stand Judith vor mir still und sagte:

»Das wäre allerdings komisch! Aber wissen wir denn, ob es eigentlich eine Ewigkeit gibt?«

»So oder so«, erwiderte ich, »gibt es *eine*, und wenn es nur diejenige des Gedankens und der Wahrheit wäre! Ja, wenn das tote Mädchen für immer in das Nichts hingeschwunden und sich gänzlich aufgelöst hätte, bis auf den Namen, so wäre dies erst ein rechter Grund, der armen Abwesenden Treue und Glauben zu halten! Ich habe es gelobt und nichts soll mich in meinem Vorsatz wankend machen!«

»Nichts!« rief Judith, »o du närrischer Gesell! Willst du in ein Kloster gehen? Du siehst mir darnach aus! Aber wir wollen über diese heikle Sache nicht ferner streiten; ich habe nicht gewünscht, daß du nach der traurigen Begebenheit sogleich zu mir kommest und habe dich nicht erwartet. Geh nach der Stadt und halte dich ein halbes Jahr still und ruhig, und dann wirst du schon sehen, was sich ferner begeben wird!«

»Ich seh es jetzt schon«, erwiderte ich, »du wirst mich nie wieder sehen und sprechen, dies schwöre ich hiermit bei Gott und allem, was heilig ist, bei dem besseren Teil meiner selbst und –«

»Halt inne!« rief Judith ängstlich und legte mir die Hand auf den Mund; »du würdest es sicher noch einmal bereuen, dir selbst eine so grausame Schlinge gelegt zu haben! Welche Teufelei steckt in den Köpfen dieser Menschen! Und dazu behaupten sie und machen sich selber weis, daß sie nach ihrem Herzen handeln. Fühlst du denn gar nicht, daß ein Herz seine wahre Ehre nur darin finden kann, zu lieben, wo es geliebt wird, wenn es dies kann? Du kannst es und tust es heimlich doch, und somit wäre alles in der Ordnung! Sobald du mich nicht mehr leiden magst, sobald die Jahre uns sonst auseinander führen, sollst du mich ganz und für immer verlassen und vergessen, ich will dies über mich nehmen; aber nur jetzt verlaß mich und zwinge dich nicht, mich zu verlassen, dies allein tut mir weh, und es würde mich wahrhaft unglücklich machen, allein um unserer Dummheit willen nicht einmal ein oder zwei Jahre noch glücklich sein zu dürfen!«

»Diese zwei Jahre«, sagte ich, »müssen und werden auch so vorübergehen, und gerade dann werden wir beide glücklicher sein, wenn wir jetzt scheiden; es ist nun gerade noch die höchste Zeit, es ohne spätere Reue zu tun und das Bisherige gutzumachen. Und wenn ich dir es deutsch heraussagen soll, so wisse, daß ich mir auch dein Andenken, was immer ein Andenken der Verirrung für mich sein wird, doch noch so rein und schön als möglich retten und erhalten möchte, und das kann nur noch durch ein rasches Scheiden in diesem Augenblicke geschehen. Du sagst und beklagst es, daß du nie teilgehabt an der edleren und höheren Hälfte der Liebe! Welche bessere Gelegenheit kannst du ergreifen, als wenn du aus Liebe zu mir mir freiwillig erleichterst, deiner mit Achtung und Liebe zu gedenken und zugleich der Verstorbenen treu zu sein? Wirst du dich dadurch nicht an jener tieferen Art der Liebe beteiligen?«

»O alles Luft und Schall!« rief Judith, »ich habe nichts gesagt, ich will nichts gesagt haben! Ich will nicht deine Achtung, ich will dich selbst haben, solange ich kann!«

Sie suchte meine beiden Hände zu fassen, ergriff dieselben, und während ich sie ihr vergeblich zu entziehen mich bemühte, indes sie mir ganz flehentlich in die Augen sah, fuhr sie mit leidenschaftlichem Tone fort:

»O liebster Heinrich! Geh nach der Stadt, aber versprich mir, dich nicht selbst zu binden und zu zwingen durch solche schreckliche Schwüre und Gelübde! Laß dich –«

Ich wollte sie unterbrechen, aber sie verhinderte mich am Reden und überflügelte mich:

»Laß es gehen, wie es will, sag' ich dir! Auch an mich darfst du dich nicht binden, du sollst frei sein, wie der Wind! Gefällt es dir –«

Aber ich ließ Judith nicht ausreden, sondern riß mich los und rief:

»Nie werd' ich dich wiedersehen, so gewiß ich ehrlich zu bleiben hoffe! Judith! leb wohl!«

Ich eilte davon, sah mich aber noch einmal um, wie von einer starken Gewalt gezwungen, und sah sie in ihrer Rede unterbrochen dastehen, die Hände noch ausgestreckt von dem Losreißen der meinigen, und überrascht, kummervoll und beleidigt zugleich mir nachschauend, ohne ein Wort hervorzubringen, bis mir der von der Sonne durchwirkte Nebel ihr Bild verschleierte.

Eine Stunde später saß ich mit meiner Mutter auf einem Gefährt, und einer der Söhne meines Oheims führte uns nach der Stadt. Ich blieb den ganzen Winter allein und ohne allen Umgang; meine Mappe und mein Handwerkszeug mochte ich kaum ansehen, da es mich immer an den unglücklichen Römer* erinnerte und ich mir kaum ein Recht zu haben schien, das, was er mich gelehrt, fortzubilden und anzuwenden. Manchmal machte ich den Versuch, eine neue und eigene Art zu erfinden, wobei sich aber sogleich herausstellte, daß ich selbst das Urteil und die Mittel, die ich dazu verwandte, nur Römern verdankte. Dagegen las ich fort und fort, vom Morgen bis zum Abend und tief in die Nacht hinein. Ich las immer deutsche Bücher und auf die seltsamste Weise. Jeden Abend nahm ich mir vor, den nächsten Morgen, und jeden Morgen, den nächsten Mittag die Bücher beiseite zu werfen und an meine Arbeit zu gehen; selbst von Stunde zu Stunde setzte ich den Termin; aber die Stunden stahlen sich fort, indem ich die Buchseiten umschlug, ich vergaß sie buchstäblich; die Tage, Wochen und Monate vergingen so sachte und heimtückisch, als ob sie, leise sich drängend, sich selbst entwendeten und zu meiner fortwährenden Beunruhigung lachend verschwänden. Sonst, wenn ich die Bücher alter und fremder Völker las, füllten mich dieselben stets mit frischer Lust zur Arbeit, und selbst die neueren französischen oder italienischen Sachen waren, selbst wenn ihr Gehalt nicht vom erlauchtesten Geiste, doch von solcher Gestaltungslust getränkt, daß ich sie oft fröhlich wegwarf und auf eigenes Tun sann. Durch die deutschen Bücher hingegen wurde ich tief und tiefer in einen schmerzlichen Genuß unrechtmäßiger Ruhe und Beschaulich-

* Name von Heinrichs Mallehrer

keit hineingezogen, aus welchem mich der immer wache Vorwurf doch nicht reißen konnte. Ja, ich empfand trotz des bösen Gewissens sogar mehr und mehr eine Sehnsucht, selbst über den Rhein zu setzen und erst recht mitten in diese Welt zu geraten.

Jedoch brachte der Frühling eine kräftige Erlösung aus diesem unbehaglichen Zustande; ich hatte nun das achtzehnte Jahr überschritten, war militärpflichtig geworden und mußte mich am festgesetzten Tage in der Kaserne einfinden, um die kleinen Geheimnisse der Vaterlandsverteidigung zu lernen. Ich stieß auf ein summendes Gewimmel von vielen hundert jungen Leuten aus allen Ständen, welche jedoch bald von einer Handvoll grimmiger Kriegsleute zur Stille gebracht, abgeteilt und während vieler Stunden als ungefüger Rohstoff hin und her geschoben wurden, bis sie das Brauchbare zusammengestellt hatten. Als sodann die Übungen begannen und die Abteilungen zum ersten Mal unter den einzelnen seltsamen Vorgesetzten, welches vielumhergeratene Soldatennaturen waren, zusammenkamen, wurde mir, der ich nichts bedacht hatte, unter Gelächter mein langes Haar dicht am Kopfe weggeschnitten. Aber ich legte es mit dem größten Vergnügen auf den Altar des Vaterlandes und fühlte behaglich die frische Luft um meinen geschorenen Kopf wehen. Jetzt mußten wir aber auch die Hände darstrecken, ob sie gewaschen und die Nägel ordentlich beschnitten seien und nun war die Reihe an manchem biederen Handarbeiter, sich geräuschvoll belehren zu lassen. Dann gab man uns ein kleines Büchelchen, das erste einer ganzen Reihe, in welchem Pflichten und Haltung des angehenden Soldaten in wunderlichen Sätzen als Fragen und Antworten deutlich gedruckt und numeriert waren. Jeder Regel war aber eine tüchtige kurze Begründung beigefügt und wenn auch manchmal diese in den Satz der Regel, die Regel aber hintennach in die Begründung hineingeraten war, so lernten wir doch alle jedes Wort eifrig und andächtig auswendig und setzten eine Ehre darein, das Pensum ohne Stottern herzusagen. Endlich verging der Rest des ersten Tages über den Bemühungen, von neuem geradestehen und einige Schritte

gehen zu lernen, was unter dem Wechsel von Mut und Nieder-
geschlagenheit sich vollendete.

Es galt nun, sich einer eisernen Ordnung zu fügen und sich jeder Pünktlichkeit zu befleißen, und obgleich dies mich aus meiner vollkommenen Freiheit und Selbstherrlichkeit herausriß, so
empfand ich doch einen wahren Durst, mich dieser Strenge hin-
zugeben, so komisch auch ihre nächsten kleinen Zwecke waren,
und als ich einigemal nahe an der Strafe hinstreifte, und zwar nur
aus Versehen, überkam mich ein wahrhaftes Schamgefühl vor
den Kameraden, welche sich ihrerseits ganz ähnlich verhielten.

Als wir soweit waren, mit Ehren über die Straße zu mar-
schieren, zogen wir jeden Tag auf den Exerzierplatz, welcher im
Freien lag und von der Landstraße durchschnitten wurde. Eines
Tages, als ich mitten in einem Gliede von etwa fünfzehn Mann
nach dem Kommando des Instruktors, der unermüdlich rückwärts vor uns herging, schreiend und mit den Händen das Tem-
po schlagend, so schon stundenlang den weiten Platz nach allen
Richtungen durchmessen und vielfach in unseren Schwenkun-
gen die vielen anderen Abteilungen gekreuzt hatte, kamen wir
plötzlich dicht an die Landstraße zu stehen und machten dort
Halt und Front gegen dieselbe. Der Exerziermeister, welcher
hinter der Front stand, ließ uns eine Weile regungslos verharren,
um einige nicht schmeichelhafte Bemerkungen und Ausstellun-
gen an unseren Gliedmaßen anzubringen. Während er hinter unserm Rücken lärmte und fluchte, soweit es ihm Gesetz und Sitte
nur immer erlaubten, und wir so mit dem Gesichte gegen die
Straße gewendet ihm zuhörten, kam ein großer, mit sechs Pferden bespannter Wagen angefahren, wie die Auswanderer ihn
herzurichten pflegen, welche sich nach den französischen Häfen
begeben. Dieser Wagen war mit ansehnlichem Gute beladen und
schien einer oder zwei stattlichen Familien zu dienen, die nach
Amerika gingen. Zwei kräftige Männer gingen neben den Pferden, vier oder fünf Frauen saßen auf dem Wagen unter einem
bequemen Zeltdache, nebst mehreren Kindern und selbst einem
Greise. Aber diesen Leuten hatte sich Judith angeschlossen;

denn ich entdeckte sie, als ich zufällig hinsah, hoch und schön unter den Frauen, mit Reisekleidern angetan. Ich erschrak heftig und das Herz schlug mir gewaltig, während ich mich nicht regen noch rühren durfte. Judith, welche im Vorüberfahren, wie mir schien, mit finsterem Blicke auf die Soldatenreihe sah, erschaute mich mitten in derselben und streckte sogleich die Hände nach mir aus. Aber im gleichen Augenblicke kommandierte unser Tyrann »Kehrt euch!« und führte uns wie ein Besessener im Geschwindschritte ganz an das entgegengesetzte Ende des weiten Platzes. Ich lief immer mit, die Arme vorschriftsmäßig längs des Leibes angeschlossen, »die kleinen Finger an der Hosennaht, die Daumen auswärts gekehrt«, ohne mir was ansehen zu lassen, obgleich ich heftig bewegt war; denn in diesem Augenblicke war es mir, als ob sich mir das Herz in der Brust wenden wollte. Als wir endlich das Gesicht wieder der Straße zukehrten, nach den maßgebenden Zickzackgedanken im Gehirne des Führers, verschwand der Wagen eben in weiter Ferne.

Glücklicherweise ging man nun auseinander, und indem ich mich sogleich entfernte und die Einsamkeit suchte, fühlte ich, daß jetzt der erste Teil meines Lebens für mich abgeschlossen sei und ein anderer beginne.

In diesem Frühling traf es sich noch, daß ich mich zugleich in anderer Weise zum ersten Mal als Bürger geltend machen durfte, indem eine Integral-Erneuerung der gesetzgebenden Behörde und die von dieser abhängige Erneuerung der verwaltenden und richterlichen Gewalt vor sich ging und die Wahlen dazu festgesetzt waren.

Als ich mich aber, hierzu aufgefordert, in einige Vorversammlungen und endlich am ersten Maisonntage in die Kirche begab, um meine Stimme abzugeben, fand ich darin nicht jene Erhebung, auf welche ich mich schon lange gefreut, obgleich ich von den immer noch lebensfrohen Freunden meines Vaters tapfer begrüßt und aufgemuntert wurde. Ich sah, daß alle anderen jungen Leute, die zum ersten Mal hier erschienen, als Handwerker, Kaufleute oder Studierende entweder schon selbständig oder durch ihre Väter oder durch einen bestimmten, nahe gesteckten Zweck mit der öffentlichen Wohlfahrt in einem klaren und sicheren Zusammenhang standen; und wenn selbst diese Jünglinge sich höchst bescheiden und still verhielten bei der Ausübung ihres Rechtes, so mußte ich dies noch weit mehr tun und sogar von einer gewissen kühlen Schüchternheit befangen werden, da ich noch gar nicht absah, wie bald und auf welche Weise ich ein nützliches und wirksames Glied dieser Gesamtheit werden würde. Bis jetzt war durch mich noch nicht ein Bissen Brot in die Welt gekommen, und mein bisheriges Treiben hatte mich weit von dem betriebsamen Verkehr abgeführt; ich gab also ohne großen Aufwand von Gefühlen meine Erstlingsstimme in öffentlichen Dingen, mehr um einstweilen mein Recht zu wahren und dasselbe bloß andeutungsweise einmal auszuüben, ehe ich in die Weite ging, um erst etwas zu werden. Indessen betrachtete ich mit Vergnügen die versammelten Männer und ihr Behaben, und freute mich an ihnen sowohl, wie an den zahllosen Blüten, welche überall die Erde bedeckten und an dem blauen Maihimmel, welcher über alle sich ausspannte.

Mein einziges Trachten ging aber von nun an dahin, so bald als möglich über den Rhein zu gelangen, und um mir bis dahin die Stunden zu verkürzen, habe ich mir diese Schrift geschrieben.

Ende der Jugendgeschichte

Das zweite Jahr ging seinem Ende entgegen, seit Heinrich in der deutschen Hauptstadt, dem Sitze eines vielseitigen Kunst-, Gelehrten- und Volkslebens, sich aufhielt, mitten in einem Zusammenflusse von Fremden aller Gegenden in und außer Deutschland. Er hatte längst sein Sammetbarett und den beschnürten grünen Rock abgelegt und ging in schlichten Kleidern und mit einem Hute, der nur durch etwas breitere Krämpen und durch die sorglose Art, mit welcher er behandelt und getragen wurde, den Künstler bezeichnete. Aber desto tiefer hatte sich der inwendige grüne Heinrich das Barettchen in die Augen gezogen und in das närrische Röckchen eingeknöpft, und wenn unser Held in der großen Stadt rasch die Freiheit und Sicherheit der äußerlichen Bewegung unter den vielen jungen Leuten angenommen hatte, so verkündete dagegen sein selbstvergessenes und wie im Traume blitzendes Auge, daß er nicht mehr der durch Einsamkeit frühreife und unbefangene Beobachter seiner selbst und der Welt war, wie er sich in seiner Jugendgeschichte gezeigt, sondern daß er von der Gewalt einer großen Nationalkultur, wie diese an solchem Punkte und zu dieser Zeit gerade bestand, gut oder schlecht, in ihre Kreise gezogen worden. Er schwamm tapfer mit in dieser Strömung und hielt vieles, was oft nur Liebhaberei und Ziererei ist, für dauernd und wohnlich, dem man sich eifrig hingeben müsse. Denn wenn man von einer ganzen Menge, die eine eigene technische Sprache dafür hat, irgendeine Sache ernsthaft und fertig betreiben sieht, so hält man sich leicht für geborgen, wenn man dieselbe nur mitspielen kann und darf.

Da ihn aber dennoch irgendein Gefühl ahnen ließ, daß auch diese Zeit mit ihren Anregungen vorübergehen werde, so gab er sich nur mit einem bittersüßen Widerstreben hin, von dem er nicht wußte, woher es kam. Heinrich war ausgezogen, die große Germania selbst zu küssen, und hatte sich statt dessen in einem der schimmernden Haarnetze gefangen, mit welchen sie ihre seltsamen Söhne zu schmücken pflegen. [...]

Der grüne Heinrich. Zweite Fassung

In einem großen Walde fand ich mich wieder und ging auf einem wunderlichen schmalen Brettersteige, welcher sich hoch durch die Äste und Baumkronen wand, eine Art endlosen hängenden Brückenbaues, indessen der bequeme Boden unten nach richtiger Traumesart unbenutzt blieb. Aber es war schön hinabzuschauen auf den Waldgrund, da er ganz aus grünem Moose bestand, das in tiefer Dunkelheit lag. Auf dem Moose wuchsen viele einzelne sternförmige Blumen auf schwankem Stengel, und sie wendeten sich immer nach dem oben gehenden Beschauer; bei jeder Blume stand ein kleines Erdmännchen oder Moosweiblein, das mittelst eines in goldenem Laternchen strahlenden Karfunkels die Blume beleuchtete, daß sie aus der Tiefe herauf schimmerte wie ein blauer oder roter Stern, und indem sich diese Blumengestirne, welche oft in schönen Bildern zusammen standen, langsamer oder schneller drehten, gingen die winzigen Leutchen mit ihren Laternchen um sie herum und lenkten sorgfältig den Lichtstrahl auf die Kelche. So sah sich das kreisende Leuchten in der Tiefe von dem hohen Balken- oder Bretterwege wie ein unterirdischer Sternhimmel an, nur daß er grün war und die Sterne in allen Farben strahlten.

Entzückt ging ich auf der Hängebrücke weiter und schlug mich tapfer durch die Buchen- und Eichenkronen, da ich begriff, ein so zierlicher Grund und Boden sei nicht dazu da, darauf mit Füßen zu wandeln. Manchmal kam ich in eine Föhrengruppe hinein, welche etwas lichter war; das rote, von der Sonne durchglühte, stark duftende Holzwerk der Fichtenkronen bot einen fabelhaften Anblick und Aufenthalt, weil es wie künstlich bearbeitet, gezimmert und mit seltsamem Bildwerk verziert schien und doch ein natürliches Ästewesen war. Manchmal führte der Steg auch ganz über die Bäume hinweg unter den offenen Himmel und Sonnenschein, und ich stellte mich auf das schwanke Geländer, um zu sehen, wo es eigentlich hinausginge; allein nichts war zu erblicken als ein endloses Meer von grünen Baumwipfeln, soweit das Auge reichte, auf dem ein heißer Sommertag flimmerte und Tausende von wilden Tauben, Hähern, Mandelkrähen, Spechten und Weihen herumschwärmten, und das Wunderbare war nur, daß man auch die allerfernsten Vögel deutlich erkannte und ihre Gestalt und rarbeil unterscheiden konnte. Nachdem ich mich sattsam umgeschaut, blickte ich wieder in die dunkle Tiefe, wo ich jetzt eine Felsschlucht entdeckte, die für sich allein von der Sonne erhellt war. Auf dem tiefsten Grunde lag eine kleine Wiese an einem klaren Bache; mitten auf derselben saß auf ihrem kleinen Strohsessel meine Mutter in einem braunen Einsiedlerkleide und mit eisgrauen Haaren. Sie war alt und gebeugt, und ich konnte ungeachtet der fernen Tiefe jeden ihrer Züge genau erkennen. Mit einer grünen Rute hütete sie eine kleine Herde Silberfasanen, und wenn einer weglaufen wollte, schlug sie leise auf seine Flügel, worauf einige glänzende Federn emporschwebten und in der Sonne spielten. Am Bächlein aber stand ihr Spinnrad, das rings mit Schaufeln versehen und eigentlich ein kleines Mühlrad war und sich blitzschnell drehte. Sie spann nur mit der einen Hand den glänzenden Faden, der sich nicht auf die Spule wickelte, sondern kreuz und quer an dem Abhange herumzog und sich da sofort zu großen Flächen blendender Leinwand gestaltete. Diese stieg höher und höher heran; plötzlich fühlte ich ein schweres Gewicht auf der Schulter und merkte, daß ich den vergessenen Mantelsack* trug, der von den feinen Hemden ganz geschwollen war. Jetzt sah ich freilich, woher dieselben kamen. Während ich mich mühselig damit schleppte, entdeckte ich, daß die Fasanen alles schöne Bettstücke waren, welche die Mutter eifrig sonnte und ausklopfte. Dann raffte sie dieselben zusammen und trug sie geschäftig herum und eines ums andere in den Berg hinein. Wenn sie wieder

* Reisetasche

herauskam, so schaute sie mit der Hand über den Augen sich um und sang leise, was ich aber deutlich vernahm:

> Mein Sohn, mein Sohn,
> O schöner Ton!
> Wann kommt er bald,
> Geht durch den Wald?

Da ersah sie mich in der Höhe wie in der Luft schwebend und sehnlich zu ihr hinabblickend. Sie stieß einen lauten Freudenruf aus und huschte wie ein Geist davon über Fels und Stein, ohne zu gehen, daß sie mir immer ferner zu entschwinden drohte, während ich vergeblich rufend nacheilte und der Steg sich bog und krachte, die Baumkronen schwankten und rauschten.

Da war der Wald aus, und ich sah mich auf dem Berge stehen, welcher der Heimatstadt gegenüber liegt; aber welchen Anblick bot diese! Der Fluß war zehnmal breiter als sonst und glänzte wie ein Spiegel; die Häuser waren alle so groß wie sonst die Münsterkirche, von der fabelhaftesten Bauart, und glänzten im Sonnenschein, die Fenster mit einer Fülle von Blumen geziert, die schwer über die mit Bildwerken bedeckten Mauern herabhingen. Die Linden stiegen unabsehbar in den dunkelblauen durchsichtigen Himmel hinein, der ein einziger Edelstein schien, und die riesigen Lindenwipfel wehten dran hin und her, als ob sie ihn noch blanker fegen wollten, und zuletzt wuchsen sie in die durchsichtige blaue Kristallmasse hinein.

Zwischen den grünen Laubgebirgen der Linden stiegen die Münstertürme empor, während das ungeheure Steinschiff unter Hügeln von Millionen herzförmiger Lindenblätter lag und nur da oder dort eine purpurrote oder blaue Glasscheibe hervorfunkelte, von einem verlorenen Sonnenstrahl durchschossen. Die goldenen Kronen aber, welche die Turmknöpfe bildeten, schimmerten in der Himmelshöhe und waren voll junger Mädchen; die streckten ihre Lockenköpfe rings durch den gotischen Zierat in die Welt hinaus. Obgleich ich jedes Lindenblatt scharf umrissen erkannte, vermochte ich doch nicht zu sehen, wer alle diese Mädchen waren, und ich beeilte mich, hinüberzukommen, da es mich sehr wundernahm, wer alle diese Mitbürgerinnen sein möchten.

Zur rechten Zeit sah ich den Goldfuchs* neben mir stehen, legte ihm den Mantelsack auf und begann den jähen Staffelweg** hinunterzureiten, der zur Brücke führte. Jede Staffel war aber ein geschliffener Bergkristall, und darin eingeschlossen lag ein spannelanges Weibchen gleichsam schlafend, von unbeschreiblichem Ebenmaß und Schönheit der Gliederchen. Während der Goldfuchs den halsbrechenden Weg hinunterstieg und jeden Augenblick seinen Reiter in die Tiefe zu stürzen drohte, bog ich mich links und rechts vom Sattel und suchte mit sehnsuchtsvollen Blicken in den Kern der Kristallstufen zu dringen.

»Tausend noch einmal!« rief ich lüstern vor mich hin, »was mögen das nur für allerliebste Wesen sein in dieser verwünschten Treppe?«

Ohne daß ich mich im geringsten wunderte, fing das Pferd plötzlich an zu sprechen, indem es den Kopf zurückwandte und antwortete: »Was wird's sein? Das sind nur die guten Dinge und Ideen, welche der Boden der Heimat in sich schließt, und die derjenige herausklopft, der im Lande bleibt und sich redlich nährt!«

»Zum Teufel!« rief ich, »ich werde gleich morgen hier herausgehen und mir einige Stufen aufschlagen!«

Und ich konnte meine Blicke nicht wegwenden von der langen Treppe, die sich schon glänzend hinter mir den Berg hinan schmiegte. Das Pferd aber sagte, das sei nur eine leichte Anschürfung, der ganze Boden stecke voll von solchen Sachen. Wir langten jetzt unten bei der Brücke an. Das war aber nicht mehr die alte Holzbrücke, sondern ein Marmorpalast, der in zwei Stockwerken eine endlose Säulenhalle bildete und so als eine nie

---

*   Pferd
**   in Terrassen angelegter Weg

gesehene Prachtbrücke über den Fluß führte. »Was sich doch alles verändert und vorwärts schreitet, wenn man nur einige Jahre weg ist!« dachte ich, als ich gemächlich und neugierig in die weite Brückenhalle ritt. Während das Gebäude von außen nur in weißem, rötlichem und schwarzem Marmor glänzte, waren die Wände des Innern mit zahllosen Malereien bedeckt, welche die ganze Geschichte und alle Tätigkeiten des Landes darstellten. Das ganze abgeschiedene Volk war sozusagen bis auf den letzten Mann, der soeben gegangen, an die Wand gemalt und schien mit dem lebendigen, das auf der Brücke verkehrte, Eines zu sein; ja manche der gemalten Figuren traten aus den Bildern heraus und wirkten unter den Lebendigen mit, während von diesen manche unter die Gemalten gingen und an die Wand versetzt wurden. Beide Parteien bestanden aus Helden und Weibern, Pfaffen und Laien, Herren und Bauern, Ehrenleuten und Lumpenhunden; der Eingang und Ausgang der Brücke aber war offen und unbewacht, und indem der Zug über dieselbe beständig im Gange blieb und der Austausch zwischen dem gemalten und wirklichen Leben unausgesetzt stattfand, schien auf dieser wunderbar belebten Brücke Vergangenheit und Zukunft nur Ein Ding zu sein.

»Nun möcht ich wohl wissen, was das für eine muntere Sache ist!« summte ich in mich hinein, und das Pferd antwortete auf der Stelle:

»Dies nennt man die Identität der Nation!«

»Ei du bist ein sehr gelehrter Gaul!« rief ich, »der Hafer muß dich wirklich stechen! Woher nimmst du derartige Brocken?« »Erinnere dich«, sagte der Goldfuchs, »auf wem du reitest! Bin ich nicht aus Gold entstanden? Gold aber ist Reichtum, und Reichtum ist Einsicht.«

Bei diesen Worten merkte ich sogleich, daß mein Mantelsack statt mit Gewand jetzt gänzlich mit jenen goldenen Münzen angefüllt war. Statt zu grübeln, woher sie so unvermutet wieder gekommen, fühlte ich mich höchst zufrieden in ihrem Besitze, und obschon ich dem weisen Gaule nicht mit gutem Gewissen recht geben konnte, daß Reichtum Einsicht sei, fand ich mich doch unvermutet so einsichtsvoll, daß ich wenigstens nichts erwiderte und gemütlich weiterritt.

»Nun sage mir, du weiser Salomo!« begann ich nach einer Weile von neuem: »Heißt eigentlich die Brücke die Identität oder die Leute, so darauf sind? Welches von beiden nennst du so?«

»Beide zusammen sind die Identität, sonst spräche man ja nicht davon!«

»Der Nation?«

»Der Nation, versteht sich!«

»Also ist die Brücke auch eine Nation?«

»Ei, seit wann«, rief das Pferd unwillig, »kann denn ein Vehikel, so schön es ist, eine Nation sein? Nur Leute können eine sein, folglich sind es eben die Leute hier!«

»So! und doch sagtest du soeben, die Nation und die Brücke machen zusammen eine Identität aus!«

»Das sagt ich auch und bleibe dabei!«

»Nun also?«

»Wisse«, antwortete der Gaul bedächtig, indem er sich auf allen vieren spreizte, »wisse, wer diese heikle Frage zu beantworten und den Widerspruch zu lösen versteht, der ist ein Meister und arbeitet an der Identität selber mit. Wenn ich die richtige Antwort, die mir wohl so im Munde herumläuft, rund zu formulieren verstände, so wäre ich nicht ein Pferd, sondern längst hier an die Wand gemalt. Übrigens erinnere dich, daß ich nur ein von dir geträumtes Pferd bin und also unser ganzes Gespräch eine Ausgeburt und Grübelei deines eigenen Gehirnes ist. Mithin magst du fernere Fragen dir nur selbst beantworten aus der allerersten Hand!«

»Ha! du widerspenstige Bestie!« schrie ich und stieß dem Tiere die Fersen in die Weichen, »um so mehr, du undankbarer Klepper! bist du mir zu Red und Antwort verpflichtet, da ich dich aus meinem so mühselig ergänzten Blute erzeuge und diesen Traum lang speisen und nähren muß!«

»Hat auch was Rechtes auf sich!« sagte das Pferd gelassen. »Dieses ganze Gespräch, überhaupt unsere ganze werte Bekanntschaft ist das Werk und die Dauer von kaum drei Sekunden und kostet dich kaum einen Hauch von deinem geehrten Körperlichen!«

»Wie, drei Sekunden? Ist es nicht schon wenigstens eine Stunde, seit wir auf dieser endlosen Brücke reiten?«

»Drei Sekunden dauert der Hufschlag des nächtlichen Reiters, der meine Erscheinung in dir hervorgerufen; mit ihm wird sie verschwinden, und du kannst wieder zu Fuß gehen!«

»Um des Himmels willen! So verliere keine weitere Zeit, sonst geht der Augenblick vorüber, eh ich über diese schöne Brücke im reinen bin!«

»Es eilt gar nicht! Alles, was wir für jetzt zu erleben und zu erfahren haben, geht vollkommen in das Maß des wackeren Pferdetrittes hinein, und wenn der richtig denkende Psalmist den Herren seinen Gott anschrie: Tausend Jahre sind vor dir wie ein Augenblick!, so ist diese Hypothese von hinten gelesen eine und dieselbe Wahrheit: Ein Augenblick ist wie tausend Jahre! Wir könnten noch tausendmal mehr sehen und hören während dieses Hufschlages, wenn wir nur das Zeug dazu in uns hätten, lieber Mann! Alles Drängen und Zögern hilft da nichts, alles hat seine bequemliche Erfüllung, und wir können uns ganz gemächlich Zeit lassen mit unserm Traum, er ist, was er ist, und nicht mehr noch minder!«

Ich hörte nicht länger auf die Reden des Pferdes, weil ich bemerkte, daß ich von allen Seiten mit biederer Achtung begrüßt wurde; denn schon mehr als einer der Vorübergehenden hatte mit eigentümlichem Griffe meinen strotzenden Mantelsack betastet, ungefähr wie die Metzger tun, wenn sie in den Bauernställen oder auf den Märkten ein Stück Rindvieh auf seine Fettigkeit prüfen und ihm Kreuz und Lenden bekneifen.

»Das sind ja absonderliche Manieren!« sagte ich endlich; »ich glaubte, es kenne mich kein Mensch hier!«

»Es gilt auch nicht dir«, meinte der Goldfuchs, »sondern deinem Quersack, deiner dicken Goldwurst, die mir das Kreuz drückt!«

»So? Also das ist die Lösung und das Geheimnis deiner ganzen Identitätsfrage, das gemünzte Gold? Denn du bist ja aus gleichem Stoffe, ohne daß dich ein einziger betastet!«

»Hm!« machte das Pferd, »das ist nicht so genau zu nehmen. Die Leute haben allerdings ihr Augenmerk darauf gerichtet, ihre Identität, die sie in diesem Falle Unabhängigkeit nennen, zu behaupten und gegen jeglichen Angriff zu verteidigen. Nun wissen sie aber, daß ein kampffähiger guter Soldat wohlgenährt sein und ein Frühstück im Magen haben muß, wenn er sich schlagen soll. Da dies aber nur durch allerhand Gemünztes zu erreichen und zu sichern ist, so betrachten sie jeden, der damit versehen, als einen gerüsteten Verteidiger und Unterstützer der Identität und sehen ihn drum an. Da läuft es denn freilich mit unter, daß sie ihre Privatsachen mit den öffentlichen Dingen für identisch halten, wie man denn in der Übung jeglicher Energie nicht leicht zu viel tun kann, und so gewinnt dieser oder jener das Ansehen eines habsüchtigen Esels. Sei dem, wie ihm wolle, ich rate dir, dein Kapital hier noch ein wenig in Umlauf zu setzen und zu vermehren. Wenn die Meinung der Leute im allgemeinen auch eine irrige ist, so steht es doch jedem frei, sie für sich zu einer Wahrheit und so seine Stellung zu einer angenehmen zu machen.«

Ich griff in den Sack und warf einige Hände voll Goldmünzen in die Höhe, welche sogleich von hundert in der Luft zappelnden Händen aufgefangen und weiter geworfen wurden, nachdem jeder das Gold erst besehen und an seinem eigenen Golde gerieben hatte, wodurch beide Stücke sich verdoppelten. Bald kehrten alle meine Münzen in Gesellschaft von anderem Golde zurück und hingen sich an das Pferd; es regnete förmlich Gold, welches sich klumpenweise an alle seine vier Beine setzte gleich dem Blumenstaub, der den Bienen Höschen macht, so daß es bald nicht mehr gehen konnte. Es bildeten sich aber noch große Flügel an dem Tiere, und es glich zuletzt einer Riesenbiene und flog wie eine solche über die Köpfe des Volkes weg. Erst jetzt schütteten wir zusammen einen rechten Goldregen nieder, so daß zuletzt ein ungeheures Gesindel von Goldhungrigen hinter uns her war. Alte und Junge, Weiber und Männer purzelten übereinander, das Gold zu raffen. Diebe, die von Wächtern transportiert wurden, stürzten sich samt diesen in den Haufen; Bäckerlehrlinge warfen ihr Brot in das Wasser und füllten ihre Körbe mit Gold; Priester, die zur Kirche gingen, um zu predigen, schürzten ihre Talare, wie bohnenpflückende Bäuerinnen die Röcke, und schöpften Gold hinein; Magistratspersonen, die vom Rathause kamen, schlichen herbei und schoben verschämt ein paar zur Seite rollende Stücklein in die Tasche; selbst aus einem an die Wand gemalten Gerichte liefen die toten Richter vom Tische, ließen den Angeklagten stehen und stiegen herunter, um hinter mir her zu streichen, und schließlich kam der gemalte Verbrecher auch noch gesprungen, um nach Gold zu schreien.

Ganz geschwollen vom Bewußtsein des Reichtums schwebte ich endlich aus der Brückenhalle hinaus und schwang mich auf dem goldenen Bienenpferde hochmütig in die Luft, wo ich hoch über den Münsterkronen kreiste wie ein Falke, mich bald wählig niederließ, bald wieder aufstieg und das kindische Traumvergnügen des Fliegens und Reitens zugleich in vollen Zügen genoß. Aus den Kronen fingerten hundert weiße Hände nach meinem Golde empor, Augen und Wänglein blühten wie Vergißmeinnicht und Rosen im Sonnenschein. Das Pferd sagte: »Nun wähle, das sind die heiratsfähigen Mägdlein des Landes! Das beste ist eine artige Frau!« Ich äugelte auch richtig stolz und lüstern auf sie hinunter und gedachte, meine Irrfahrten und erlebten Kümmernisse mit einer konvenablen Heirat abzuschließen, als plötzlich eine harte Stimme erscholl, die rief: »Ist denn niemand da, den Landverderber aus der Luft herabzuholen?«

»Ich bin schon da!« antwortete der dicke Wilhelm Tell, der in einer Lindenkrone verborgen saß, die Armbrust auf mich anlegte und mich mit seinem Pfeile herunterschoß. Ein neuer Ikarus, stürzte ich samt dem Goldfuchs prasselnd aufs Kirchendach und rutschte von dort jämmerlich auf die Straße hinab, woran ich erwachte und mich erschüttert fand, wie wenn ich wirklich gefallen wäre. Der Kopf schmerzte mich fieberhaft, während ich das Geträumte zusammenlas. Diese verkehrte Welt, in welcher das im Wachen müßige Gehirn bei nachtschlafender Zeit auf eigene Faust zusammenhängende Märchen und buchgerechte Allegorien nach irgendwo gelesenen Mustern, mit Schulwörtern und satirischen Beziehungen ausheckte und fortspann, begann mich zu ängstigen, wie der Vorbote einer schweren Krankheit; ja, es beschlich mich sogar wie ein Gespenst die Furcht, auf diese Art könnten meine dienstbaren Organe mich, das heißt meinen Verstand, zuletzt ganz vor die Türe setzen und eine tolle Dienstbotenwirtschaft führen.

Als ich der Sache weiter nachdachte, empfand ich die Gefahr, die darin liegt, sich gegen Natur und Gewohnheit mit dem völlig Geistlosen beschäftigen und nähren zu wollen, und doch wußte ich nicht, wie aus dem Banne hinauszukommen wäre. Darüber schlief ich wieder ein, und das Träumen ging neuerdings an; doch verlor sich das unheimliche Allegorienwesen, und das Gesetzlose regierte fort.

Ich trieb jetzt das halbzerbrochene und schwer mit Säcken beladene Pferd eine bergige Straße hinauf nach dem Hause der Mutter; es dauerte eine qualvolle Ewigkeit, bis ich endlich anlangte. Da fiel das Tier zusammen und verwandelte sich in die schönsten und reichsten Gegenstände und Merkwürdigkeiten aller Art, von welchen sich auch die Säcke entleerten, Dinge, wie man sie von großen Reisen als Geschenke mitzubringen pflegt. Ich stand aber peinlich verlegen bei dem aufgetürmten Haufen von Kostbarkeiten, der sich offen auf der Straße ausbreitete, und ich suchte vergeblich den Drücker der Haustüre und den Glockenzug. Ratlos und ängstlich die Reichtümer hütend, sah ich an dem Hause empor und bemerkte erst jetzt, wie seltsam es sich darstellte. Es war gleich einem alten edeln Schrank- und Täferwerke* ganz von dunkelm Nußbaumholz gebaut mit un-

* Täfelung

zähligen Gesimsen, Kassettierungen, Füllungen und Galerien, alles auf das feinste gearbeitet und spiegelhell poliert. Es war eigentlich das nach außen gekehrte Innere eines Hauses. Auf den Gesimsen und Galerien standen altertümliche silberne Kannen und Becher, Porzellangefäße und kleine Marmorbilder aufgereiht. Fensterscheiben von Kristallglas funkelten mit geheimnisvollem Glanz vor einem dunkeln Hintergrunde zwischen gemaserten Zimmer- oder Schranktüren, in denen blanke Stahlschlüssel steckten. Über dieser seltsamen Fassade wölbte sich der Himmel dunkelblau, und eine halbnächtliche Sonne spiegelte sich in der dunkeln Pracht des Nußbaumholzes, im Silber der Krüge und in den Fensterscheiben.

Endlich sah ich auch, daß reich geschnitzte Treppen zu den Galerien hinaufführten, und bestieg dieselben, Einlaß suchend. Wenn ich aber eine Türe öffnete, so sah ich nichts als ein Gelaß vor mir, welches mit Vorräten der verschiedensten Art angefüllt war. Hier tat sich eine Bücherei auf; deren Lederbände von Vergoldung strotzten; dort war Geräte und Geschirr übereinander geschichtet, was man nur wünschen mochte zur Annehmlichkeit des Lebens; dort wieder türmte sich ein Gebirge feinster Leinwand oder ein duftender Schrank öffnete sich mit hundert Kästchen voll Spezereien. Ich machte eine Türe nach der andern wieder zu, wohlzufrieden mit dem Gesehenen und nur ängstlich, weil ich nirgends die Mutter fand, um mich in dem trefflichen Heimwesen sofort einrichten zu können. Suchend drückte ich mich an eines der Fenster und hielt die Hand an die Schläfe, um die Spiegelung der Kristallscheibe aufzuheben; da sah ich statt in ein Gemach hinein in einen reizenden Garten hinaus, der im Sonnenlichte lag, und dort glaubte ich zu sehen, wie die Mutter im Glanze der Jugend und Schönheit, angetan mit seidenen Gewändern, zwischen Blumenbeeten wandelte. Ich wollte das Fenster aufmachen, ihr zurufen, fand aber durchaus keinen Riegel oder Knopf, denn ich war ja außerhalb des Hauses, obschon ich aus dem Innern nach einem Garten hinausschaute. Am Ende stand ich nur an einer reich getäferten Wand auf einem schmalen

Gesimse, das meinen Füßen kaum genügenden Raum bot. Als ich mich hinausbog, um zu sehen, wie ich von der gefährlichen Stelle hinuntersteigen könne, sah ich auf der Gasse einen verkniffenen Knirps von Knaben mit grauen verwelkten Haaren, der mit einem Stecken meine Herrlichkeiten auseinanderstörte.

Sogleich erkannte ich den Jugendfeind, jenen vom Turme gestürzten Knaben Meierlein, und kletterte eilig hinunter, ihn zu verjagen. Der aber fing wütend an zu schelten und als Kindswucherer und Gläubiger aufs neue, nach so viel Jahren, seine Forderung geltend zu machen, indem er die Hand an den vom Sturze zerschlagenen Kopf drückte. Er wolle mich jetzt endlich auspfänden, rief er mit giftigen Worten, daß er zu seiner verschriebenen Sache komme; seine Rechnung sei pünktlich in Ordnung.

»Du lügst, du kleiner Schuft«, schrie ich ihm zu, »mach, daß du fortkommst!« Da erhob er seinen Stock gegen mich, wir gerieten einander in die Haare und rauften uns unbarmherzig. Der wütende Gegner riß mir alle die schönen Kleider, die ich trug, in Fetzen, und erst als ich ihn keuchend und verzweifelnd am Halse würgte, entschwand er mir unter den Händen und ließ mich in der schattigen kalten Straße stehen. Ermattet sah ich mich mit bloßen Füßen dastehen. Das Haus war aber das wirkliche alte Haus, jedoch halb verfallen, mit zerbröckelndem Mauerkalk, erblindeten Fenstern, in denen leere oder verdorrte Blumenscherben standen, und mit Fensterläden, die im Winde klapperten und nur noch an einer Angel hingen.

Von meiner trefflichen Traumeshabe war nichts mehr zu sehen als einige zertretene Reste auf dem Pflaster, welche von nichts Besonderem herzurühren schienen, und in der Hand hielt ich nichts als den meinem bösen Feinde abgerungenen Stecken.

Ich trat entsetzt auf die andere Seite der Straße und blickte kummervoll nach den öden Fenstern empor, wo ich deutlich meine Mutter, alt und grau und bleich, hinter der dunkeln Scheibe sitzen sah, wie sie in tiefem Sinnen ihren Faden spann.

Ich streckte die Arme nach dem Fenster empor; als sich die

Mutter aber leis bewegte, verbarg ich mich hinter einem Mauer-vorsprung und suchte bang aus der stillen dämmerigen Stadt zu entkommen, ohne gesehen zu werden. Ich drückte mich längs den Häusern hin und wanderte alsbald an meinem schlechten Stabe auf einer unabsehbaren Landstraße dahin zurück, woher ich gekommen war.

Der grüne Heinrich. Erste Fassung
Schluss des Romans

Eines Abends streifte er in der Gegend umher und kam an den breiten Fluß. Ein großer siebzigjähriger Mann, den er noch nie gesehen, in einfacher aber sauberer Kleidung, beschäftigte sich am Ufer mit Fischerzeug und sang ein sonderbares Lied dazu vom Recht und vom Glück, von dem man nicht wußte, wie es in die Gegend gekommen. Er sang mit frischer Stimme, indem er seine glänzenden Netze zusammenraffte:

Recht im Glücke! goldnes Los,
Land und Leute machst du groß!
Glück im Rechte! fröhlich Blut,
Wer dich hat, der treibt es gut!

Recht im Unglück, herrlich Schaun,
Wie das Meer im Wettergraun!
Göttlich grollt's am Klippenrand,
Perlen wirft es auf den Sand!

Einen Seemann grau von Jahren
Sah ich auf den Wassern fahren,
War wie ein Medusenschild*
Der versteinten Unruh' Bild.

Und er sang: Viel tausendmal
Schoß ich in das Wellental,
Fuhr ich auf zur Wogenhöh',
Ruht' ich auf der stillen See!

---

* Der Blick der Medusa aus der griechischen Mythologie verwandelte jeden zu Stein, bis der Held Perseus ihn mit seinem glänzenden Schild wie in einem Spiegel zurückwarf und die Medusa versteinerte.

Und die Woge war mein Knecht,
Denn mein Kleinod war das Recht.
Gestern noch mit ihm ich schlief,
Ach! nun liegt's da unten tief!

In der dunklen Tiefe fern
Schimmert ein gefallner Stern,
Und schon dünkt mich's tausend Jahr,
Daß das Recht einst meines war.

Wenn die See nun wieder tobt,
Niemand mehr den Meister lobt.
Hab' ich Glück, verdien' ich's nicht,
Glück wie Unglück mich zerbricht.

Heinrich stand vor ihm still und hörte zu. Der Alte sah ihn aufmerksam an und grüßte ihn. »Ihr scheint«, sagte er, »ein Lee zu sein, den Augen und der Nase nach zu urteilen?« »Ja«, sagte Heinrich. »Soso«, erwiderte der Mann, »so seid Ihr vielleicht des Baumeisters Sohn aus der Stadt, der sich vor Jahren viel hier aufhielt? Habt Euch lange nicht sehen lassen!« »Ich habe aber Euch doch nie gesehen mit Wissen!« versetzte Heinrich, und der Mann sagte: »So geht es wohl! Ich meinerseits habe schon viel gesehen und sehe alles. Habe auch Eure Mutter recht wohl gekannt, was macht sie, ist sie gesund und munter?« »Nein, sie ist tot!« antwortete Heinrich. »Soso!« der Alte, »tot! ja, die Zeit vergeht! Es ist mir, als sei es heute, und sind es doch gerade funfzig Jahr her, daß ich an dieser Stelle hier als ein zwanzigjähriger Bursche die Leute über das Wasser führte. Es kam eine Kutsche voll Stadtleute von Eurem Dorfe hergefahren, die lustig und guter Dinge waren und über den Fluß setzen wollten. Eure Mutter war als ein dreijähriges Kind dabei, und ich hob es aus der Kutsche und setzte es zu den blühenden und fröhlichen Eltern ins Schiff. – Das Kind hatte ein närrisches rosenrotes Kleidchen an und lächelte so holdselig und gut, daß ich so dachte: dies ist einmal ein sauberes und freundliches Kind, das wird es gewiß immer gut haben. In dem schwankenden Schiff fing es aber an zu weinen, die hübsche junge Mutter schloß es in die Arme und beruhigte es, indes die anderen hellauf ein Lied sangen im Überfahren, und sich mit Wasser bespritzten. Dann sah ich sie wieder, als sie etwa sechzehn Jahr alt und ein sittsames liebliches Mädchendings war. Es fuhr wieder ein ganzer Haufen jungen Volkes hierüber, so daß ich wohl dreimal fahren mußte, und auf der Wiese drüben pflanzten sie sich auf und musizierten und tanzten. Eure Mutter beschied sich aber in ihrer Fröhlichkeit und tanzte nicht so viel, und als ein paar Gelbschnäbel ihr zu eifrig den Hof machten, floh sie in das angebundene Schifflein und fing fleißig an zu stricken. Alles das ist lange her!«

Der Himmel jener Jahre schien dem zuhörenden Heinrich vorüberzuziehen in der blauen wolkenreinen Höhe. Er vermochte aber den lachenden Himmel und das grüne Land nicht länger zu ertragen und wollte zur Stadt zurück, wo er sich in dem Sterbegemach der Mutter verbarg. Die Liebe und Sehnsucht zu Dortchen wachte aufs neue mit verdoppelter Macht auf, seine Augen drangen den Sonnenstrahlen nach, welche über die Dächer in die dunkle Wohnung streiften, und seine Blicke glaubten auf dem goldenen Wege, der zu einem schmalen Stückchen blauer Luft führte, die Geliebte und das verlorene Glück finden zu müssen.

Er schrieb alles an den Grafen; aber ehe eine Antwort da sein konnte, rieb es ihn auf, sein Leib und Leben brach und er starb in wenigen Tagen. Seine Leiche hielt jenes Zettelchen von Dortchen fest in der Hand, worauf das Liedchen von der Hoffnung geschrieben war. Er hatte es in der letzten Zeit nicht einen Augenblick aus der Hand gelassen, und selbst wenn er einen Teller Suppe, seine einzige Speise, gegessen, das Papierchen eifrig mit dem Löffel zusammen in der Hand gehalten oder es unterdessen in die andere Hand gesteckt.

So ging denn der tote grüne Heinrich auch den Weg hinauf

in den alten Kirchhof, wo sein Vater und seine Mutter lagen. Es war ein schöner freundlicher Sommerabend, als man ihn mit Verwunderung und Teilnahme begrub, und es ist auf seinem Grabe ein recht frisches und grünes Gras gewachsen.

Der grüne Heinrich. Zweite Fassung
Schluss des Romans

DER TISCH GOTTES

Wir begaben uns also auf den Weg, schickten den Wagen am Fuße jenes mäßigen Berges weg, und wanderten gemächlich hinauf, und zwar auf die Scheitelhöhe. Dort standen, weit in das Land ragend, zwei mächtige uralte Eichbäume, unter welchen eine Bank und ein steinerner ganz bemooster Tisch sich befanden. Vor der christlichen Zeit sollte hier eine Kultusstätte, später eine Dingstätte* gewesen sein und von letzterer Bestimmung der Tisch herrühren.

Auf der Bank im Schatten der mächtig ausgreifenden Äste sitzend, schauten wir Hand in Hand in die bläuliche Ferne der Rundsicht. Judith hatte ihren Hut und Sonnenschirm auf den Tisch gelegt. Nach einer Weile, als sie auch den Tisch betrachtet und sich die Bedeutung desselben hatte erklären lassen, sagte sie mit bedächtlichen und bewegten Worten:

»Wie nennt man's denn in den Ländern, wo es Könige gibt, wenn diese gekrönt werden und an den Altären stehen?«

Ich wußte nicht gleich, was sie meinte, und sann nach. Da ich sie aber unverwandt auf den alten Steintisch schauen sah und sie sogar Hut und Schirm wegnahm, wie um die Sache deutlicher zu machen, fiel es mir ein und ich sagte: »Es heißt, sie nehmen die Krone von Gottes Tisch!«

Da sah sie mich zärtlich an und flüsterte:

»Ja, so heißt es! Sieh, und nun könnten wir hier auch das Glück von Gottes Tisch nehmen, was die Welt das Glück nennt, und uns zu Mann und Frau machen! Aber wir wollen uns nicht krönen! Wir wollen jener Krone entsagen und dafür des Glükkes um so sicherer bleiben, das uns jetzt, in diesem Augenblicke,

* Thingstätte, heidnischer Kultplatz

beseligt; denn ich fühle, daß du jetzt auch glücklich und zufrieden bist!«

Ich schwieg erschüttert still. Doch fuhr sie fort:

»Schau, ich habe es mir schon auf dem Meere und während eines Sturmes überlegt, als die Blitze um die Masten zuckten, die Wellen über Deck schlugen und ich in der Todesangst deinen Namen ausrief, und die letzten Nächte wieder hab ich es hin und her gewendet und mir gelobt: Nein, du willst sein Leben nicht zu deinem Glücke mißbrauchen! Er soll frei sein und sich durch die Lebenstrübheit nicht noch mehr abziehen lassen, als es schon geschehen ist!«

Ich schüttelte aber den Kopf und sagte betroffen: »Ich will nicht unbescheiden sein, Judith, allein ich habe es mir doch anders gedacht. Wenn du mir in der Tat gut bist, willst du nicht lieber bei mir leben, als immer so einsam sein, so allein stehen in der Welt?«

»Wo du bist, da werde ich auch sein, solange du allein bleibst; du bist noch jung, Heinrich, und kennst dich selber nicht. Aber abgesehen hievon, glaube mir, solange wir so sind wie jetzt, in dieser Stunde, wissen wir, was wir haben, und sind glücklich! Was wollen wir denn mehr?«

Ich begann zu fühlen und zu verstehen, was sie bewegte; sie mochte zu viel von der Welt gesehen und geschmeckt haben, um einem vollen und ganzen Glücke zu vertrauen. Ich sah ihr ins Gesicht und strich ihr weiches braunes Haar zurück, indem ich rief:

»Ich habe ja gesagt, ich sei dein, und will es auf jede Art sein, wie du es willst!«

Sie schloß mich heftig in die Arme und an ihre gute Brust; auch küßte sie mich zärtlich auf den Mund und sagte leis: »Nun ist der Bund besiegelt! Aber für dich nur auf Zusehen hin, du bist und sollst sein ein freier Mann in jedem Sinne!«

Und so ist es auch zwischen uns geblieben. Noch zwanzig Jahre hat sie gelebt; ich habe mich gerührt und nicht mehr geschwiegen, auch nach Kräften dies oder jenes verrichtet, und bei allem ist sie mir nahe gewesen. Wenn ich den Wohnort verändern mußte, so ist sie mir das eine Mal gefolgt, das andere nicht, aber sooft wir wollten, haben wir uns gesehen. Wir sahen uns zuweilen täglich, zuweilen wöchentlich, zuweilen des Jahres nur einmal, wie es der Lauf der Welt mit sich brachte; aber jedesmal, wo wir uns sahen, ob täglich oder nur jährlich, war es uns ein Fest. Und wenn ich in Zweifel und Zwiespalt geriet, brauchte ich nur ihre Stimme zu hören, um die Stimme der Natur selbst zu vernehmen.

Sie starb, als eine verderbliche Kinderkrankheit herrschte und sie sich mit ihren hilfsbereiten Händen in eine ratlose Behausung armer Leute stürzte, die mit kranken Kindern angefüllt und von den Ärzten abgesperrt war. Sonst hätte sie leicht noch zwanzig Jahre leben können und wäre ebensolang mein Trost und meine Freude gewesen.

Ich hatte ihr einst zu ihrem großen Vergnügen das geschriebene Buch meiner Jugend geschenkt. Ihrem Willen gemäß habe ich es aus dem Nachlaß wieder erhalten und den andern Teil dazu gefügt, um noch einmal die alten grünen Pfade der Erinnerung zu wandeln.

Brief an Hermann Hettner

18. September 1851

Ich habe auch einige Erzählungen und Novellen ausgeheckt, welche farbenreich und sinnlich, und reinlich und bedächtig geschrieben, in einem Bändchen vereinigt, den schlechten Eindruck verwischen sollen, den mein formloser und ungeheuerlicher Roman auf den großen Haufen machen wird.

Während eines Briefes an die Mutter,
nachdem ich anderthalb Jahre nicht geschrieben

Den 28. Dezember 1851

Ich schmiede Verse, schreibe Bücher,
Ich schreibe Wochen, Monden lang,
Lass' Helden große Worte sprechen,
Stets gibt die Schelle ihren Klang.

Ich schreibe an gelehrte Freunde,
An zier- und geistbegabte Frau'n,
An lebensfrohe Witzgenossen,
Weiß alle leichtlich zu erbau'n.

Nur wenn ich an die ungelehrte
Und arme Mutter schreiben will,

Steht meiner Torheit fert'ge Feder
Auf dem Papiere zagend still.

Nachtfalter

Ermattet von des Tages Not und Pein,
Die nur auf Wiedersehen von mir schied,
Saß ich und schrieb bei einer Kerze Schein,
Und schrieb ein wild und gottverleugnend Lied.
Doch draußen lag die klare Sommernacht;
Mild grüßt mein armes Licht der Mondenstrahl,
Und aller Sterne volle goldne Pracht
Schaut hoch herab auf mich vom blauen Saal.
Am offnen Fenster blühen dunkle Nelken
Vielleicht die letzte Nacht vor ihrem Welken.

Und wie ich schreib' an meinem Höllenpsalter,
Die süße Nacht im Zorne von mir weisend,
Da schwebt herein zu mir ein grauer Falter,
Mit blinder Hast der Kerze Docht umkreisend;
Wohl wie sein Schicksal flackerte das Licht,
Dann züngelt' seine Flamme still empor
Und zog wie mit magnetischem Gewicht
Den leichten Vogel in sein Todestor.

Ich schaute lang und in beklommner Ruh,
Mit wunderlich neugierigen Gedanken
Des Falters unheilvollem Treiben zu.
Doch als zu nah der Flamme schon fast sanken
Die Flügel, faßt' ich ihn mit schneller Hand,
Zu seiner Rettung innerlich gezwungen,
Und trug ihn weg. Hinaus in's dunkle Land
Hat er auf raschem Fittig sich geschwungen.

Ich aber hemmte meines Liedes Lauf
Und hob den Anfang bis auf Weitres auf.

Der schlimm-heilige Vitalis

> Meide den traulichen Umgang mit
> Einem Weibe, empfiehl du über-
> haupt lieber das ganze andächtige
> Geschlecht dem lieben Gott.
> *Thomas a Kempis, Nachfolge, 8.2.*

Im Anfang des achten Jahrhunderts lebte zu Alexandria in
Ägypten ein wunderlicher Mönch, Namens Vitalis, der es sich
zur besonderen Aufgabe gemacht hatte, verlorene weibliche
Seelen vom Pfade der Sünde hinwegzulocken und zur Tugend
zurückzuführen. Aber der Weg, den er dabei einschlug, war so
eigentümlich, und die Liebhaberei, ja Leidenschaft, mit welcher
er unablässig sein Ziel verfolgte, mit so merkwürdiger Selbst-
entäußerung und Heuchelei vermischt, wie in der Welt kaum
wieder vorkam.

Er führte ein genaues Verzeichnis aller jener Buhlerinnen auf
einem zierlichen Pergamentstreifen, und sobald er in der Stadt
oder deren Umgebung ein neues Wild entdeckt, merkte er Namen und Wohnung unverweilt auf demselben vor, so daß die
schlimmen Patriziersöhne von Alexandria keinen besseren Weg-
weiser hätten finden können, als den emsigen Vitalis, wenn er einen minder heiligen Zweck hätte verfolgen wollen. Allein wohl
entlockte der Mönch ihnen in schlauem spaßhaftem Geplauder
manche neue Kunde und Notiz in dieser Sache; nie aber ließ er
sich dergleichen zu selbst ablauschen von den Wildfängen.

Jenes Verzeichnis trug er zusammengerollt in einem silbernen
Büchschen in seiner Kappe und nahm es unzählige Male hervor, um einen neuentdeckten, leichtfertigen Namen beizufügen
oder die bereits vorhandenen zu überblicken, zu zählen und zu
berechnen, welche der Inhaberinnen demnächst an die Reihe
kommen würde.

Diese suchte er dann in Eile und halb verschämt und sagte hastig: »Gewähre mir die zweite Nacht von heute und versprich keinem andern!« Wenn er zur bestimmten Zeit in das Haus trat, ließ er die Schöne stehen und machte sich in die hinterste Ecke der Kammer, fiel dort auf die Knie und betete mit Inbrunst und lauten Worten die ganze Nacht für die Bewohnerin des Hauses. Mit der Morgenfrühe verließ er sie und untersagte ihr streng, zu verraten, was er bei ihr gemacht habe.

So trieb er es eine gute Zeit und brachte sich in den allerschlechtesten Ruf. Denn während er im geheimen, in den verschlossenen Kammern der Buhlerinnen durch seine heißen Donnerworte und durch inbrünstiges süßes Gebetlispeln manche Verlorene erschütterte und rührte, daß sie in sich ging und einen frommen Lebenswandel begann, schien er es öffentlich vollständig darauf anzulegen, für einen lasterhaften und sündigen Mönch zu gelten, der sich lustig in allem Wirrsal der Welt herumschlüge und seinen geistlichen Habit als eine Fahne der Schmach aushänge.

Befand er sich des Abends, wenn es dunkelte, in ehrbarer Gesellschaft, so rief er etwa unversehens: »Ei, was mache ich doch? Bald hätt' ich vergessen, daß die braune Doris meiner wartet, die kleine Freundin! Der tausend, ich muß gleich hin, daß sie nicht schmollt!«

Schalt man ihn nun, so rief er, wie erbost: »Glaubt ihr, ich sei ein Stein? Bildet ihr euch ein, daß Gott für die Mönche keine Weiblein geschaffen habe?« Sagte jemand: »Vater, legt lieber das kirchliche Gewand ab und heiratet, damit die andern sich nicht ärgern!« so antwortete er: »Ärgere sich, wer will und mag, und renne mit dem Kopfe gegen die Mauer! Wer ist mein Richter?«

Alles dies sagte er mit Geräusch und großer Verstellungskunst, wie einer, der eine schlechte Sache mit vielen und frechen Worten verteidigt.

Und er ging hin und zankte sich vor den Haustüren der Mädchen mit den Nebenbuhlern herum, ja er prügelte sich sogar mit ihnen und teilte manche derbe Maulschelle aus, wenn es hieß:

»Fort mit dem Mönch! Will der Kleriker uns den Platz streitig machen? Zieh' ab, Glatzkopf!«

Auch war er so beharrlich und zudringlich, daß er in den meisten Fällen den Sieg davontrug und unversehens ins Haus schlüpfte.

Kehrte er beim Morgengrauen in seine Zelle zurück, so warf er sich nieder vor der Mutter Gottes, zu deren Preis und Ehre er allein diese Abenteuer unternahm und den Tadel der Welt auf sich lud, und wenn es ihm gelungen war, ein verlorenes Lamm zurückzuführen und in irgend einem heiligen Kloster unterzubringen, so dünkte er sich seliger vor der Himmelskönigin, als wenn er tausend Heiden bekehrt hätte. Denn dies war sein ganz besonderer Geschmack, daß er das Martyrium bestand, vor der Welt als ein Unreiner und Wüstling dazustehen, während die allerreinste Frau im Himmel wohl wüßte, daß er noch nie ein Weib berührt habe und ein Kränzlein weißer Rosen unsichtbar auf seinem vielgeschmähten Haupte trage.

Einst hörte er von einer besonders gefährlichen Person, welche durch ihre Schönheit und Ungewöhnlichkeit viel Unheil und selbst Blutvergießen anrichte, da ein vornehmer und grimmiger Kriegsmann ihre Türe belagere und jeden niederstrecke, der sich mit ihm in Streit einlasse. Sogleich nahm Vitalis sich vor, diese Hölle anzugreifen und zu überwinden. Er schrieb den Namen der Sünderin nicht erst in sein Verzeichnis, sondern ging geraden Weges nach dem berüchtigten Hause und traf an der Türe richtig mit jenem Soldaten zusammen, der in Scharlach gekleidet hochmütig daherschritt und einen Wurfspieß in der Hand trug.

»Duck' dich hier bei Seite, Mönchlein!« rief er höhnisch dem frommen Vitalis zu, »was wagst du, an meiner Löwenhöhle herumzukrabbeln? Für dich ist der Himmel, für uns die Welt!«

»Himmel und Erde samt allem, was darin ist«, rief Vitalis, »gehören dem Herrn und seinen fröhlichen Knechten! Pack' dich, aufgeputzter Lümmel, und laß mich gehen, wo mich gelüstet!«

Zornig erhob der Krieger den Schaft seines Wurfspießes, um ihn auf den Kopf des Mönches niederzuschlagen; doch dieser zog flugs den Ast eines friedlichen Ölbaumes unter dem Gewande hervor, parierte den Streich und traf den Raufbold so derb an die Stirne, daß ihm die Sinne beinahe vergingen, worauf ihm der streitbare Kleriker noch viele Knüffe unter die Nase gab, bis der Soldat ganz betäubt und fluchend sich davon machte.

Also drang Vitalis siegreich in das Haus, wo über einem schmalen Treppchen die Weibsperson stand, eine Lampe tragend, und auf das Lärmen und Schreien horchte. Es war eine ungewöhnlich große und feste Gestalt mit schönen großen aber trotzigen Gesichtszügen, um welche ein rötliches Haar in reichen wilden Wellen gleich einer Löwenmähne flatterte.

Verachtungsvoll schaute sie auf den anrückenden Vitalis herab und sagte: »Wohin willst du?« »Zu dir, mein Täubchen!« antwortete er, »hast du nie vom zärtlichen Mönch Vitalis gehört, vom lustigen Vitalis?« Allein sie versetzte barsch, indem sie die Treppe sperrte mit ihrer gewaltigen Figur: »Hast du Geld, Mönch?« Verdutzt sagte er: »Mönche tragen nie Geld mit sich!« »So trolle dich deines Weges«, rief sie, »oder ich lasse dich mit Feuerbränden aus dem Hause peitschen!«

Ganz verblüfft kratzte Vitalis hinter den Ohren, da er diesen Fall noch nicht bedacht hatte; denn die Geschöpfe, die er bisanhin bekehrt, hatten dann natürlicherweise nicht mehr an einen Sündenlohn gedacht, und die Unbekehrten begnügten sich, ihn mit schnöden Worten für die kostbare Zeit, um die er sie gebracht, zu strafen. Hier aber konnte er gar nicht ins Innere gelangen, um seine fromme Tat zu beginnen; und doch reizte es ihn über alle Maßen, gerade diese rotschimmernde Satanstochter zu bändigen, weil große schöne Menschenbilder immer wieder die Sinne verleiten, ihnen einen höheren menschlichen Wert zuzuschreiben, als sie wirklich haben. Verlegen suchte er an seinem Gewande herum und bekam dabei jenes Silberbüchschen in die Hand, welches mit einem ziemlich wertvollen Amethyst geziert war. »Ich habe nichts, als dies«, sagte er, »laß mich hinein dafür!« Sie nahm das Büchschen, betrachtete es genau und hieß ihn dann mit hineingehen. In ihrem Schlafgemache angekommen, sah er sich nicht weiter nach ihr um, sondern kniete nach seiner Gewohnheit in eine Ecke und betete mit lauter Stimme.

Die Hetäre, welche glaubte, er wolle seine weltlichen Werke aus geistlicher Gewohnheit mit Gebet beginnen, erhob ein unbändiges Gelächter und setzte sich auf ihr Ruhebett, um ihm zuzusehen, da seine Gebärden sie höchlich belustigten. Da das Ding aber kein Ende nahm und anfing, sie zu langweilen, entblößte sie unzüchtig ihre Schultern, schritt auf ihn zu, umstrickte ihn mit ihren weißen starken Armen und drückte den guten Vitalis mit seinem geschorenen und tonsurierten* Kopf so derb gegen ihre Brust, daß er zu ersticken drohte und zu prusten begann, als ob er im Fegfeuer stäke. Es dauerte aber nicht lang, so fing er an, nach allen Seiten auszuschlagen, wie ein junges Pferd in der Schmiede, bis er sich von der höllischen Umschlingung befreit hatte. Dann aber nahm er den langen Strick, welchen er um den Leib trug, und packte das Weib, um ihr die Hände auf den Rücken zu binden, damit er Ruhe vor ihr habe. Er mußte jedoch tüchtig mit ihr ringen, bis es ihm gelang, sie zu fesseln; und auch die Füße band er ihr zusammen und warf den ganzen Pack mit einem mächtigen Ruck auf das Bett. Wonach er sich wieder in seinen Winkel begab und seine Gebete fortsetzte, als ob nichts geschehen wäre.

Die gefesselte Löwin wälzte sich erst zornig und unruhig hin und her, suchte sich zu befreien und stieß hundert Flüche aus; dann wurde sie stiller, während der Mönch nicht aufhörte, zu beten, zu predigen und zu beschwören, und gegen Morgen ließ sie deutliche Seufzer vernehmen, welchen bald, wie es schien, ein zerknirschtes Schluchzen folgte. Kurz, als die Sonne aufging, lag sie als eine Magdalena zu seinen Füßen, von ihren Banden befreit, und benetzte den Saum seines Gewandes mit Tränen. Würdevoll und heiter streichelte ihr Vitalis das Haupt und versprach, mit einbrechender künftiger Nacht wiederzukommen,

* geschoren, zum Zeichen der mönchischen Demut

um ihr kund zu tun, in welchem Kloster er eine Bußzelle für sie ausfindig gemacht hätte. Dann verließ er sie, vergaß aber nicht, ihr vorher einzuschärfen, daß sie inzwischen nichts von ihrer Bekehrung verlauten lassen und vor allem nur jedermann, der sie darum befragen würde, sagen solle, er habe sich recht lustig bei ihr gemacht.

Allein wie erschrak er, als er, zur bestimmten Stunde wieder erscheinend, die Türe fest verschlossen fand, indessen das Frauenzimmer frisch geschmückt und stattlich aus dem Fenster sah.

»Was willst du, Priester?« rief sie herunter, und erstaunt erwiderte er halblaut: »Was soll das heißen, mein Lämmchen? Tu' von dir diesen Sündenflitter und laß mich ein, daß ich dich zu deiner Buße vorbereite!« »Du willst zu mir herein, schlimmer Mönch?« sagte sie lächelnd, als ob sie ihn mißverstanden hätte, »hast du Geld oder Geldeswert bei dir?« Mit offenem Munde starrte Vitalis empor; dann rüttelte er verzweifelt an der Türe; aber sie war und blieb verschlossen und vom Fenster war das Weib auch verschwunden.

Das Gelächter und die Verwünschungen der Vorübergehenden trieben den scheinbar verdorbenen und schamlosen Mönch endlich von dem verrufenen Hause hinweg; allein sein einziges Sinnen und Trachten ging dahin, wieder in das nämliche Haus zu gelangen und den Bösen, der in dem Weibe steckte, auf jede Weise zu überwinden.

Von diesem Gedanken beherrscht lenkte er seine Schritte in eine Kirche, wo er, statt zu beten, über Mittel und Wege sann, wie er sich den Zutritt bei der Verlorenen verschaffen könne. Indem fiel sein Blick auf die Lade, in welcher die Gaben der Mildtätigkeit aufbewahrt lagen, und kaum war die Kirche, in welcher es dunkel geworden, leer, so schlug er die Lade mit kräftiger Faust auf und warf ihren Inhalt, der aus einer Menge kleiner Silberlinge bestand, in seine aufgeschürzte Kutte und eilte schneller, als ein Verliebter, nach der Wohnung der Sünderin.

Eben wollte ein zierlicher Stutzer in die aufgehende Türe schlüpfen; Vitalis ergriff ihn hinten an den duftenden Locken,

202

schleuderte ihn auf die Gasse und schlug die Türe, indem er hinein sprang, jenem vor der Nase zu, und so stand er nach einigen Augenblicken abermals vor der ruchlosen Person, welche ihn mit funkelnden Augen besah, da er statt des erwarteten Stutzers erschien. Vitalis schüttelte aber schnell das gestohlene Geld auf den Tisch und sagte: »Genügt das für diese Nacht?« Stumm aber sorgfältig zählte sie das Gut und sagte dann: »Es genügt!« und tat es beiseite.

Nun standen sie sich sonderbarlich gegenüber. Das Lachen verbeißend schaute sie darein, als ob sie von nichts wüßte, und der Mönch prüfte sie mit ungewissen und kummervollen Blicken und wußte nicht, wie er es anpacken sollte, sie zur Rede zu stellen. Als sie aber plötzlich in verlockende Gebärden überging und mit der Hand in seinen glänzenden dunklen Bart fahren wollte, da brach das Gewitter seines geistlichen Gemütes mächtig los, zornig schlug er ihr auf die Hand, warf sie dann auf ihr Bett, daß es erzitterte, und indem er auf sie hinkniete und ihre Hände festhielt, fing er, ungerührt von ihren Reizen, dergestalt an ihr in die Seele zu reden, daß ihre Verstocktheit endlich sich zu lösen schien.

Sie ließ nach in den gewaltsamen Anstrengungen, sich zu befreien, häufige Tränen flossen über das schöne und kräftige Gesicht, und als der eifrige Gottesmann sie nun freigab und aufrecht an ihrem Sündenlager stand, lag die große Gestalt auf demselben mit ausgestreckten müden Gliedern, wie von Reue und Bitterkeit zerschlagen, schluchzend und die umflorten Augen nach ihm richtend, wie verwundert über diese unfreiwillige Verwandlung.

Da verwandelte sich auch das Ungewitter seines beredten Zornes in weiche Rührung und inniges Mitleid; er pries innerlich seine himmlische Beschützerin, welcher zu Ehren ihm dieser schwerste aller Siege gelungen war, und seine Rede floß jetzt versöhnend und tröstend wie lindes Frühlingswehen über das gebrochene Eis dieses Herzens.

Fröhlicher, als wenn er das lieblichste Glück genossen hätte, eilte er von dannen, aber nicht, um auf seinem harten Lager noch ein Stündchen Schlaf zu finden, sondern um vor dem Altare der Jungfrau für die arme reuevolle Seele zu beten, bis der Tag vollends angebrochen wäre; denn er gelobte, kein Auge zu schließen, bis das verirrte Lamm nunmehr sicher hinter den schützenden Klostermauern verwahrt sei.

Kaum war auch der Morgen lebendig geworden, so machte er sich wieder auf den Weg nach ihrem Hause, sah aber auch gleichzeitig vom andern Ende der Straße den wilden Kriegsmann daher kommen, welcher nach einer durchschwelgten Nacht, halb betrunken, es sich in den Kopf gesetzt hatte, die Hetäre endlich wieder zu erobern.

Vitalis war näher an der unseligen Türe, und behende sprang er darauf zu, um sie vollends zu erreichen; da schleuderte jener den Speer nach ihm, der dicht neben des Mönches Kopf in der Tür steckenblieb, daß der Schaft zitterte. Aber noch ehe er ausgezittert, riß ihn der Mönch mit aller Kraft aus dem Holz, kehrte sich gegen den wütend herbeigesprungenen Soldaten, der ein bloßes Schwert zückte, und trieb ihm mit Blitzesschnelle den Speer durch die Brust; tot sank der Mann zusammen und Vitalis wurde fast im selbigen Augenblicke durch einen Trupp Kriegsknechte, die von der Nachtwache kamen und seine Tat gesehen, gefangen genommen, gebunden und in den Kerker geführt.

Wahrhaft kummervoll schaute er nach dem Häuschen zurück, in welchem er sein gutes Werk nun nicht vollenden konnte: die Wächter glaubten, er bedaure lediglich seinen Unstern, von einem sündhaften Vorsatz abgelenkt zu sein, und traktierten den vermeintlich unverbesserlichen Mönch mit Schlägen und Schimpfworten, bis er im Gefängnis war.

Dort mußte er viele Tage liegen, mehrfach vor den Richter gestellt; zwar wurde er am Ende straflos entlassen, weil er den Mann in der Notwehr umgebracht. Doch ging er immerhin als ein Totschläger aus dem Handel hervor und jedermann rief, daß man ihm endlich das geistliche Gewand abnehmen sollte. Der Bischof Johannes, welcher dazumal in Alexandria vorstand, mußte aber irgendeine Ahnung von dem wahren Sachverhalt oder sonst einen höheren Plan gefaßt haben, da er sich weigerte, den verrufenen Mönch aus der Klerisei* zu stoßen, und befahl, denselben einstweilen noch seinen seltsamen Weg wandeln zu lassen.

Dieser führte ihn ohne Aufenthalt zu der bekehrten Sünderin zurück, welche sich mittlerweile abermals umgekehrt hatte und den erschrockenen und bekümmerten Vitalis nicht eher herein ließ, bis er wiederum irgendwo einen Wertgegenstand entwendet und ihr gebracht. Sie bereute und bekehrte sich zum drittenmal, und auf gleiche Weise zum vierten- und fünftenmal, da sie diese Bekehrungen einträglicher fand, als alles andere, und überdies der böse Geist in ihr ein höllisches Vergnügen empfand, mit wechselnden Künsten und Erfindungen den armen Mönch zu äffen.

Dieser war jetzt wirklich von innen heraus ein Märtyrer; denn je ärger er getäuscht wurde, desto weniger konnte er von seinem Bemühen lassen, und es dünkte ihn, als ob seine eigene Seligkeit gerade von der Besserung dieser einen Person abhange. Er war bereits jetzt ein Totschläger, Kirchenräuber und Dieb; allein lieber hätt' er sich eine Hand abgehauen als den geringsten Teil seines Rufes als Wüstling aufgegeben, und wenn dies alles ihm endlich in seinem Herzen schwer und schwerer zu tragen war, so bestrebte er sich um so eifriger, vor der Welt die schlimme Außenseite mit frivolen Worten aufrecht zu halten. Denn diese märtyrliche Spezialität hatte er einmal erwählt. Doch wurde er bleich und schmal dabei und fing an, herumzuschleichen, wie ein Schatten an der Wand, aber immer mit lachendem Munde.

Gegenüber jenem Hause der Prüfung nun wohnte ein reicher griechischer Kaufmann, der ein einziges Töchterchen besaß, Jole geheißen, welche tun konnte, was ihr beliebte, und daher nicht recht wußte, was sie den langen Tag hindurch beginnen sollte. Denn ihr Vater, der sich zur Ruhe gesetzt hatte, studierte den Plato, und wenn er dessen müde war, so verfaßte er zierliche Xe-

* ironisch für katholische Geistliche

nien über die geschnittenen antiken Steine, deren er eine Menge sammelte und besaß. Jole hingegen, wenn sie ihr Saitenspiel beiseite gestellt hatte, wußte ihren lebhaften Gedanken keinen Ausweg und guckte unruhig in den Himmel und in die Ferne, wo sich eine Öffnung bot.

So entdeckte sie auch den Verkehr des Mönches in der Straße und erfuhr, welche Bewandtnis es mit dem berüchtigten Klerikus habe. Erschreckt und scheu betrachtete sie ihn von ihrem sicheren Versteck aus und konnte nicht umhin, seine stattliche Gestalt und sein männliches Aussehen zu bedauern. Als sie aber von einer Sklavin, welche mit der Sklavin der bösen Buhlerin vertraut war, vernahm, wie Vitalis von letzterer betrogen würde und wie es sich in Wahrheit mit ihm verhalte, da verwunderte sie sich über alle Maßen, und weit entfernt, dies Martyrium zu verehren, befiel sie ein seltsamer Zorn und sie hielt diese Art Heiligkeit der Ehre ihres Geschlechts nicht für zuträglich. Sie träumte und grübelte eine Weile darüber, und immer unzufriedener wurde sie, während gleichzeitig ihre Teilnahme für den Mönch sich erhöhte und mit jenem Zorne kreuzte.

Plötzlich entschloß sie sich, wenn die Jungfrau Maria nicht so viel Verstand habe, den Verirrten auf einen wohlanständigeren Weg zu führen, dies selbst zu übernehmen und ihr etwas ins Handwerk zu pfuschen, nicht ahnend, daß sie selbst das unbewußte Werkzeug der bereits einschreitenden Himmelskönigin war. Und alsogleich ging sie zu ihrem Vater, beschwerte sich bitterlich über die unangemessene Nachbarschaft der Buhldirne und beschwor ihn, dieselbe um jeden Preis vermittelst seines Reichtums und augenblicklich zu entfernen.

Der Alte verfügte sich, nach ihrer Anweisung, auch sogleich zu der Person und bot ihr eine gewisse Summe für ihr Häuschen, wenn sie es zur Stunde verlassen und ganz aus dem Revier wegziehen wolle. Sie verlangte nichts besseres und war noch im gleichen Vormittag aus der Gegend verschwunden, während der Alte wieder hinter seinem Plato saß und sich nicht weiter um die Sache kümmerte.

Desto eifriger war nun Jole, das Häuschen von unten bis oben von allem räumen zu lassen, was an die frühere Besitzerin erinnern konnte, und als es gänzlich ausgefegt und gereinigt war, ließ sie es mit feinen Spezereien so durchräuchern, daß die wohlduftenden Rauchwolken aus allen Fenstern drangen.

Dann ließ sie in das leere Gemach nichts als einen Teppich, einen Rosenstock und eine Lampe hinübertragen, und als ihr Vater, welcher mit der Sonne zur Ruhe ging, eingeschlafen war, ging sie selbst hin, das Haar mit einem Rosenkränzlein geschmückt, und setzte sich mutterseelenallein auf den ausgebreiteten Teppich, indessen zwei zuverlässige alte Diener die Haustüre bewachten.

Dieselben jagten verschiedene Nachtschwärmer davon; sobald sie dagegen den Vitalis herankommen sahen, verbargen sie sich und ließen ihn ungehindert in die offene Tür treten. Mit vielen Seufzern stieg er die Treppe hinan, voll Furcht, sich abermals genarrt zu sehen, und voll Hoffnung, endlich von dieser Last befreit zu werden durch die aufrichtige Reue eines Geschöpfes, welches ihn verhinderte, so viele andere Seelen zu retten. Allein wie erstaunte er, als er, in das Gemach getreten, dasselbe von all' dem Flitterstaat der wilden roten Löwin geleert und statt ihrer eine anmutige und zarte Gestalt auf dem Teppich sitzend fand, das Rosenstöckchen sich gegenüber auf demselben Boden.

»Wo ist die Unselige, die hier wohnte?« rief er, indem er verwundert um sich schaute und dann seine Blicke auf der lieblichen Erscheinung ruhen ließ, die er vor sich sah.

»Sie ist fortgewandert in die Wüste«, erwiderte Jole, ohne aufzublicken, »dort will sie das Leben einer Einsiedlerin führen und büßen; denn es hat sie diesen Morgen plötzlich übernommen und darnieder geworfen gleich einem Grashalm, und ihr Gewissen ist endlich aufgewacht. Sie rief nach einem gewissen Priester Vitalis, daß er ihr beistehen möchte. Allein der Geist, der in sie gefahren, ließ sie nicht länger harren; die Törin raffte alle ihre Habe zusammen, verkaufte sie und gab das Geld den Armen, worauf sie stehenden Fußes in einem härenen Hemd und mit abgeschnittenem Haar, einen Stecken in der Hand, hinauszog, wo die Wildnis ist.«

»Gepriesen seist du, Herr, und gelobt deine gnadenvolle Mutter!« rief Vitalis, voll fröhlicher Andacht die Hände faltend, indem es ihm wie eine Steinlast vom Herzen fiel; zugleich aber betrachtete er das Mädchen mit seinem Rosenkränzchen genauer und sprach:

»Warum sagtest du: die Törin? und wer bist du? von woher kommst du und was hast du vor?«

Die liebliche Jole richtete jetzt ihr dunkles Auge noch tiefer zur Erde; sie beugte sich vorn über und eine hohe Schamröte übergoß ihr Gesicht, da sie sich selbst der argen Dinge schämte, die sie vor einem Manne zu sagen im Begriffe war.

»Ich bin«, sagte sie, »eine verstoßene Waise, die weder Vater noch Mutter mehr hat. Dieser Teppich, diese Lampe und dieser Rosenstock sind die letzten Überbleibsel von meinem Erbe, und damit habe ich mich hier niedergelassen, um das Leben zu beginnen, das jene verlassen hat, welche vor mir hier wohnte!«

»Ei, so soll dich doch –!« rief der Mönch und schlug die Hände zusammen, »seht mir einmal an, wie fleißig der Teufel ist! Und dies harmlose Tierlein hier sagt das Ding so trocken daher, wie wenn ich nicht der Vitalis wäre! Nun, mein Kätzchen, was willst du tun? Sag's doch noch einmal!«

»Ich will mich der Liebe weihen und den Männern dienen, so lange diese Rose lebt!« sagte sie und zeigte flüchtig auf den Strauch; doch brachte sie die Worte kaum heraus und versank vor Scheu beinahe in den Boden, so duckte sie sich zusammen, und diese natürliche Scham diente der Schelmin sehr gut, den Mönch zu überzeugen, daß er es hier mit einer kindlichen Unschuld zu tun habe, die nur vom Teufel besessen mit beiden Füßen in den Abgrund springen wolle. Er strich sich vor Vergnügen den Bart, einmal so zu rechter Zeit auf dem Platz erschienen zu sein, und um sein Behagen noch länger zu genießen, sagte er langsam und humoristisch:

»Und dann nachher, mein Täubchen?«

»Nachher will ich in die Hölle fahren als eine allerärmste Seele, wo die schöne Frau Venus ist, oder vielleicht auch, wenn ich einen guten Prediger finde, etwa später in ein Kloster gehen und Buße tun!«

»Gut so, immer besser!« rief er, »das ist ja ein ordentlicher Kriegsplan und gar nicht übel erraten! Denn was den Prediger betrifft, so ist er schon da, er steht vor dir, du schwarzäugiges Höllenbrätchen! Und das Kloster ist dir auch schon hergerichtet wie eine Mausfalle, nur daß man ungesündigt hinein spaziert, verstanden? Ungesündigt bis auf den sauberen Vorsatz, der indessen einen erklecklichen Reueknochen für dein ganzes Leben abgeben und nützlich sein mag; denn sonst wärst du kleine Hexe auch gar zu possierlich und scherzhaft für eine rechte Büßerin! Aber nun«, fuhr er mit ernster Stimme fort, »herunter vorerst mit den Rosen vom Kopf und dann aufmerksam zugehört!«

»Nein«, sagte Jole etwas kecker, »erst will ich zuhören und dann sehen, ob ich die Rosen herunter nehme. Nachdem ich einmal mein weibliches Gefühl überwunden, genügen Worte nicht mehr mich abzuhalten, eh' ich die Sünde kenne, und ohne Sünde werde ich keine Reue kennen, dies gebe ich dir zu bedenken, ehe du dich bemühst! Aber immerhin will ich dich anhören!«

Jetzt begann Vitalis seine schönste Predigt, die er je gehalten. Das Mädchen hörte ihm anmutig und aufmerksam zu und ihr Anblick übte einen erheblichen Einfluß auf die Wahl seiner Worte, ohne daß er dessen inne ward, da die Schönheit und Feinheit des zu bekehrenden Gegenstandes wie von selbst eine erhöhte Beredsamkeit hervorrief. Allein da es ihr nicht im mindesten ernst war mit dem, was sie frevelhafter Weise vorgab, so konnte die Rede des Mönches sie auch nicht sehr erschüttern; ein liebliches Lachen schwebte vielmehr um ihren Mund, und als er geendigt und sich erwartungsvoll den Schweiß von der Stirne wischte, sagte Jole: »Ich bin nur halb gerührt von deinen Worten und kann mich nicht entschließen, mein Vorhaben aufzugeben; denn ich bin allzuneugierig, wie es sich in Lust und Sünden lebe!«

Wie versteinert stand Vitalis da und wußte nicht ein einziges Wort hervorzubringen. Es war das erstemal, daß ihm seine Bekehrungskunst so rund fehlgeschlagen. Seufzend und nachsinnend ging er im Gemach auf und nieder und besah dann wieder die kleine Höllenkandidatin. Die Kraft des Teufels schien sich hier auf unheimliche Weise mit der Kraft der Unschuld zu verbinden, um ihm zu widerstehen. Aber um so leidenschaftlicher gedachte er dennoch obzusiegen.

»Ich geh' nicht von der Stelle«, rief er endlich, »bis du bereust, und sollt' ich drei Tage und drei Nächte hier zubringen!«

»Das würde mich nur hartnäckiger machen«, erwiderte Jole, »ich will mir aber Bedenkzeit nehmen und die kommende Nacht dich wieder anhören. Jetzt bricht der Tag bald an, geh' deines Weges, indessen versprech' ich, nichts in der Sache zu tun und in meinem jetzigen Zustand zu verbleiben, wogegen du versprechen mußt, nirgends meiner Person zu erwähnen und nur in dunkler Nacht hieher zu kommen!«

»Es sei so!« rief Vitalis, machte sich fort und Jole schlüpfte rasch in ihr väterliches Haus zurück.

Sie schlief nur kurze Zeit und erwartete mit Ungeduld den Abend, weil ihr der Mönch, dem sie die Nacht durch so nahe gewesen, noch besser gefallen hatte, als sonst aus der Ferne. Sie sah jetzt, welch' ein schwärmerisches Feuer in seinen Augen glühte und wie entschieden, trotz der geistlichen Kleidung, alle seine Bewegungen waren. Wenn sie sich dazu seine Selbstverleugnung vergegenwärtigte, seine Ausdauer in dem einmal Erwählten, so konnte sie nicht umhin, diese guten Eigenschaften zu ihrem eigenen Nutzen und Vergnügen verwendet zu wünschen, und zwar in Gestalt eines verliebten und getreuen Ehemannes. Ihre Aufgabe war demnach, aus einem wackeren Märtyrer einen noch besseren Ehemann zu machen.

In der kommenden Nacht fand sie Vitalis zeitig wieder auf ihrem Teppich, und er setzte seine Bemühungen um ihre Tugend mit unvermindertem Eifer fort. Er mußte fortwährend dazu stehen, wenn er nicht zu einem Gebete niederkniete. Jole dagegen machte es sich bequem; sie legte sich mit dem Oberleib auf den Teppich zurück, schlang die Arme um den Kopf und betrachtete aus halb geschlossenen Augen unverwandt den Mönch, der vor ihr stand und predigte. Einigemal schloß sie die Augen, wie vom Schlummer beschlichen, und sobald Vitalis das gewahrte, stieß er sie mit dem Fuße an, um sie zu wecken. Aber diese mürrische Maßregel fiel dennoch jedesmal milder aus, als er beabsichtigte: denn sobald der Fuß sich der schlanken Seite des Mädchens näherte, mäßigte er von selbst seine Schwere und berührte nur sanft die zarten Rippen, und dessen ungeachtet strömte dann eine gar seltsamliche Empfindung den ganzen langen Mönch hinauf, eine Empfindung, die sich bei allen den vielen schönen Sünderinnen, mit denen er bisher verkehrt, im entferntesten nie eingestellt hatte.

Jole nickte gegen Morgen immer häufiger ein; endlich rief Vitalis unwillig: »Kind, du hörst nicht, du bist nicht zu erwecken, du verharrst in Trägheit!«

»Nicht doch«, sagte sie, indem sie die Augen plötzlich aufschlug und ein süßes Lächeln über ihr Gesicht flog, gleichsam als wenn der nahende Tag schon darauf zu sehen wäre, »ich habe gut aufgemerkt, ich hasse jetzt jene elende Sünde, die mir um so widerwärtiger geworden, als sie dir Ärgernis erregt, lieber Mönch; denn nichts könnte mir mehr gefallen, was dir mißfällt!«

»Wirklich?« rief er voll Freuden, »so ist es mir doch gelungen? Jetzt komm' nur gleich in das Kloster, damit wir deiner sicher sind. Wir wollen diesmal das Eisen schmieden, weil es noch warm ist!«

»Du verstehst mich nicht recht«, erwiderte Jole und schlug errötend die Augen wieder zur Erde, »ich bin in dich verliebt und habe eine zärtliche Neigung zu dir gefaßt!«

Vitalis empfand augenblicklich, wie wenn ihm eine Hand aufs Herz schlüge, ohne daß es ihm jedoch dünkte, weh zu tun. Beklemmt sperrte er die Augen und den Mund auf und stand da.

Jole aber fuhr fort, indem sie noch röter wurde, und sagte leise und sanft: »Nun mußt du mir auch noch dies neue Unheil ausreden und verbannen, um mich gänzlich vom Übel zu befreien, und ich hoffe, daß es dir gelingen werde!«

Vitalis, ohne ein Wort zu sagen, machte kehrt um und rannte aus dem Hause. Er lief in den silbergrauen Morgen hinaus, statt sein Lager aufzusuchen, und überlegte, ob er diese verdächtige junge Person ein für allemal ihrem Schicksal überlassen oder versuchen solle, ihr diese letzte Grille auch noch auszutreiben, welche ihm die bedenklichste von allen und für ihn selbst nicht ganz ungefährlich schien. Doch eine zornige Schamröte stieg ihm ins Haupt bei dem Gedanken, daß dergleichen für ihn selbst gefährlich sein sollte; aber dann fiel ihm gleich wieder ein, der Teufel könnte ihm ein Netz gestellt haben, und wenn dem so wäre, so sei dieses am besten bei Zeiten zu fliehen. Aber feldflüchtig werden vor solchem federleichten Teufelsspuk? Und wenn das arme Geschöpfchen wirklich es gut meinte und durch einige kräftige grobe Worte von seiner letzten unzukömmlichen Phantasie zu heilen wäre? Kurz, Vitalis konnte nicht mit sich einig werden, und das um so weniger, als auf dem Grunde seines Herzens bereits ein dunkles Wogen das Schifflein seiner Vernunft zum Schaukeln brachte.

Er schlüpfte daher in seiner Bedrängnis in ein Gotteshäuschen, wo vor kurzem ein schönes altes Marmorbild der Göttin Juno, mit einem goldenen Heiligenschein versehen, als Marienbild aufgestellt worden war, um diese Gottesgabe der Kunst nicht umkommen zu lassen. Vor dieser Maria warf er sich nieder und trug ihr inbrünstig seinen Zweifel vor, und er bat seine Meisterin um ein Zeichen. Wenn sie mit dem Kopfe nickte, so wolle er die Bekehrung vollenden, wenn sie ihn schüttle, so wolle er davon abstehen.

Allein das Bild ließ ihn in der grausamsten Ungewißheit und tat keins von beidem, weder nickte es, noch schüttelte es den Kopf. Nur als ein rötlicher Schein vorüberziehender Frühwolken über den Marmor flog, schien das Gesicht auf das holdeste zu lächeln, mochte es nun sein, daß die alte Göttin, die Beschützerin ehelicher Zucht und Sitte, sich bemerklich machte, oder daß die neue über die Not ihres Verehrers lachen mußte; denn im Grunde waren beides Frauen und diese lächert es immer, wenn ein Liebeshandel im Anzug ist. Aber Vitalis wurde davon nicht klüger; im Gegenteil machte ihm die Schönheit des Anblickes noch wunderlicher zu Mut, ja merkwürdiger Weise schien das Bild die Züge der errötenden Jole anzunehmen, welche ihn aufforderte, ihr die Liebe zu ihm aus dem Sinne zu treiben.

Indessen wandelte um die gleiche Zeit der Vater Joles unter den Zypressen seines Gartens umher; er hatte einige sehr schöne neue Steine erworben, deren Bildwerke ihn so früh auf die Beine gebracht. Entzückt betrachtete er dieselben, indem er sie in der aufgehenden Sonne spielen ließ. Da war ein nächtlicher Amethyst, worauf Luna ihren Wagen durch den Himmel führte, nicht ahnend, daß sich Amor hinten aufgehockt, während umherschwärmende Amoretten auf griechisch ihr zuriefen: Es sitzt einer hintenauf! Ein prächtiger Onyx zeigte Minerva, welche achtlos sinnend den Amor auf dem Schoße hielt, der mit seiner Hand eifrig ihren Brustharnisch polierte, um sich darin zu spiegeln.

Auf einem Karneol endlich tummelte sich Amor als ein Salamander in einem vestalischen Feuer herum und setzte die Hüterin desselben in Verwirrung und Schrecken.

Diese Szenen reizten den Alten zu einigen Distichen und er besann sich, welches er zuerst in Angriff nehmen wolle, als sein Töchterchen Jole blaß und überwacht durch den Garten kam. Besorgt und verwundert rief er sie an und fragte, was ihr den Schlaf geraubt habe? Ehe sie aber antworten konnte, zeigte er ihr seine Kleinode und erklärte ihr den Sinn derselben.

Da tat sie einen tiefen Seufzer und sagte: »Ach, wenn alle diese großen Mächte, die Keuschheit selbst, die Weisheit und die Religion sich nicht vor der Liebe bewahren können, wie soll ich armes unbedeutendes Geschöpf mich wider sie befestigen?«

Über diese Worte erstaunte der alte Herr nicht wenig. »Was muß ich hören?« sagte er, »sollte dich das Geschoß des starken Eros getroffen haben?«

»Es hat mich durchbohrt«, erwiderte sie, »und wenn ich nicht binnen Tag und Nacht im Besitz des Mannes bin, welchen ich liebe, so bin ich des Todes!«

Obgleich nun der Vater gewohnt war, ihr in allem zu willfahren, was sie begehrte, so war ihm diese Eile jetzt doch etwas zu heftig und er mahnte die Tochter zu Ruhe und Besonnenheit. Letztere fehlte ihr aber keineswegs und sie gebrauchte dieselbe so gut, daß der Alte ausrief: »So soll ich denn die elendeste aller Vaterpflichten ausüben, indem ich nach dem Erwählten, nach dem Männchen auslaufe und es an der Nase zum besten hinführe, was ich mein nenne, und ihn bitte, doch ja Besitz davon zu nehmen? Hier ist ein schmuckes Weibchen, lieber Herr, bitte, verschmäh es nicht? Ich möchte dir zwar lieber einige Ohrfeigen geben, aber das Töchterchen will sterben und ich muß höflich sein! Also laß' dir's doch in Gnaden belieben, genieße ums Himmels willen das Pastetchen, das sich dir bietet! Es ist trefflich gebacken und schmilzt dir auf der Zunge!«

»Alles das ist uns erspart«, sagte Jole, »denn wenn du es nur erlaubst, so hoffe ich ihn dazu zu bringen, daß er von selbst kommt und um mich anhält.«

»Und wenn er alsdann, den ich gar nicht kenne, ein Schlingel und ein Taugenichts ist?« »Dann soll er mit Schimpf weggejagt werden! Er ist aber ein Heiliger!«

»So geh' denn und überlaß mich den Musen!« sagte der gute Alte.

Als der Abend kam, folgte die Nacht nicht so schnell der Dämmerung, als Vitalis hinter Jole her im bekannten Häuschen erschien. Aber so war er noch nie hier eingetreten. Das Herz klopfte ihm und er mußte empfinden, was es heiße, ein Wesen wieder zu sehen, das einen solchen Trumpf ausgespielt hat. Ein anderer Vitalis stieg die Treppe hinauf, als in der Frühe heruntergestiegen war, obschon er selbst am wenigsten davon verstand, da der arme Mädchenbekehrer und verrufene Mönch nicht einmal den Unterschied zwischen dem Lächeln einer Buhldirne und demjenigen einer ehrlichen Frau gekannt hatte.

Doch kam er immerhin in der guten Meinung und mit dem alten Vorsatze, dem Ungeheuerchen jetzt endlich alle unnützen Gedanken aus dem Köpfchen zu treiben; nur schwebte ihm vor, als ob er nach gelungenem Werke dann doch etwa eine Pause in seiner Märtyrtätigkeit sich erlauben möchte, zumal ihn diese sehr zu ermüden begann.

Aber es war ihm beschieden, daß in dieser verhexten Behausung stets neue Überraschungen seiner warteten. Als er jetzt das Gemach betrat, war es aufs anmutigste ausgeziert und mit allen Wohnlichkeiten versehen. Ein fein einschmeichelnder Blumenduft erfüllte den Raum und stimmte zu einer gewissen sittigen Weltlichkeit; auf einem blühweißen Ruhebett, an dessen Seide kein unordentliches Fältchen sichtbar war, saß Jole, herrlich geschmückt, in süß bekümmerter Melancholie, gleich einem spintisierenden* Engel. Unter dem schönfaltigen Brustkleide wogte es so rauh, wie der Sturm in einem Milchbecher, und so schön die weißen Arme erglänzten, die sie unter der Brust übereinander gelegt hatte, so sah doch all' dieser Reiz so gesetzlich und erlaubt in die Welt, daß Vitalisens gewohnte Redekunst in seinem Halse steckenblieb.

»Du bist verwundert, schönster Mönch!« begann Jole, »diesen Staat und Putz hier zu finden! Wisse, dies ist der Abschied, den ich von der Welt zu nehmen gedenke, und damit will ich zugleich die Neigung ablegen, die ich leider zu dir empfinden muß. Allein dazu sollst du mir helfen nach deinem besten Vermögen und auf die Art, wie ich mir ausgedacht habe und wie ich von dir verlange. Wenn du nämlich in diesem Gewande und als geistlicher Mann zu mir sprichst, so ist das immer das Gleiche, und das Gebaren eines Klerikers vermag mich nicht zu überzeugen, da ich der Welt angehöre. Ich kann nicht durch einen Mönch von der Liebe geheilt werden, da er sie nicht kennt und nicht weiß, von was er spricht. Ist es dir daher recht Ernst, mir Ruhe zu geben und mich dem Himmel zuzuwenden, so geh' in

* phantasieren

215

jenes Kämmerlein, wo weltliche Gewänder bereit liegen. Dort vertausche deinen Mönchshabit mit jenen, schmücke dich als Weltmann, setze dich nachher zu mir, um gemeinsam mit mir ein kleines Mahl einzunehmen, und in dieser weltlichen Lage biete alsdann all' deinen Scharfsinn und Verstand auf, mich von dir ab- und der Gottseligkeit zuzudrängen!«

Vitalis erwiderte hierauf nichts, sondern besann sich eine Weile; sodann beschloß er, alle Beschwerde nun mit Einem Schlage zu enden und den Weltteufel wirklich mit seinen eigenen Waffen zu Paaren zu treiben, indem er auf Joles eigensinnigen Vorschlag einging.

Er begab sich also wirklich in das anstoßende Gemach, wo ein paar Knechtlein mit prächtigen Gewändern in Linnen und Purpur seiner harrten. Kaum hatte er dieselben angezogen, so schien er um einen Kopf höher zu sein, und er schritt mit edlem Anstand zu Jolen zurück, welche mit den Augen an ihm hing und freudevoll in die Hände klatschte.

Nun geschah aber ein wahres Wunder und eine seltsame Umwandlung mit dem Mönch; denn kaum saß er in seinem weltlichen Staat neben dem anmutvollen Weibe, so war die nächste Vergangenheit wie weggeblasen aus seinem Gehirn und er vergaß gänzlich seines Vorsatzes. Anstatt ein einziges Wort hervorzubringen, lauschte er begierig auf Joles Worte, welche seine Hand ergriffen hatte und ihm nun ihre wahre Geschichte erzählte, nämlich wer sie sei, wo sie wohne und wie es ihr sehnlichster Wunsch wäre, daß er seine eigentümliche Lebensweise verlassen und bei ihrem Vater sich um ihre Hand bewerben möchte, auf daß er ein guter und Gott gefälliger Ehemann würde. Sie sagte noch viele wundersame Dinge in den zierlichsten Worten über eine glückliche und tugendreiche Liebesgeschichte, schloß aber mit dem Seufzer, daß sie wohl einsehe, wie vergeblich ihre Sehnsucht sei, und daß er nun sich bemühen möge, ihr alle diese Dinge auszureden, aber nicht, bevor er sich durch Speise und Trank gehörig dazu gestärkt habe.

Nun trugen auf ihren Wink ihre Leute Trinkgefäße auf den

Tisch nebst einem Körbchen mit Backwerk und Früchten. Jole mischte dem stillen Vitalis eine Schale Wein und reichte ihm liebevoll etwas zu essen, so daß er sich wie zu Hause fühlte und ihm fast seine Kinderjahre in den Sinn kamen, wo er als Knäbchen zärtlich von seiner Mutter gespeist worden. Er aß und trank, und als dies geschehen, da war es ihm, als ob er nun vorerst von langer Mühsal ausruhen möchte, und siehe da, mein Vitalis neigte sein Haupt zur Seite, nach Jolen hin, und schlief ohne Säumnis ein und bis die Sonne aufging.

Als er erwachte, war er allein und niemand weder zu sehen noch zu hören. Heftig sprang er auf und erschrak über das glänzende Gewand, in dem er steckte; hastig stürmte er durch das Haus von oben bis unten, seine Mönchskutte zu suchen; aber nicht die kleinste Spur war davon zu finden, bis er in einem kleinen Höfchen Kohlen und Asche sah, auf welchen ein halbverbrannter Ärmel seines Priestergewandes lag, so daß er mit Recht vermutete, dasselbe sei hier feierlich verbrannt worden.

Er steckte nun vorsichtig den Kopf bald durch diese, bald durch jene Öffnung auf die Straße und zog sich jedesmal zurück, wenn jemand nahte. Endlich warf er sich auf das seidene Ruhebett, so bequem und lässig, als ob er nie auf einem harten Mönchslager geruht hätte; dann raffte er sich zusammen, ordnete das Gewand und schlich aufgeregt an die Haustüre. Dort zögerte er noch ein Weilchen; plötzlich aber riß er sie weit auf und ging mit Glanz und Würde ins Freie. Niemand erkannte ihn, alles hielt ihn für einen großen Herrn aus der Ferne, welcher sich hier zu Alexandria einige gute Tage mache.

Er sah indessen weder rechts noch links, sonst würde er Jole auf der Zinne ihres Hauses gesehen haben. So ging er denn geraden Weges nach seinem Kloster, wo aber sämtliche Mönche samt ihrem Vorsteher eben beschlossen hatten, ihn aus ihrer Mitte zu verstoßen, weil das Maß seiner Sünden nun voll sei und er nur zum Ärgernis und Schaden der Kirche gereiche. Als sie ihn gar in seinem weltlichen hoffärtigen Aufzuge ankommen sahen, stieß das dem Fasse ihrer Langmut vollends den Boden aus;

sie besprengten und begossen ihn mit Wasser von allen Seiten und trieben ihn mit Kreuzen, Besen, Gabeln und Kochlöffeln aus dem Kloster.

Diese schnöde Behandlung wäre ihm zu anderer Zeit ein Hochgenuß und Triumph seines Märtyrtums gewesen. Jetzt lachte er zwar auch inwendig, aber in ziemlich anderm Sinne. Noch ging er einmal um die Ringmauern der Stadt herum und ließ seinen roten Mantel im Winde fliegen; eine herrliche Luft wehte vom heiligen Lande her über das blitzende Meer, aber Vitalis wurde immer weltlicher im Gemüt, und unversehns lenkte er seinen Gang wieder in die geräuschvollen Straßen der Stadt, suchte das Haus, wo Jole wohnte, und erfüllte deren Willen.

Er wurde jetzt ein eben so trefflicher und vollkommener Weltmann und Gatte, als er ein Märtyrer gewesen war; die Kirche aber, als sie den wahren Tatbestand vernahm, war untröstlich über den Abgang eines solchen Heiligen und wendete alles an, den Flüchtigen wieder in ihren Schoß zu ziehen. Allein Jole hielt ihn fest und meinte, er sei bei ihr gut genug aufgehoben.

Brief an Marie Exner

Zürich, 16. Dezember 1872

Höflichen und herzlichen Dank für die zwei Bilder, die mir Herr Dilthey gestern abend gab. Bis zu diesem Augenblick, das heißt seit Monaten, hatte ich in Zucht und Ehren gelebt. Gestern tranken wir zwei nun folgendes:

8 Glas Bier
2 Schoppen Wein
2 Flaschen Wein
2 Gläser Grog
2 Wiener Schnitzel (Dilthey)
1 Blumenkohl (idem)
1 Hasenbraten (ich)
2 Brot (beide)
1 Kartoffelsalat (ich)
1 Käs (Dilthey)
1 Butter (id.)
1 Brot (id.)

macht 24 Einheiten, die wir zusammen verschlangen.

Als Dilthey meinen schönen Hasenbraten sah, wollte er auch welchen haben; es war aber keiner mehr da, ich bot ihm den meinigen an gegen Abtretung der Wiener Schnitzel. Da wurde er mißtrauisch und behielt sie.

Heut hab' ich etwas Katzenjammer; als ich um neun Uhr aufstand und die Photographien besah, machte ich ein zwinkerndes Gesicht, wie eine alte Eule, die an einem hellen Morgen aufs Meer hinausschaut.

Stille der Nacht

Willkommen, klare Sommernacht,
Die auf betauten Fluren liegt!
Gegrüßt mir, goldne Sternenpracht,
Die spielend sich im Weltraum wiegt!

Das Urgebirge um mich her
Ist schweigend, wie mein Nachtgebet;
Weit hinter ihm hör' ich das Meer
Im Geist und wie die Brandung geht.

Ich höre einen Flötenton,
Den mir die Luft von Westen bringt,
Indes herauf im Osten schon
Des Tages leise Ahnung dringt.

Ich sinne, wo in weiter Welt
Jetzt sterben mag ein Menschenkind –
Und ob vielleicht den Einzug hält
Das viel ersehnte Heldenkind.

Doch wie im dunklen Erdental
Ein unergründlich Schweigen ruht,
Ich fühle mich so leicht zumal
Und wie die Welt so still und gut.

Der letzte leise Schmerz und Spott
Verschwindet aus des Herzens Grund;
Es ist, als tät' der alte Gott
Mir endlich seinen Namen kund.

Brief an Lina Duncker

Zürich-Hottingen, 13. Januar 1856

Hier in Zürich geht es mir bis dato gut, ich habe die beste Gesellschaft und sehe vielerlei Leute, wie sie in Berlin nicht so hübsch beisammen sind. Auch eine rheinische Familie Wesendonck ist hier, ursprünglich aus Düsseldorf, die aber eine Zeitlang in Neu York waren. Sie ist eine sehr hübsche Frau, namens Mathilde Luckemeier, und machen diese Leute ein elegantes Haus, bauen auch eine prächtige Villa in der Nähe der Stadt, diese haben mich freundlich aufgenommen. Dann gibt es bei einem eleganten Regierungsrat Dr. J. J. Sulzer feine Soupers, wo Richard Wagner, Semper, der das Dresdner Theater und Museum baute, der Tübinger Vischer und einige Züricher zusammenkommen und wo man morgens zwei Uhr nach genugsamem Schwelgen eine Tasse heißen Tee und eine Havannazigarre bekommt. Wagner selbst verabreicht zuweilen einen soliden Mittagstisch, wo tapfer pokuliert wird, so daß ich, der ich glaubte, aus dem Berliner Materialismus heraus zu sein, vom Regen in die Traufe gekommen bin. An diversen zürcherischen Zweckessen bin ich auch schon gewesen; man kocht sehr gut hier, und an Raffiniertheiten ist durchaus kein Mangel, so daß es hohe Zeit war, daß ich heimkehrte, um meinen Landsleuten Moral und Mäßigung zu predigen, zu welchem Zweck ich aber erst alles aufmerksam durchkosten muß, um den Gegenstand recht kennen zu lernen, den ich befehden will ...

An mein Vaterland

O mein Heimatland! O mein Vaterland!
Wie so innig, feurig lieb' ich Dich!
Schönste Ros', ob jede mir verblich,
Duftest noch an meinem öden Strand!

Als ich arm, doch froh, fremdes Land durchstrich,
Königsglanz mit Deinen Bergen maß,
Thronenflitter bald ob Dir vergaß:
Wie war da der Bettler stolz auf Dich!

Als ich fern Dir war, o Helvetia!
Faßte manchmal mich ein tiefes Leid;
Doch wie kehrte schnell es sich in Freud',
Wenn ich Einen Deiner Söhne sah!

O mein Schweizerland, all' mein Gut und Hab'!
Wenn dereinst mein banges Stündlein kommt,
Ob ich Schwacher Dir auch Nichts gefrommt:
Nicht versage mir ein stilles Grab!

Werf' ich ab von mir dies mein Staubgewand,
Beten will ich dann zu Gott dem Herrn:
»Lasse strahlen Deinen schönsten Stern
Nieder auf mein irdisch Vaterland!«

Martin Salander
Aus dem Anfang des Romans

I.

Ein noch nicht bejahrter Mann, wohl gekleidet und eine Reisetasche von englischer Lederarbeit umgehängt, ging von einem
Bahnhofe der helvetischen Stadt Münsterburg weg, auf neuen
Straßen, nicht in die Stadt hinein, sondern sofort in einer bestimmten Richtung nach einem Punkte der Umgegend, gleich
einem, der am Orte bekannt und seiner Sache sicher ist. Dennoch mußte er bald anhalten, sich besser umzusehen, da diese
Straßenanlagen schon nicht mehr die früheren neuen Straßen
waren, die er einst gegangen; und als er jetzt rückwärts schaute,
bemerkte er, daß er auch nicht aus dem Bahnhofe herausgekom-
men, von welchem er vor Jahren abgefahren, vielmehr am alten
Ort ein weit größeres Gebäude stand.

Die reich gegliederte, kaum zu übersehende Steinmasse
leuchtete auch so still prächtig in der Nachmittagssonne, daß
der Mann wie verzückt hinsah, bis er von dem Verkehrstrubel
unsanft gestört wurde und das Feld räumte. Aber der erhobene
Kopf, die an der Hüfte gelind sich hin und her wiegende Reisetasche ließen erkennen, wie er vom Schwunge der Gedanken bewegt, von Genugtuung erfüllt dahinschritt, um Weib
und Kinder aufzusuchen, wo er sie vor Jahren gelassen. Jedoch
vergeblich forschte er zwischen der rastlosen Überbauung des
Bodens nach Spuren früherer Pfade, die sonst zwischen Wiesen und Gärten schattig und freundlich hügelan geleitet hatten.
Denn diese Pfade lagen auch weiterhin unter staubigen oder mit
hartem Kies beschotterten Fahrstraßen begraben. Obgleich das
alles seine Bewunderung stetig erhöhte, war er endlich doch angenehm überrascht, als er unvermerkt, um eine Ecke biegend,
sich in einen Häuserwinkel versetzt fand, den er augenblicklich
an seiner verjährten ländlichen Bauart wieder erkannte. Die vor-

springenden Dächer, das rote Balkenwerk, die kleinen Vorgärtchen waren die nämlichen, wie seit Menschengedenken.

»Das ist ja der Zeisig!« rief der Wandersmann, indem er stillstand und mit warmem Heimatgefühl die alte Lokalität betrachtete, »wahrhaftig der Zeisig! Im Zeisig, heißt es hier! Wer kann sagen, warum einem eine solche Sache und ein solches Wort während sieben Jahren nicht ein einziges Mal eingefallen ist, und haben wir doch als Schüler hier so schönen Apfelmost getrunken, wenn wir einen Batzen besaßen! Und der alte Brunnen steht auch noch, mit welchem man den Zeisigbauer aufzog, daß er Most und Milch daraus speise!«

In der Tat sprudelte aus der uralten Holzsäule das klare Bergwasser in denselben Trog, wie ehemals, und zwar durch den gleichen abgesägten Flintenlauf, der statt einer eisernen Brunnenröhre darin steckte. Diese Entdeckung erregte dem Mann eine neue Begeisterung.

»Sei mir gegrüßt, ehrwürdiges Zeichen friedlicher Wehrkraft!« dachte er halblaut; »dies Rohr, das einst Feuer gesprüht, spendet das lautere Quellwasser für Mensch und Tier! Aber schon hängt in jedem Hause, wie ich vernehme, das gezogene Gewehr und harrt der ernsten Prüfung; möge sie der Heimat erspart bleiben!«

In diesem Augenblicke näherte sich ein Trupp spielender Kinder dem Brunnen, kleines Volk von zwei bis sechs Jahren. Letztern Alters konnten zwei Knaben und überdies Zwillinge sein, weil sie genau dieselbe Größe, ganz ähnlich runde Köpfe mit dicken Backen und vor den Bäuchen aus gleichem Wachstuch geschnittene, mit Blümchen bedruckte Schürzen aufwiesen, offenbar ebensowohl als Auszeichnung, wie zum Schutze der Kleider. Etwas seitwärts stand einsam ein bleicher Junge, der seinen achten Sommer zählen mochte und Anlaß zu einer kleinen Begebenheit bot, welche die Aufmerksamkeit des heimkehrenden Mannes von dem alten Flintenlauf ablenkte.

Einer der beiden Schurzträger rief nämlich den einsamen Jungen hochmütig an:

»Was tust du denn hier? Was willst du?«

Als der Angerufene nicht antwortete und nur melancholisch herüberblickte, trat der andere Zwilling, die Hände auf dem Rücken, den beschürzten Bauch vorstreckend, näher hin und sagte patzig:

»Ja, auf was wartest du hier?«

»Ich warte auf meine Mutter!« erwiderte nun der Junge, unsicher werdend, ob er das Recht habe, dort zu stehen. Der andere aber versetzte trocken und verächtlich wie ein Alter: »So, du hast eine Mutter?« während sein Bruder laut auflachte und schrie:

»Ha ha! Der hat eine Mutter!«

Sogleich sang der ganze Kinderchor mit drollig nachgeahmtem Gelächter:

»Der hat eine Mutter!«

Und nie hörte man ein fröhlicheres Lachen so kleiner Leute. Als ob das lustigste Ereignis sie königlich erheitere, holten sie immer ein neues »Hahaha« aus der Tiefe ihrer arglosen Kinderherzchen herauf und standen dabei im Kreise beisammen, innerhalb dessen ein zweijähriges Watschelbübchen, indem es sich mit den fetten Händchen die Seiten hielt, wiederholte:

»O! eine Moder hat der!«

Als dies Vergnügen, wie alles hienieden, allmählich sein Ende erreicht, fragte der mit der Reisetasche, der es wohl beobachtet hatte und nichts davon verstand, mit freundlichen Worten:

»Warum lacht ihr Kinder so darüber, daß der Knabe eine Mutter hat? Habt ihr denn keine Mutter?«

»Nein! Wir sagen Mama!« erklärte der eine Rädelsführer der Kleinen, und gleichzeitig nahm er einen Tonscherben vom Boden, schöpfte Wasser aus dem Brunnenbecken und schleuderte es auf den Inhaber einer Mutter. Der verlor aber die Geduld. Er sprang herbei, um den bösen Zwilling ein Weniges zu zausen, worauf beide Brüder zu zetern und »Mama! Mama!« zu schreien begannen.

»Isidor! Julian! Was gibt's denn, was habt ihr wieder?« ließ sich eine Stimme vernehmen, und aus einem der Häuser kam eine rüstige Frau, unzweifelhaft vom Waschzuber weg. Die feuchte Schürze war zurückgeschlagen; auf der einen Faust hielt sie einen modisch mit Blumen und Seide aufgeputzten Strohhut vor sich hin, während sie mit dem andern rotbraunen Arm den Schweiß von der Stirn zu wischen suchte und der ihr folgenden Putzmacherin* schmälend zurief, der Hut sei nicht geraten, die Blumen stellten nichts Rechtes vor, sie wolle ebenso schöne und große, wie andere Frauenzimmer, und weiße Bänder statt der braunen. Sie wüßte nicht, warum sie nicht ebenso gut weiße Bänder tragen dürfte, wie diese und jene, und wenn sie auch keine Rätin sei, so werde sie dereinst vielleicht eines oder zwei solcher Stücke zu Schwiegertöchtern bekommen!

Die Modistin, welche ihr den Hut inzwischen abgenommen, versetzte bescheiden schnippisch, es sei gut, daß die Bänder nicht schon weiß gewesen, sonst würden sie von den nassen Händen der Frau bereits verdorben sein, und es frage sich, ob diese befleckten braunen sauber herzustellen seien. Sie wolle sehen, was die Meisterin dazu sage. Hiermit legte sie den Hut wieder in die Schachtel, in der sie ihn hergetragen, und begab sich verdrießlich hinweg, indessen die Waschfrau ihr nachrief, sie solle nur machen, daß sie den Hut bis nächsten Sonntag erhalte, denn sie wolle damit zur Kirche gehen. Dann sah sie endlich nach ihren Buben Julian und Isidor, welche zu schreien nicht aufhörten, obgleich der fremde Knabe sich an seinen Standort zurückgezogen hatte.

»Was ist denn mit euch? Wer tut euch was?« rief sie, worauf jene schrien: »Der dort will uns hauen!«

Nun aber mischte sich der stets aufmerksame Wandersmann in den Handel und belehrte die Frau, die beiden Jungen hätten den andern zuerst mit Wasser begossen und ihn ausgelacht, weil er nur eine Mutter und keine Mama besitze.

»Das ist nicht schön von euch!« sagte die Frau mit milder Zurechtweisung zu ihren Sprößlingen; »er ist nicht schuld, wenn er

* Modistin

226

arme oder ungebildete Eltern hat, und ihr könnt Gott danken, daß es euch besser geht!«

Der mit der Reisetasche konnte sich nicht enthalten, zu fragen, ob es denn hierzulande ein Kennzeichen von Armut oder Verwahrlosung sei, wenn unter dem Volke die Eltern noch Vater und Mutter genannt werden, und er tat diese Frage mit anständiger Wißbegier, ohne Spott, gewärtig, schon wieder etwas Neues, vielleicht Günstiges und Rühmliches zu erfahren. Die Frau aber sah ihn groß an, besann sich ein wenig, bis sie zu erkennen glaubte, daß es sich um einen unvorgesehenen unbefugten Angriff handle, und erwiderte alsdann mit geschärfter Betonung:

»Wir sind hier nicht Volk, wir sind Leute, die alle das gleiche Recht haben, emporzukommen! Und alle sind gleich vornehm! Und für meine Kinder bin ich die Mama, damit sie sich nicht vor dem Herrenvolk zu schämen brauchen und einst aufrechten Hauptes durch die Welt gehen dürfen! Jede rechte Mutter hat die Pflicht, dafür zu sorgen, weil es Zeit ist!«

»Was machst du denn für einen Lärm, Frau?« sagte der hinzugekommene Mann derselben; er setzte einen großen Korb voll gelber Rübchen neben den Brunnen nieder, indem er beifügte: »Da ist Gemüse zu waschen! Ich will gleich das Beet umgraben und wieder ansäen; die Buben können das Zeug abspülen! Damit sie das Wasser im Trog nicht verunreinigen, gib ihnen einen Zuber, Frau, und achte doch darauf, daß dem Vieh das Trinkwasser nicht immer getrübt wird von den Kindern!«

Hierdurch schien die wackere Frau, in Gegenwart des Fremden, noch gereizter zu werden. Die Knaben seien jetzt ordentlich angezogen und sollen sich nicht schon wieder versauen! Sie wolle die Rübchen nachher schon abspülen, wozu noch alle Zeit sei, denn sie würden erst am nächsten Morgen geholt.

Und die Zwillinge riefen ihrerseits: »Vater, die Mama sagt, wir dürfen uns nicht versauen! Was sollen wir nun tun? Können wir laufen, wo wir wollen?«

Ohne die Antwort abzuwarten, sprangen sie mit den andern Kindern davon; der Fremde aber, statt ihrem Beispiel zu folgen, blieb immer noch stehen, in Nachdenken verloren über die neue Tatsache, daß der Mann der Mama doch ein einfacher Vater sei vor seinen Kindern, dabei auch freilich nicht so viel zu gelten schien, wie jene.

In diesen Gedanken unterbrach ihn der Landwirt oder Gemüsegärtner und fragte: »Und was ist's mit dem Herren hier, was wünscht er?«

»Er wird wohl nichts zu wünschen haben!« rief die Frau dazwischen; »er hat uns bloß Volk genannt und sich verwundert, wieso die Buben mir Mama rufen sollen!«

»Das war nicht so gemeint!« sagte der Fremde lächelnd, »ich habe mich ja im Gegenteil über die Verfeinerung der Sitte hierzulande gefreut, über die zunehmende Gleichheit der Bürger; gewahre nun aber doch, daß das Familienhaupt noch Vater genannt wird und nicht Papa! Wie darf ich mir nun das wieder erklären?«

Die Frau blickte ärgerlich auf ihren Mann, der ihr in diesem Punkte genugsam Verdruß gemacht haben mochte, und verhielt sich im übrigen still. Der Mann seinerseits betrachtete den Fremdling nun ebenfalls mit prüfendem Blicke, wie vorhin die Frau, und als er dessen offenes und gutmütiges Gesicht wahrnahm, ließ er sich zu einer vertraulichen Rede herbei:

»Seht, guter Freund! Das ist eine Sache, wovon manches zu berichten wäre! Die Gleichheit ist allerdings vorhanden, und alle streben wir aufwärts. Am eifrigsten sind die Weiber dahinter her; eine nach der andern nimmt jenen Titel an, wogegen wir Mannsleute bei unserer Hantierung dergleichen Zierat nicht brauchen können. Wir würden uns selbst auslachen, wenigstens einstweilen noch, und dann, was die Hauptsache ist, so würde man uns die Steuern hinaufschrauben, wenn wir den Papa-Titel annähmen. So hat der Herr Pfarrer in der Schulpflege zu verstehen gegeben, wo die Sache zur Sprache kam, weil ein Schulmeister einen Teil der Schüler mit Papa und Mama traktierte, wenn er von ihren Eltern zu sprechen hatte. Es waren dies natürlich solche Kinder, die schöne Geschenke brachten. Bei den

Frauen, sagte der Pfarrer, habe das nicht so viel zu bedeuten, weil ihre Eitelkeit bekannt sei; wenn aber die Mannsbilder sich Papa rufen ließen, so urkundeten sie hiermit, daß sie sich zu den Wohlhabenden und Fürnehmen rechnen, und da sie ohnehin zu wenig versteuern, so würde man sie bald höher einzuschätzen wissen. Es wurde dann auch sofort allen sechs Lehrern strengstens befohlen, in der Schule von Gleichheits wegen das Wort Papa zu vermeiden und bei reich und arm nur Vater zu sagen!«

Die Frau war schon bei Anfang dieser Rede zornig in ihre Küche zurückgelaufen; der Landmann ging auch hastig seiner Wege; indem er sich besann, daß er noch genug zu tun und schon zu lange geschwatzt habe, und der Fremde stand allein auf dem stillen Platze. Erst jetzt las er an dem alten Hause die Inschrift »Gemüsegärtnerei und Milchwirtschaft von Jakob Weidelich«. Also Weidelich heißen diese Leute, sprach er vor sich hin, ohne selbst darauf zu achten. Er rieb sich sacht ein wenig die Stirne, wie einer, der nicht recht weiß, wo er sich im Augenblick befindet, bis er sich besann, daß er ja noch höchstens zehn Minuten zu gehen brauche, um die Seinigen zu sehen. Doch wie er sich wandte und den Fuß ansetzte, fiel ihm eine Hand auf die Schulter, und eine Stimme fragte:

»Ist das nicht der Martin Salander?«

Er war es wirklich; denn er kehrte sich wie der Blitz um, da er auf dem heimischen Boden zum erstenmal seinen Namen hörte und nun auch das erste bekannte Gesicht erblickte.

»Und du bist der Möni Wighart, wahrhaftig!« rief er. Beide schüttelten sich die Hände, einander aufmerksam aber nicht unerfreut betrachtend als gute alte Freunde, von denen keiner dem andern etwas zu danken oder je etwas von ihm gewollt hatte. Das ist immer eine gute Begegnung an der Schwelle jeglicher Heimat.

Der genannte Möni oder Salomon schien um zehn Jahre älter als Herr Martin Salander, sah aber noch so frisch und sauber mit seinem Schnurr- und Backenbärtchen aus wie ehmals und trug denselben Rohrstock mit vergoldetem Hundekopf wie vor zwanzig Jahren. Mit allen ordentlichen Leuten stand er auf Du und Du, obgleich keiner deutlich wußte, seit wann. Trotzdem hatte er nie einen Feind; denn er war für jeden, der ihn traf, ein Ruhepunkt und eine Pause in den Sorgen und Gedanken, die ihn bewegten, oder auch, wenn der Betreffende just zerstreut dahintrieb, ein kommlicher Anhalt* zur Sammlung.

»Martin Salander! Wer hätte das gedacht! Und seit wann bist du wieder im Land? Oder kommst du erst?« fragte er abermals.

»Soeben komm' ich vom Bahnhof!« war die Antwort.

»Was du sagst! Ich komme doch auch daher, trinke alle Tage meinen Kaffee dort und sehe, wer abgeht und ankommt, und habe dich nicht bemerkt! Der Tausend noch einmal! So so, da ist der Martin Salander wieder! Nicht wahr, du kommst gradenwegs aus Amerika?«

»Aus Brasilien, das heißt ich habe mich sechs Wochen in Liverpool aufgehalten in etwas Geschäften. Nun aber ist's Zeit, daß ich meine Frau aufsuche, habe seit einem halben Jahre keine Nachricht von ihr und meinen drei Kindern, sie müssen mich längst erwarten. Hoffentlich steht es gut mit ihnen!«

»Ja wo sind sie denn? Hier oben auf der Höhe?« Diese Frage tat der alte Freund nur mit halber Sicherheit seiner Stimme, und der andere schien auch etwas betreten, indem er erwiderte:

»Ei freilich, sie hat ja seit Jahren eine kleine Sommerwirtschaft und Fremdenpension auf der Kreuzhalde gepachtet, es kann nicht sehr weit von hier sein!«

Bei sich selbst dachte er: Nun weiß der nichts davon oder tut wenigstens so; ein Zeichen, daß er nicht ein einziges Mal dort war, der ewige Spaziergänger und Schoppenstecher! Es muß also nicht glänzend gehen, und jedenfalls hat die arme Marie keinen vorzüglichen Wein zu verzapfen!

Die kleine Verlegenheit überspringend, ergriff Wighart die Hand, welche Salander zum Abschiede bot, und hielt sie fest.

»Ich würde gleich mitkommen; das geht aber natürlich jetzt nicht gut an bei euerem ersten Wiedersehen, da kann man keine

---

* bequeme Unterbrechung

Störer und Gaffer brauchen! Allein zehn Schritte von hier, um die Ecke, hat der alte Friedensrichter Hauser im ›Roten Mann‹ einen Letztjährigen, der trinkt sich wie Himmelsluft. Ich nehme bei schönem Wetter täglich ein Schöppchen davon. Nun tu ich es nicht anders, Meister Martin, du mußt zum Willkomm eine Flasche mit mir leeren! In einem halben Stündchen, in zwanzig Minuten ist es getan, und der Nachmittag ist noch lang! Komm! Mach keine Umstände! Ich will durchaus das erste Glas mit dir trinken und verspreche, dich nicht lang aufzuhalten!«

Martin Salander, dessen Hand der gute alte Freund nicht fahren ließ, sträubte sich ernstlich, vom Verlangen nach Frau und Kindern beseelt, denen er so nahe war; als ein so Weitgereister jedoch, der oft größere Umwege und Aufenthalte vergeblich gemacht und den sieben Jahren seiner Abwesenheit leicht eine Viertelstunde hinzufügen durfte, um der unverhofften Begegnung eine Ehre anzutun, gab er endlich nach. Er wußte zwar, daß es den geselligen Herren vornehmlich gelüstete, in aller Eile etwas Näheres von seinen Schicksalen zu erfahren und nebst der Ankunft abends als der erste in der Stadt erzählen zu können; aber auch er selbst empfand jetzt plötzlich ein Bedürfnis, über die Dinge in der Heimat von dem stets unterrichteten Manne Vorläufiges zu vernehmen. So wandte er sich denn, statt den Weg in die Kreuzhalde fortzusetzen, mit dem Möni Wighart in anderer Richtung hinweg und folgte diesem nach dem »Roten Mann«, einem Bauerngute, wo ein alt angesessener reicher Landwirt nebenher sein rein gehaltenes Eigengewächs ausschenkte.

Der Platz um den Brunnen war nun gänzlich still und leer; nur in einer Ecke stand noch der Knabe, der auf die Mutter wartete und das jüngste Kind Salanders war, der eben hinweg gegangen.

II.

Die beiden Männer hatten in der Tat nicht weit zu gehen, bis sie das hinter Obstbäumen verborgene Haus fanden. Die Wohn-

und Gaststube des Wirtes war leer, als sie eintraten; eine Frauensperson, irgendwo beschäftigt, kam auf Wigharts Klopfen herbei.

»Wo haben wir den Herrn Friedensrichter?« fragte er, zugleich eine Flasche Wein bestellend.

»Sie sind alle in den Reben«, gab die Magd zur Antwort, während sie eine weiße Flasche aus dem Schranke nahm, sie ins Wasser des blanken Kupferkessels tauchte, auf welchem ein halbmondförmiger geschuppter Fisch getrieben war, zu beiden Seiten die Namenszüge eines Vorfahren und darunter eine Jahrzahl aus dem achtzehnten Jahrhundert. Jene ging, den Wein frisch im Keller zu holen, indes die Gäste sich an den breiten Nußbaumtisch setzten.

Martin Salander schaute sich um, holte tief Atem und sagte: »Wie ruhig und still ist es hier! Seit sieben Jahren bin ich nicht hinter einem Tisch wie diesem gesessen!«

Durch die Fenster sah man nur Grünes, Apfelbäume, Wiesen und statt der blauen Luft, soweit der Blick zwischen den Stämmen und Ästen den Weg fand, im Hintergrunde den ansteigenden Weinberg, dessen Erde soeben sorgfältig gelockert wurde. Nur hie und da sah man von den gebückten Werkleuten einen Kopf aus dem Laube emportauchen, und man glaubte die sonnige Ferne selbst zu erblicken, in die er hinausschaute.

»Sieben Jahre, bei Gott! Ist es schon so lang, daß du fort bist?« sagte Wighart.

»Und drei Monate!«

Die Magd brachte den Wein und ein paar Schnitte gutes Roggenbrot, und als die Gäste nichts weiter verlangten, ging sie wieder an ihre Arbeit. Wighart schenkte beide Gläser voll.

»Also sei willkommen!« begrüßte er, mit ihm anstoßend, wiederum den Heimkehrenden, der noch nicht ganz zu Hause war und vor der Zeit die Ruhe kostete; »auf deine Gesundheit! Aber gut siehst du ja schon aus, wirklich wie die Gesundheit selber! Also laß uns annehmen, es sei dir gut gegangen und alles wohl gelungen!«

»Auf jede Art ist es mir gegangen; doch hab' ich mich ge-
wehrt und getummelt und wenig geschlafen, das kann ich dir
sagen, und endlich mich von dem Schlag erholt, der mich damals
so schmählich getroffen hat. Es dauerte freilich länger, als ich
meinte, daß es gehen würde!«

»Wenn ich nicht irre, so bist du durch eine Bürgschaft ins Unglück gekommen? Ich war zu jener Zeit auf Reisen, und als ich
wiederkam, hieß es, du seiest fort.«

»Freilich, die Geschichte mit dem Louis Wohlwend!«

»Richtig! Jeder nahm teil an deinem Mißgeschick, aber allge-
mein wurde auch gefragt, wie du dein Vermögen durch eine so
unbedachte Handlung aufs Spiel setzen konntest?«

»Ich habe nichts aufs Spiel gesetzt, ich wollte nichts gewinnen, sondern einfach ein Gebot der Freundespflicht erfüllen,
das heißt – ich glaubte eben nicht, daß es zum Zahlen käme, war
vielmehr der Meinung, soviel mir noch vorschwebt, die Suppe
werde wohl nicht so heiß gegessen werden, wie sie gekocht sei,
und jeder wahre Freundesdienst sei mit einem Wagnis verbunden, sonst wäre es keiner. Wir waren im Lehrerseminar schon
gute Freunde. Er lernte schwer und hielt sich deshalb an mich,
dem es leichter ging; vor den anderen schien es eher, als ob ich
von ihm lernte, Gott weiß, wie es zuging! Es machte mir jedoch
Spaß; denn er war sehr drollig, zutraulich und gescheit, und wo
zwei beieinander standen, trat er hinzu, selbst unter den Lehrern und Professoren. Mit diesen wußte er sich sehr ergötzlich
zu benehmen, wenn die Jahresprüfungen da waren. Er forschte
nicht etwa, worüber sie ihn besonders fragen würden, sondern
wußte ihnen geradezu beizubringen, was er wollte, daß sie ihn
fragen sollten, worauf er sich die bezüglichen Gegenstände extra
von mir eintrichtern ließ oder wie ich es nennen soll. Es war,
wie wenn er eine Gabe hätte, die Gedanken der Menschen mit
wenig Wörtchen zu reihen, hin und her gehen zu lassen und
aufzulösen, und doch war er nicht imstande, selbst eine dauern-
de Gedankenordnung festzuhalten. Aber alles war, wie gesagt,
spaßhaft, und jeder ließ ihn gewähren. Er erhielt auch richtig

die Verweserei* einer ländlichen Elementarschule, wo es herrlich und in Freuden ging; als er aber Realklassen übernahm, das heißt den Unterricht der größeren Kinder, begann er bald von Ort zu Ort zu rutschen und gab in kurzer Zeit das Schulmeistern auf. Ich hatte mich indessen noch zum Sekundarlehrer ausgebildet und ordentlich Fleiß darauf verwendet; auch verwaltete ich die Schule, an die ich gewählt wurde, nicht allein mit der üblichen Begeisterung, sondern auch mit einigem Pflichtgefühl und bemühte mich redlich, die Schüler so durchgehend als möglich emporzuarbeiten. Ich freute mich schon der späteren Tage, wo ich manchem Landmanne zu begegnen hoffte, der es mir danken würde, wenn er eine richtige Berechnung anstellen, ein Stück Feld ausmessen, seine Zeitung besser verstehen und etwa ein französisches Buch lesen könnte, alles ohne die Hand vom Pfluge zu lassen! Allerdings hab ich es nicht erlebt; denn die Buben schwanden einem vorweg aus den Augen und verkrochen sich in alle möglichen Schreibstuben. Keinen sah ich je wieder auf dem Feld und an der Sonne!«

Salander hielt inne und besann sich; dann tat er einen leichten Seufzer und redete weiter:

»Aber hab ich es denn besser gemacht? Bin ich nicht selbst vom Pfluge weggelaufen?«

»Du meinst, als du den Lehrerberuf aufgabst?« sagte Wighart, da der andere ein Weilchen wieder verstummte; »wie bist du denn dazu gekommen?«

»Vater und Mutter starben mir in der Heimat in derselben Woche an einem bösartigen Fieber. Im Stall war ihnen ein krankes Kälbchen zugrunde gegangen, das haben sie oberhalb des Hauses in der Wiese vergraben, unfern unserer guten Brunnenquelle, und sich so das Wasser in aller Unschuld vergiftet. Knecht und Magd entrannen dem Tode mit Not. Die Ursache ward erst später entdeckt. Mir aber wandelten sich Schreck und Trauer bald in eine große Unruhe, als ich mich im Besitze des el-

* Verwaltung

234

terlichen Vermögens sah, das nach dem Verkaufe des Hofes für einen Schulmeister artig genug ausfiel. Ich heiratete meine Frau, die mir schon länger in die Augen gestochen, und auch sie besaß bare Mittel. Da wurde es mir plötzlich zu eng in der friedlichen Schulstube, in der entlegenen Landschaft; ich zog hierher, in die Stadt dort hinter den Bäumen, wollte mitten im Verkehr stehen, unter Erwachsenen, auf Freiheit und Fortschritt ausschauen, ein Geschäftsmann, ein Muster von Brotherr sein, ja sogar noch den Militärdienst nachholen und Offizier werden, um meinen Mann zu stellen! Denn ich glaubte alles schuldig zu sein, weil ich etwas Vermögen besaß, das im Grunde doch kein Reichtum zu nennen war.

Zunächst beteiligte ich mich an einer bescheidenen Gewebe-fabrik, die von einem kundigen Manne geleitet wurde; daneben übernahm ich einen herrenlosen Handel mit Strohwaren – nun, das ist dir ja bekannt, es ging gar nicht übel. Ich hielt mich fleißig und aufmerksam an die Sache, ohne der Welt den Rücken zu kehren. Da war denn auch der Louis Wohlwend; der betrieb ein Kommissionsgeschäft, wie du auch weißt, nebst einigen Agentu-ren und war immer noch der gleiche zutuliche und vertrauliche Gesell und Hans in allen Gassen, von dem jeder den Eindruck empfing, daß es ihm gut gehe und er wohl wisse, was er wolle. Auch zu mir hielt er sich fleißig, so oft er Zeit fand, und bald stand ich im Rufe seines Spezialfreundes und wehrte mich nicht dagegen, obschon mir im Stillen manches auffällig war, was ihm anhaftete. In einem Gesangverein, in den er mich einführte, be-merkte ich, daß er immer falsch sang; ich dachte aber, er kön-ne nichts dafür, und nachher beim Glase Wein war er um so kurzweiliger und beliebter, und er behauptete sich, trotzdem der Übelstand offenkundig, im zweiten Tenor. Das ärgerte mich zu-letzt ernstlich; er tat aber, als ob er keine Ahnung hätte, und am Ende sagte ich mir, das sei eigentlich auch ein Idealismus, wenn ein armer Teufel, der kein Gehör habe, durchaus singen wolle.

Als ich eines Abends in der Weihnachtswoche an meinem Rechnungsabschlusse saß mit dem Vorsatze, bis nach Mitter-

nacht zu arbeiten, kam er, mich in seinen Verein abzuholen, wo
Christbaum- und Hauptvergnügen sei. Ich wollte nicht mitge-
hen; er gab nicht nach, und da meine Frau mich ebenfalls zu
gehen bat, mir die Erholung gönnend, tat ich es. Dies war der
Unglückstag.

Unterwegs kaufte ich zum Überflusse auch noch eine Gabe
für den Christbaum, ein artiges Bildungsbuch in Goldschnitt,
und erhielt bei der Verlosung dafür einen westfälischen Schinken. Als das Essen, das folgte, vorüber und die Rennbahn für
die komischen Sänger, die Deklamanten* und Travestanten**
eröffnet war, bestieg auch Louis Wohlwend das Podium, den
Vortrag der Schillerschen Ballade ›Die Bürgschaft‹ ankündigend
und sogleich beginnend. Er wußte das Gedicht zu meiner Verwunderung auswendig und trug es mit einer gewissen Erregung
oder Überzeugung, mit halb zitternder Stimme vor, aber mit
durchgehend so verflucht falscher Betonung, daß die Wirkung
mehr verdrießlich als lächerlich war. Unbewußt sprach er in
jenem Tone ungebildeter Leute, welche klagend oder keifend
ein Schriftstück vorlesen, dabei auf den Tisch klopfen und aus
Leidenschaft die Rede verzerren, die Worte auseinander deh-
nen und wie aus Wut die Nebensilben beschreien, da ihnen die
Hauptsilben nicht ausreichen. Gleich den Schluß der ersten
Strophe gab er mit steigenden Noten so an:

> Die Stadt vom Tyrannen *be*freien!
> Das sollst du am Kreuz*e be*reuen!

Dann schloß er die zweite Strophe:

> Ich lasse den Freund dir als Bürgen,
> *Ihn* magst du, entrinn' *ich*, erwürgen.

Ganz heillos klang es, wie er fortfuhr:

> Da l ä c h e l t der König, mit a r g e r List,

* Vortragende dramatischer Texte
** kostümierte Personen

236

und dazu wirklich ein Lächeln und eine arge Gesinnung auf seinem Gesichte zu mischen suchte. Das Ende des Gedichtes klang dagegen gemütlich aus:

> Ich sei, g e währt mir d i e Bitte,
> In eurem Bunde *der* Dritte.

Es sind jetzt sieben Jahre her und die Dummheiten mir dennoch so genau im Gedächtnis, als wären sie gestern Abend geschehen.

Ich war etwas verstimmt, als Wohlwend, von seinem erhöhten Aufenthalte heruntergestiegen, sich wieder neben mich setzte, und da es bereits auf Mitternacht ging, erhob ich mich, um Hut und Mantel zu suchen, und begab mich hinweg. Kaum war ich aber auf der Straße, so holte er mich ein, lief neben mir her, räusperte sich, als wolle er ein neues Stück rezitieren. Ihn unterbrechend, fragte ich, was er für eine Freude daran finde, ein Gedicht, überhaupt eine Rede, so schlecht herzusagen, so aufgeregt und zugleich so grundfalsch zu deklamieren?

Ja, antwortete er mit immer noch nachzitternder Stimme, aufgeregt sei er und schön werde er allerdings nicht deklamiert haben, weil er selbst derjenige sei, der den Bürgen suche und auf einem kritischen Wendepunkt schwebe.

Mit ganz veränderter, ganz vernünftiger Stimme gab er unverweilt seine Angelegenheit kund. Er hatte eine folgenreiche Unternehmung gewagt, welche bedeutenden Kapitaleinsatz verlangte, während sein Bankkredit durch das laufende Geschäft schon vollständig in Anspruch genommen war und ferner genommen wurde. Auf keiner Seite durfte er rückwärts gehen ohne Schaden an Gut und Ehre; das Vorschreiten aber konnte beides nur mehren; kurz, es handelte sich um Öffnung eines neuen Kredites gegen Bürgschaft, die mit drei Unterschriften zu leisten war. In fünfzehn Minuten hatte ich als solidarischer Bürge und Selbstzahler die erste Unterschrift auf ein in Wohlwends Hause bereit liegendes Dokument gesetzt und ging gleich darauf schlafen. Die zwei andern Unterzeichner habe ich nie gesehen; es waren ein paar stille ordentliche Männer und Nichtzahler, welche sich vor der Katastrophe ruhesam verzogen, nicht ohne ihrerseits selbst verschiedene Bürgen oder deren Gläubiger geschädigt zu haben, insofern solche wirklich etwa bezahlten.

Gut also, vor Ablauf eines Jahres erklärte Louis Wohlwend sich zahlungsunfähig, und was gleich mit Beginn der Konkurs-verhandlungen voll und unweigerlich gedeckt werden mußte, war der Betrag meiner Bürgschaftsleistung. Sie fraß auf, was ich und mein Weib besaßen, und zugleich liquidierte sich mein eige-nes Geschäft ebenso rasch als reinlich, dank der guten Ordnung, die darin herrschte, und ich konnte gehen, wo ich wollte! Ich war für einmal fertig! Jetzt wäre es Zeit gewesen, in die Schul-stube zurückzukehren; aber ach, es lag mir ferne! Wohlwend aber lebte noch Jahr und Tag in und von dem Konkurse, der im Sande verlaufen sein soll, ich weiß nicht auf welche Weise.«

»Aber wie mochtest du dein Frauenvermögen so preisgeben?« unterbrach ihn Wighart, »die Frau konnte es ja nach Recht und Gesetz an sich ziehen!«

»Die Frau wollte nicht«, sagte Salander, »wegen der Zukunft der Kinder, denn ich wäre bankerott geworden. Wir waren jung und glaubten an unsere Zukunft, die wir nicht verderben moch-ten!«

»Aber warum nahmst du die Familie nicht mit oder holtest sie nachträglich, als es dir gut ging?«

»Weil ich im Vaterlande leben und sterben will, ich bin kein Auswanderer! Und dann hätte ich mich nicht so drehen und tummeln können, wie ich tun mußte; hatte auch zweimal das Fieber und bezahlte sonst genug Lehrgeld, fing wiederholt von vorn an. Als ich hinüberging, nahm ich einige Kisten Strohhüte mit, die man mir anvertraute; etwas leichtere Seiden- und Baum-wollsachen bekam ich auch mit, und so machte sich notdürftig ein Anfang, mit dem ich bescheiden am Ufer hin steuerte, bis ein junger Mensch, den ich zu mir genommen, mich bestahl und durchging, während ich wehrlos im Fieber lag. Notgedrungen trat ich in den Dienst eines größeren Hauses und bereiste die brasilianischen Provinzen mit Kauf und Verkauf. Ich lernte dadurch den dortigen Binnenhandel, den ich in der Folge auf eigene Rechnung betrieb, natürlich nach Verhältnis meiner Mittel. Nun, ich bin jetzt durch und habe den Schaden ersetzt, mehr wollte ich nicht, und kann die Arbeit hier bei den Meinigen und in meinem Lande wieder aufnehmen. Hier habe ich Mosen und die Propheten!«

Er schlug auf seine trefflich gearbeitete Reisetasche, rief jedoch, sich endlich besinnend:

»Sieh einmal, das ist eine schöne Heimreise! Sechs Wochen in Liverpool, und hier, fünf Minuten von der Frau, bleib ich noch hangen! Trink die Flasche allein fertig, Freund, du wirst wohl noch sitzen bleiben! Der grüne Schattenwinkel hier ist wirklich zu gelungen!« Der alte Freund hingegen, auf die Tasche zeigend, hielt ihn auf.

»Du hast gewiß«, sagte Wighart, »gute Papiere bei dir? Solltest du etwa das eine oder andere schöne Inhaberstück abgeben wollen, so bitte ich, mir die Gelegenheit zu gönnen, du weißt, man hat in diesen papiernen Zeitläuften immer etwas zu versorgen oder besser zu stellen!«

»Nichts derartiges ist da!« versetzte Salander; »in der letzten Zeit ließ ich alles Erworbene bei der Atlantischen Uferbank in Rio de Janeiro zusammenlaufen, einem kräftig sich entwickelnden jungen Institut, und trage nun den Wert meiner nicht ganz drei Dutzend Contos de Reis in einer Anweisung bei mir, bar zehn Tage nach Sicht!«

Abermals schlug er vergnügt auf die Tasche.

»Donnerwetter, ein saftiger Wechsel!« meinte Wighart.

»Seit zwei Monaten oder länger avisiert, wie ich denke!« der andere.

»Bei welchem Hause? Gewiß beim großen Kasten? Oder der alten Kommode? Oder bei der neuen Kommode? Das sind nämlich die neuesten Scherznamen unserer Banken.«

»Xaverius Schadenmüller & Comp. heißt's; wart', ich hab's im Carnet!«

Er zog das Büchlein aus der Seitentasche seines Rockes.

»Ja, Schadenmüller, Xaverius, & Comp.«

Wighart sah ihn mit aufgesperrten Augen an, bis er das Wort fand.

»Schadenmüller, sagst du? Weißt du, wer das ist?«

»Jedenfalls eine rührige Firma, wenn auch vor sieben Jahren noch unbekannt!«

»Unglücksmann! Es ist Louis Wohlwend und kein andrer!«

Martin Salander erhob sich langsam hinter dem Tische, ganz fahl und blaß geworden, setzte sich aber gleich wieder und sagte:

»Es scheint, daß jeder Mensch einen Ölgötzen hat, der allerorts wieder dasteht und ihm entgegen glotzt. Denkst du am wenigsten dran, so ist er da. Das ist mir jetzt eine angenehme Lage! Wer sagt indessen, daß er nicht zahlen werde? Er wird sich erholt und emporgeschafft haben, wie, kann mir gleich sein! Meine Atlantische Uferbank ist doch auch nicht von Stroh und weiß, was sie tut. Am Ende will das Schicksal, daß ich wieder zu meinem früheren Vermögen gelange, wenn der Bursche so zu Kräften gekommen ist!«

»Unglücksmann noch einmal! Der, welcher Schadenmüller heißt, ist schon vor zwei Jahren fort, sein Nachfolger, Wohlwends Gesellschafter, vor sechs Monaten, und vom jetzigen alleinigen Vertreter der Firma, Wohlwend, heißt es seit gestern, er habe wieder einmal eingestellt, die Proteste regnen nur so und das Comptoir sei geschlossen!«

Salander sprang auf und mitten in die Stube, wo er unentschlossen sich umschaute, seine Reisetasche rückend. Er ermannte sich bald ein wenig und seufzte: »Die arme Frau! Ich hatte ihr verlorenes Weibergut so vergnüglich ausgeschieden in meinem Buche und um die Zinsen vermehrt, um es sofort nach der Heimkehr sicherzustellen! Nun hat's der Wohlwend zum zweitenmal! Ein Kerl, der so falsch singt und noch schlechter deklamiert!«

Der gute Mann wischte sich ein paar bittere Tränen von den Augen. Wighart, von Teilnahme und Entrüstung ungewöhnlich

bewegt, stand bei ihm und redete ihm zu, keine Zeit zu verlieren.

»Vor allem«, sagte er, »mußt du stehenden Fußes in die Stadt
hinunter, Wohlwends Kontor aufsuchen und dich überzeugen,
wie's dort steht. Es ist in der Winkelriedsgasse.«

»Wo ist denn die? So eine gab es früher nicht.«

»Es ist eine vornehme, stille Seitenstraße im Westend; keine
Verkaufsläden, nur blanke Metallplatten an den Haustüren und
daneben, da wirst du Schadenmüller & Comp. gleich finden. Ich
würde mit dir gehen; allein es wird vielleicht besser sein, wenn
ich unterdessen deine Frau von deiner Ankunft benachrichtige
und auf irgendeine zweckmäßige Weise vorbereite.«

Salander ergriff ihn beim Arm. »Nein!« rief er, »geh' nicht
hin! Ich muß es selbst über mich nehmen. Seit ich in Europa bin,
habe ich der Frau nicht geschrieben, weil ich sie immer überraschen wollte und nicht dachte, so lange in England hingehalten
zu werden, wo ich noch Einiges zu ordnen und Zukünftiges
einzuleiten hatte. Nun kann ich es nicht über mich bringen, die
arme Frau einer fremden Mitteilung auszusetzen. Es wird besser
sein, wenn sie mich zuerst nur einmal wiedergesehen hat.«

»Wie du willst! Dann komm ich aber mit dir und führe dich
zum Notar, wenn es nötig ist, wie ich glaube; denn das nächste wird sein, für den Protest zu sorgen. Am Ende hast du den
Regreß auf deine Ozeanische Uferbank, oder wie sie heißt. Die
Notariatskanzlei befindet sich nämlich auch nicht mehr, wo sie
vor sieben Jahren gewesen. Es nimmt mich nur wunder, woher
sie in Rio so bedeutend mit Wohlwend in Verkehr stehen!«

Hiermit rief Wighart die Wirtsmagd, bezahlte die kleine Ze-
che und die beiden Männer eilten abwärts nach dem schönen
Stadtteil mit der Winkelriedsgasse. [...]

IV.

[...] Als er, von dem alten guten Bekannten geführt, das Haus
Schadenmüller & Comp. gefunden, hatte er bemerkt, daß an

diesem Hause wirklich Arnold von Winkelried mit den Speeren im Arm auf Goldgrund gemalt prangte, nebst einer Inschrift: »Sorget für mein Weib und meine Kinder!« Das Haus gehörte dem Herrn Louis Wohlwend, der auch das Bild malen ließ, aber nicht bezahlte, wie sich später zeigte.

Salander hatte seinen Begleiter mit Dank verabschiedet, weil er doch lieber allein vor seinen alten und mutmaßlich neuen Schuldner treten wollte. Er stieg die Treppe hinan und stieß gleich im ersten Stockwerk abermals auf ein Schild mit »Schadenmüller & Comp.«, dabei aber auch eine Visitenkarte mit »Louis Wohlwend«. Er zog die Klingel an, es schlurfte jemand in schlechten Pantoffeln herbei, und als die Türe aufging, stand ein schäbiger, unreif aussehender junger Mensch vor ihm, einen Gummipinsel in der Hand, und fragte, zu wem er wolle?

»Ist der Herr des Geschäftes hier?« fragte Salander entgegen.

»Das Geschäft ist zur Zeit geschlossen, Herr Wohlwend ist da, wie ich glaube; wen soll ich anmelden, wenn er zu sprechen ist?« erwiderte mißtrauisch der junge Mann.

»Führt mich nur gleich hinein, wo er ist, er wird mich schon kennen!« sagte Salander etwas barsch, indem er den Menschen drehte und vor sich herschob.

Der ging ihm in eine leere Comptoirstube voran, bat ihn, da zu warten, und begab sich in das Kabinett des Herrn Wohlwend. Salander sah sich inzwischen etwas um und gewahrte, daß man hier beschäftigt war, Abzüge eines unordentlich autographierten Zirkulars zu falten, in Umschläge zu stecken und mit Gummi zu verkleben. Es dauerte einige Minuten, bis der junge Mensch zurück kam und ihn ersuchte, in das Kabinett zu treten. Salander klopfte zweimal, bis jemand herein rief. Als er eintrat, sah er an einem breiten Schreibtisch von Mahagoni, in einen großblumigen Schlafrock gekleidet, einen Mann sitzen, der ihm den Rücken zuwandte und eifrig zu schreiben schien, ohne sich aufzurichten.

»Herr Wohlwend?« sagte Salander, um sich bemerklich zu machen.

»Stehe gleich zu Diensten«, sagte jener, immer fortschreibend, schaute dann aber einen Augenblick auf, kehrte sich wie der Blitz wieder ab, drehte sich abermals um und warf dem Fremden einen stechenden Blick zu, wie man es einem Todfeinde gegenüber tut und auch dann nur, wenn man selbst bös ist. Doch ebenso schnell nahm er sich zusammen, erhob sich, ging einen Schritt vorwärts und stellte sich, als ob er erst jetzt nach und nach seinen Besucher erkennen würde.

»Irre ich nicht? Ist das nicht der Martin Salander?« Martin mußte sich den Mann im Schlafrock auch erst ein wenig betrachten, um ihn zu erkennen, obschon in dessen Aussehen, außer einer ganz leisen Verwitterung, fast keine Änderung eingetreten war, als daß er in dem früher glatten Gesicht einen Schnurrbart hatte stehen lassen, der sich nicht am Platze fühlte und mit seinen Härchen sich nach allen Seiten sperrte und um sich stach. Durch diesen einzelnen Gegenstand aber erschien das Gesicht urplötzlich ungeheuer leer, unwirtlich und trostlos für den, welchem der Schnurrbart neu war.

»Ja wohl bin ich's!« sagte Salander.

»Ei der Tausend, so sei willkommen«, sagte der andere, die Hand hinhaltend und den unwillkommenen Ankömmling prüfend anblinzelnd, eher wie ein kritischer Gläubiger als wie ein böser Schuldner; »es ist lange her, seit wir uns zuletzt gesehen haben! Und was führt dich für ein guter Stern her?«

»Dies!« erklärte Martin kurz, von der tollen Manier beleidigt. Er hielt ihm die aus der Brieftasche gezogene Anweisung hin.

Wohlwend empfing sie mit zwei Fingern, wie einen Krebs, zog die Augenbrauen in die Höhe und las den Zettel.

»Ah!« sagte er, »die Atlantische Uferbank in Rio! In der Tat, wir stehen mit derselben im Verkehr!«

»Ist es etwa nicht angezeigt worden?«

»In der Tat, ich erinnere mich an etwas dergleichen, habe aber nicht beachtet, wen es betrifft. Unsere Geschäfte haben ich leider durch zu raschen Aufschwung so sehr ausgedehnt, daß ich den Überblick momentan nicht zur Verfügung habe. Die Bank hat ein bedeutendes Guthaben bei uns; indessen, wir stehen in Gegenrechnung, und ich müßte nachschlagen. Sapperment! Hundertsechzigtausend Francs! Du machst ja große Geschäfte, Freund!«

»Es ist so ziemlich, was ich in sieben Jahren aufgebracht habe! Aber es wäre mir lieb, wenn du nachschlagen wolltest!«

»Das kann ich augenblicklich nicht, guter Martin! Du mußt wissen, daß wir uns in einer unversehens hereingebrochenen Krise befinden, welche hoffentlich vorübergehend ist!«

»Wer sind denn die Wir?«

»Nun, die Firma und ich, deren Inhaber! Früher war ein gewisser Schadenmüller dabei. Kurz, die Bücher liegen auf der Kanzlei, und da begreifst du, daß ich jetzt nicht nachschlagen kann!«

»So schreibe wenigstens auf das Papier, daß es von dir eingesehen wurde!«

»Nichts schreib’ ich darauf, bis ich orientiert bin!«

Dieses Benehmen brachte Salander etwas auf, so sehr er an sich hielt.

»Es ist jetzt das zweite Mal, daß du so zu mir stehst, und du scheinst dir nichts daraus zu machen, mich womöglich auch diesmal um alles zu bringen!« sprach er mit strengerem Blick. Allein Wohlwend ließ sich nicht beirren.

»Bitte, nicht schimpfen« sagte er mit gehobener Stimme, »noch bin ich nicht fallit! Und nie gewesen! Und wenn ich es wäre, so stehe ich in der Hut der Gesetze und des Rechtes und ist überall mein Haus meine Burg!«

Salander fiel voll Erstaunen und wie erschöpft auf einen mit Plüsch bezogenen Armsessel, der mit kopfgroßen Rosen bedruckt war. Wohlwend setzte seine Rede mit begütigter Stimme fort:

»Lieber alter Freund! Mach’ es wie ich, behalte den Kopf oben! Sieh her, in meiner unfreiwilligen Muße bin ich nicht müßig, grüble nicht über Unabwendbares; ich werfe mich auf Wissenschaft und Kunst. Hier treibe ich Heraldik, mit Einbeziehung der bäuerlichen Hauszeichen, der Handwerksinsignien und verwandter Dinge!« Ein paar abgegriffene Wappenbücher, wie sie die Petschaftstecher* und Löffelgraveurs** an den Messen und Jahrmärkten vor sich aufgeschlagen halten, lagen auf dem Schreibtische, dabei eine Farbenschachtel, wie die Knaben sie brauchen, wenn sie Bilderbogen illuminieren, und einige Papierblätter mit ganz kindisch nachgemalten Wappenbildern. Auch eine verworrene Skriptur machte sich breit.

»Hier lassen sich alte Fäden politischer und kultureller Entwicklung offen legen und neue anknüpfen im Sinne einer neuen Verteilung der Volksehren –«

Martin Salander hörte nicht länger auf die nachfolgenden Reden des Mannes; er griff nur noch mechanisch nach einem schmierigen aufgeschlagenen, aber auf dem Bauche liegenden Buche, mitten auf dem Tische des Kaufherrn und Mäzens. Es war ein uralter Räuberroman mit dem Zeichen einer Leihbibliothek, offenbar die eigentliche Lektüre des Possenreißers in seiner unfreiwilligen Muße.

Er nahm seine brasilianische Anweisung dem guten Freunde aus der Hand, steckte sie sorgfältig ein, unterbrach die Rede und fragte nur noch: »Bist du verheiratet, Louis Wohlwend?«

»Wieso fragst du das? Nein!« erwiderte dieser.

»Ich meinte nur wegen des schönen Winkelriedspruches, der an dein Haus gemalt ist! Du bist wohl im allgemeinen ein Beschützer der Witwen und Waisen oder solcher, die es werden könnten?«

»Du weißt, daß ich von jeher einem idealen Zuge nachgehangen bin, und die Wohnhäuser freier Bürger mit edlen Sinnsprüchen historischen oder moralischen Gehaltes zu schmücken und dazu Anregung zu geben, dünkt mich lobenswert!«

Nach diesem Spruche Wohlwends setzte Salander seinen Hut mitten in der Stube auf den Kopf und verließ ohne ein weiteres Wort das Haus.

---

* Hersteller von Siegeln
** jemand, der Besteck mit Namen, Initialen oder Wappen versieht

Er rief eine Droschke herbei und ließ sich nach der städtischen Notariatskanzlei fahren. Der Notar las die Anweisung, die ihm Salander nach Mitteilung der Umstände vorlegte, rückte die Brille zurück und sagte:

»Sind Sie selbst der Herr Martin Salander? Ja? – Es ist eben eine böse Sache! Morgen erscheint die amtliche Publikation der Konkurseröffnung mit den üblichen Fristen, soweit haben Sie noch alle Zeit. Ich will auch heute selbst noch hingehen und den Mann amtlich einvernehmen bezüglich Ihrer Forderung.«

»Das Dringendste«, warf Salander ein, »scheint mir zu sein, daß schleunigst die Verwahrung an die Bank in Rio abgeht! Ich bin bereit, die Kosten der nötigen Kabeldepeschen zu hinterlegen!«

»Das ist leider Gottes nicht mehr das Nächste für Sie, Herr Salander!« erwiderte der Notar mit ernster Teilnahme, »vorgestern lief die sichere Nachricht ein, die Atlantische Uferbank in Rio de Janeiro zahle nicht mehr, gestern kam der Nachtrag, die Direktoren seien verschwunden und die Angestellten auseinander gelaufen. Hiesige Häuser haben schon vor zwei Wochen schlimme Berichte erhalten, und was das Schlimmste ist, man hält bereits die aufgeflogene Bank und was drum und dran hängt, für ein ausgebreitetes Raubgeschäft. Ich fürchte, viele anvertraute Gelder sind ins Wasser gefallen, wo es am tiefsten ist.«

Salander mußte sich am Pulte des fleißigen Mannes halten und sagte nichts.

Der Notar sah nach der Uhr.

»Ich werde mit Ihnen zum Gerichtspräsidenten gehen, es ist gerade noch Zeit; denn es ist für alle Fälle nötig, daß Sie eine gerichtliche Beschlagnahme des Guthabens der Bank auswirken, welches die Anweisung angeblich decken soll.«

»Ich habe unten eine Droschke stehen«, sagte Salander. Sie fuhren hin und erhielten die gewünschte Verfügung, welche freilich kaum einen greifbaren Wert vorfand. [...]

246

Brief an Marie von Frisch

Zürich, 7. Juni 1889

Daß ich meinem Siebzigertag aus dem Wege gehen will, haben Sie richtig vermutet. Ich gedenke, nachdem ich den Juni in Baden an der Limmat zugebracht haben werde, an einen Kurort am Vierwaldstätter See zu gehen und Luft nebst Wasserkünsten weiter zu genießen und mich dort still zu halten. Ich leide schon an dem Schwindel, indem es Lumpe gibt, die solche Unglückskandidaten schon Monate vorher um Material brandschatzen wollen. Ihr Wolfgangsee wäre ein schöner Schlupfwinkel, aber ich kann nicht so weit reisen, ehe ich von dem permanenten Hexenschuß im Kreuz hergestellt bin, wenn das überhaupt noch geschieht. Die letzten zwei Jahre konnte ich nichts dagegen tun, weil ich die stets leidende Schwester nicht ganz allein in fremden Händen lassen konnte. Sie starb auf schreckliche Weise an einem Herzklappenfehler. Die letzten acht Tage konnte sie weder liegen noch sitzen noch irgend anlehnen und fand keine Luft mehr. Ich mußte auch lange Nächte aufpassen und in der letzten die ganze Nacht mit der Wärterin dabei stehen und mit den Händen bereitsein, wenn sie in einer Art Verlies, das wir gebaut, mit dem Kopf nach vorn oder seitwärts fallen wollte. Das kam mir kurios vor. Und doch mußte ich später lachen, als sie zur Ruhe war und die Weiber erzählten, wie sie eines Nachts, als die Wärterin, die sie an einer langen Schnur am Beine zu ziehen pflegte, wenn sie etwas bedurfte, im Nebenzimmer eingeschlafen war, mit dem Stock in der Hand sich hinschleppte, sah, daß sie schlief, und das Licht ausblies, das sie natürlich bereit hielt. Ein wahrer Holbein! Und sehr liebenswürdig! Ich habe über die Zeit immer mit Heulen zu kämpfen gehabt. Ein Fläschchen Tokayer, das sich bei den schönen Weinflaschen fand, die Ihr mir vor einem Jahre oder so geschenkt, lieferte ihr die letzten Erquickungstropfen aus einem winzigen Gläschen. Von meinem jetzigen Leben will ich jetzt nichts sagen, ich glaub', ich bin reingefallen durch wohltätige Frauen, die alte Mägde gut versorgen wollen.

Sie haben mir, ehe der »Martin Salander« noch fertig war, ein sehr schmeichelhaftes Briefchen geschrieben. Das Bücherbäll-chen, welches die Freiexemplare der Buchausgabe enthielt, habe ich, nachdem es seit Weihnacht 1886 in einem Winkel gelegen, erst dies Jahr aufgemacht. Sie und Adolf haben die Eurigen auch noch zu beziehen.

Das Tanzlegendchen

Du Jungfrau Israel, du sollst noch
fröhlich pauken, und herausgehen
an den Tanz. – Alsdann werden
die Jungfrauen fröhlich am Reigen
sein, dazu die junge Mannschaft,
und die Alten miteinander.
Jerimia 31.4.13.

Nach der Aufzeichnung des heiligen Gregorius war Musa die
Tänzerin unter den Heiligen. Guter Leute Kind, war sie ein
anmutvolles Jungfräulein, welches der Mutter Gottes fleißig
diente, nur von *einer* Leidenschaft bewegt, nämlich von einer
unbezwinglichen Tanzlust, dermaßen, daß wenn das Kind nicht
betete, es unfehlbar tanzte. Und zwar auf jegliche Weise. Musa
tanzte mit ihren Gespielinnen, mit Kindern, mit den Jünglingen
und auch allein; sie tanzte in ihrem Kämmerchen, im Saale, in
den Gärten und auf den Wiesen, und selbst wenn sie zum Altare
ging, so war es mehr ein liebliches Tanzen als ein Gehen, und auf
den glatten Marmorplatten vor der Kirchentüre versäumte sie
nie, schnell ein Tänzchen zu probieren.

Ja, eines Tages, als sie sich allein in der Kirche befand, konnte
sie sich nicht enthalten, vor dem Altar einige Figuren auszufüh-
ren und gewissermaßen der Jungfrau Maria ein niedliches Gebet
vorzutanzen. Sie vergaß sich dabei so sehr, daß sie bloß zu träumen wähnte, als sie sah, wie ein ältlicher aber schöner Herr ihr
entgegen tanzte und ihre Figuren so gewandt ergänzte, daß beide zusammen den kunstgerechtesten Tanz begingen. Der Herr
trug ein purpurnes Königskleid, eine goldene Krone auf dem
Kopf und einen glänzend schwarzen gelockten Bart, welcher
vom Silberreif der Jahre wie von einem fernen Sternenschein
überhaucht war. Dazu ertönte eine Musik vom Chore her, weil

ein halbes Dutzend kleiner Engel auf der Brüstung desselben stand oder saß, die dicken runden Beinchen darüber hinunterhängen ließ und die verschiedenen Instrumente handhabte oder blies. Dabei waren die Knirpse ganz gemütlich und praktisch und ließen sich die Notenhefte von ebensoviel steinernen Engelsbildern halten, welche sich als Zierat auf dem Chorgeländer fanden; nur der Kleinste, ein pausbäckiger Pfeifenbläser, machte eine Ausnahme, indem er die Beine übereinander schlug und das Notenblatt mit den rosigen Zehen zu halten wußte. Auch war der am eifrigsten: die übrigen baumelten mit den Füßen, dehnten, bald dieser, bald jener, knisternd die Schwungfedern aus, daß die Farben derselben schimmerten wie Taubenhälse, und neckten einander während des Spieles.

Über alles dies sich zu wundern, fand Musa nicht Zeit, bis der Tanz beendigt war, der ziemlich lang dauerte; denn der lustige Herr schien sich dabei so wohl zu gefallen, als die Jungfrau, welche im Himmel herumzuspringen meinte. Allein als die Musik aufhörte und Musa hochaufatmend dastand, fing sie erst an, sich ordentlich zu fürchten und sah erstaunt auf den Alten, der weder keuchte noch warm hatte und nun zu reden begann. Er gab sich als David, den königlichen Ahnherrn der Jungfrau Maria, zu erkennen und als deren Abgesandten. Und er fragte sie, ob sie wohl Lust hätte, die ewige Seligkeit in einem unaufhörlichen Freudentanze zu verbringen, einem Tanze, gegen welchen der so eben beendigte ein trübseliges Schleichen zu nennen sei?

Worauf sie sogleich erwiderte, sie wüßte sich nichts Besseres zu wünschen! Worauf der selige König David wiederum sagte: So habe sie nichts anderes zu tun, als während ihrer irdischen Lebenstage aller Lust und allem Tanze zu entsagen und sich lediglich der Buße und den geistlichen Übungen zu weihen, und zwar ohne Wanken und ohne allen Rückfall.

Diese Bedingung machte das Jungfräulein stutzig und sie sagte: Also gänzlich müßte sie auf das Tanzen verzichten? Und sie zweifelte, ob denn auch im Himmel wirklich getanzt würde?

Denn alles habe seine Zeit; dieser Erdboden schiene ihr gut und zweckdienlich, um darauf zu tanzen, folglich würde der Himmel wohl andere Eigenschaften haben, ansonst ja der Tod ein überflüssiges Ding wäre.

Allein David setzte ihr auseinander, wie sehr sie in dieser Beziehung im Irrtum sei, und bewies ihr durch viele Bibelstellen sowie durch sein eigenes Beispiel, daß das Tanzen allerdings eine geheiligte Beschäftigung für Selige sei. Jetzt aber erfordere es einen raschen Entschluß, ja oder nein, ob sie durch zeitliche Entsagung zur ewigen Freude eingehen wolle oder nicht; wolle sie nicht, so gehe er weiter; denn man habe im Himmel noch einige Tänzerinnen von nöten.

Musa stand noch immer zweifelhaft und unschlüssig und spielte ängstlich mit den Fingerspitzen am Munde; es schien ihr zu hart, von stund an nicht mehr zu tanzen um eines unbekannten Lohnes willen.

Da winkte David, und plötzlich spielte die Musik einige Takte einer so unerhört glückseligen, überirdischen Tanzweise, daß dem Mädchen die Seele im Leibe hüpfte und alle Glieder zuckten; aber sie vermochte nicht eines zum Tanze zu regen, und sie merkte, daß ihr Leib viel zu schwer und starr sei für diese Weise. Voll Sehnsucht schlug sie ihre Hand in diejenige des Königs und gelobte das, was er begehrte.

Auf einmal war er nicht mehr zu sehen und die musizierenden Engel rauschten, flatterten und drängten sich durch ein offenes Kirchenfenster davon, nachdem sie in mutwilliger Kinderweise ihre zusammengerollten Notenblätter den geduldigen Steinengeln um die Backen geschlagen hatten, daß es klatschte.

Aber Musa ging andächtigen Schrittes nach Hause, jene himmlische Melodie im Ohr tragend, und ließ sich ein grobes Gewand anfertigen, legte alle Zierkleidung ab und zog jenes an. Zugleich baute sie sich im Hintergrunde des Gartens ihrer Eltern, wo ein dichter Schatten von Bäumen lagerte, eine Zelle, machte ein Bettchen von Moos darin und lebte dort von nun an abgeschieden von ihren Hausgenossen als eine Büßerin und Heilige. Alle

Zeit brachte sie im Gebete zu und öfter schlug sie sich mit einer Geißel; aber ihre härteste Bußübung bestand darin, die Glieder still und steif zu halten; sobald nur ein Ton erklang, das Zwitschern eines Vogels oder das Rauschen der Blätter in der Luft, so zuckten ihre Füße und meinten, sie müßten tanzen.

Als dies unwillkürliche Zucken sich nicht verlieren wollte, welches sie zuweilen, ehe sie sich dessen versah, zu einem kleinen Sprung verleitete, ließ sie sich die feinen Füßchen mit einer leichten Kette zusammenschmieden. Ihre Verwandten und Freunde wunderten sich über die Umwandlung Tag und Nacht, freuten sich über den Besitz einer solchen Heiligen und hüteten die Einsiedelei unter den Bäumen wie einen Augapfel. Viele kamen, Rat und Fürbitte zu holen. Vorzüglich brachte man junge Mädchen zu ihr, welche etwas unbeholfen auf den Füßen waren, da man bemerkt hatte, daß alle, welche sie berührt, alsobald leichten und anmutvollen Ganges wurden.

So brachte sie drei Jahre in ihrer Klause zu; aber gegen das Ende des dritten Jahres war Musa fast so dünn und durchsichtig wie ein Sommerwölklein geworden. Sie lag beständig auf ihrem Bettchen von Moos und schaute voll Sehnsucht in den Himmel, und sie glaubte schon die goldenen Sohlen der Seligen durch das Blau hindurch tanzen und schleifen zu sehen.

An einem rauhen Herbsttage endlich hieß es, die Heilige liege im Sterben. Sie hatte sich das dunkle Bußkleid ausziehen und mit blendend weißen Hochzeitsgewändern bekleiden lassen. So lag sie mit gefalteten Händen und erwartete lächelnd die Todesstunde. Der ganze Garten war mit andächtigen Menschen angefüllt, die Lüfte rauschten und die Blätter der Bäume sanken von allen Seiten hernieder. Aber unversehens wandelte sich das Wehen des Windes in Musik, in allen Baumkronen schien dieselbe zu spielen, und als die Leute emporsahen, siehe, da waren alle Zweige mit jungem Grün bekleidet, die Myrten und Granaten blühten und dufteten, der Boden bedeckte sich mit Blumen und ein rosenfarbiger Schein lagerte sich auf die weiße zarte Gestalt der Sterbenden.

In diesem Augenblicke gab sie ihren Geist auf, die Kette an ihren Füßen sprang mit einem hellen Klange entzwei, der Himmel tat sich auf weit in der Runde, voll unendlichen Glanzes, und jedermann konnte hinein sehen. Da sah man viel tausend schöne Jungfern und junge Herren im höchsten Schein, tanzend im unabsehbaren Reigen. Ein herrlicher König fuhr auf einer Wolke, auf deren Rand eine kleine Extramusik von sechs Engelchen stand, ein wenig gegen die Erde und empfing die Gestalt der seligen Musa vor den Augen aller Anwesenden, die den Garten füllten. Man sah noch, wie sie in den offenen Himmel sprang, und augenblicklich tanzend sich in den tönenden und leuchtenden Reihen verlor.

Im Himmel war eben hoher Festtag; an Festtagen aber war es, was zwar vom heiligen Gregor von Nyssa bestritten, von demjenigen von Nazianz aber aufrecht gehalten wird, Sitte, die neun Musen, die sonst in der Hölle saßen, einzuladen und in den Himmel zu lassen, daß sie da Aushülfe leisteten. Sie bekamen gute Zehrung, mußten aber nach verrichteter Sache wieder an den andern Ort gehen.

Als nun die Tänze und Gesänge und alle Zeremonien zu Ende und die himmlischen Heerscharen sich zu Tische setzten, da wurde Musa an den Tisch gebracht, an welchem die neun Musen bedient wurden. Sie saßen fast verschüchtert zusammengedrängt und blickten mit den feurigen schwarzen oder tiefblauen Augen um sich. Die emsige Martha aus dem Evangelium sorgte in eigener Person für sie, hatte ihre schönste Küchenschürze umgebunden und einen zierlichen kleinen Rußfleck an dem weißen Kinn und nötigte den Musen alles Gute freundlich auf. Aber erst, als Musa und auch die heilige Cäcilia und noch andere kunsterfahrene Frauen herbei kamen und die scheuen Pierinnen* heiter begrüßten und sich zu ihnen gesellten, da tauten sie auf, wurden zutraulich und es entfaltete sich ein anmutig fröh-

---

* Als Herkunftsort der Musen galt die Landschaft Pierien am Nordfuß des Olymp.

liches Dasein in dem Frauenkreise. Musa saß neben Terpsichore*
und Cäcilia zwischen Polyhymnien** und Euterpen***, und alle
hielten sich bei den Händen. Nun kamen auch die kleinen Mu-
sikbübchen und schmeichelten den schönen Frauen, um von
den glänzenden Früchten zu bekommen, die auf dem ambro-
sischen Tische**** strahlten. König David selbst kam und brachte
einen goldenen Becher, aus dem alle tranken, daß holde Freude
sie erwärmte; er ging wohlgefällig um den Tisch herum, nicht
ohne der lieblichen Erato***** einen Augenblick das Kinn zu
streicheln im Vorbeigehen. Als es dergestalt hoch herging an
dem Musentisch, erschien sogar unsere liebe Frau in all' ihrer Schönheit und Güte, setzte sich auf ein Stündchen zu den
Musen und küßte die hehre Urania unter ihrem Sternenkranze
zärtlich auf den Mund, als sie ihr beim Abschiede zuflüsterte,
sie werde nicht ruhen, bis die Musen für immer im Paradiese
bleiben könnten.

Es ist freilich nicht so gekommen. Um sich für die erwiesene
Güte und Freundlichkeit dankbar zu erweisen und ihren guten
Willen zu zeigen, ratschlagten die Musen untereinander und üb-
ten in einem abgelegenen Winkel der Unterwelt einen Lobgesang ein, dem sie die Form der im Himmel üblichen feierlichen
Choräle zu geben suchten. Sie teilten sich in zwei Hälften von je
vier Stimmen, über welche Urania eine Art Oberstimme führte,
und brachten so eine merkwürdige Vokalmusik zuwege.

Als nun der nächste Festtag im Himmel gefeiert wurde und
die Musen wieder ihren Dienst taten, nahmen sie einen für ihr
Vorhaben günstig scheinenden Augenblick wahr, stellten sich
zusammen auf und begannen sänftlich ihren Gesang, der bald
gar mächtig anschwellte. Aber in diesen Räumen klang er so
düster, ja fast trotzig und rauh, und dabei so sehnsuchtsschwer

---

*   Muse des Chorliedes
**   Muse des Tanzes
***   Muse des Flötenspiels
**** Ambrosia (Unsterblichkeit) ist die Speise der olympischen Götter.
***** Muse der Liebeslyrik

und klagend, daß erst eine erschrockene Stille waltete, dann aber alles Volk von Erdenleid und Heimweh ergriffen wurde und in ein allgemeines Weinen ausbrach.

Ein unendliches Seufzen rauschte durch die Himmel; bestürzt eilten alle Ältesten und Propheten herbei, indessen die Musen in ihrer guten Meinung immer lauter und melancholischer sangen und das ganze Paradies mit allen Erzvätern, Ältesten und Propheten, alles, was je auf grüner Wiese gegangen oder gelegen, außer Fassung geriet. Endlich aber kam die allerhöchste Trinität selber heran, um zum Rechten zu sehen und die eifrigen Musen mit einem lang hinrollenden Donnerschlage zum Schweigen zu bringen.

Da kehrten Ruhe und Gleichmut in den Himmel zurück; aber die armen neun Schwestern mußten ihn verlassen und durften ihn seither nicht wieder betreten.

Abendlied

Augen, meine lieben Fensterlein,
Gebt mir schon so lange holden Schein,
Lasset freundlich Bild um Bild herein:
Einmal werdet ihr verdunkelt sein!

Fallen einst die müden Lider zu,
Löscht ihr aus, dann hat die Seele Ruh';
Tastend streift sie ab die Wanderschuh',
Legt sich auch in ihre finst're Truh'.

Noch zwei Fünklein sieht sie glimmend steh'n
Wie zwei Sternlein, innerlich zu seh'n,
Bis sie schwanken und dann auch vergeh'n,
Wie von eines Falters Flügelweh'n.

Doch noch wandl ich auf dem Abendfeld,
Nur dem sinkenden Gestirn gesellt;
Trinkt, o Augen, was die Wimper hält,
Von dem goldnen Überfluß der Welt!

Gottfried Keller kommt nicht nach Hause
Nachwort von Thomas Hürlimann

Keller sei nicht nach Hause gekommen? Was für ein Unsinn!
1840 war er zum ersten Mal ausgezogen, nach München damals,
um ein Maler zu werden, und kehrte drei Jahre später zurück.
1848 reiste er nach Heidelberg ab, zwei Jahre später ging es
weiter nach Berlin, in das Prosabergwerk des *Grünen Heinrich*,
und im November 1855 steht er wieder vor der »Sichel«, dem
Haus seiner Kindheit, wo jetzt im Estrich die Därme des Brat-
wursters Dietrich hängen – an ihn ist das Haus verkauft worden. Als Richard Wagner, der Kapellmeister, dem Heimkehrer
über den Weg läuft, erkennt er in ihm den Dichter des *Grünen
Heinrich* und ruft: »Sie sind's!« Darauf Keller: »Ich kann es
nicht bestreiten.«
Keller kam zweimal aus der Fremde nach Hause, wie später
sein Martin Salander, und er kam früh genug, um hier die zweite
Hälfte seines Lebens zu leben und im Amt des Ersten Staats-
schreibers ein Vermögen zu erwerben. Am Vorabend seines ein-
undsiebzigsten Geburtstags ist er in seiner Vaterstadt gestorben,
und ein Trauerzug, wie ihn Zürich vorher und nachher nie mehr
gesehen hat, folgte dem weißen Tannensarg: Vertreter des Bun-
desrats, die Zürcher Regierung in corpore, die Studentenschaft
von Universität und Polytechnikum, die akademischen Verbindungen im Vollwichs, alle Vereine und Gesellschaften von Stadt
und Kanton, auch Abordnungen anderer Kantone und Uni-
versitäten, ein Wald schwarzumflorter Banner, eine unzählbare
Menge, die Männer mit entblößten Häuptern. Das Volk in den
Gassen hielt ehrfürchtig inne, und Tausende stimmten im Got-
teshaus und davor Kellers Heimatlied an: »O mein Heimatland!
O mein Vaterland!«
Was für ein Heimgang! Trotzdem bleibe ich bei meiner Behauptung: Gottfried Keller kam nicht nach Hause.

Als das Abendland zu denken begann, dachte es nicht aktiv, sondern passiv. Die griechische Philosophie ist ein einziges Staunen, ein Empfangen der Dinge, die sich dem Menschen offenbaren. Psyche hieß ursprünglich Hauch, Atem, Wind, Spiritus. Das Seiende wurde von den Göttern beatmet. Von ihnen kam der Geist, und der Mensch nahm an, nahm hin, empfing und erlitt, was ihm gegeben, geschenkt, an Schicksal aufgebürdet wurde. Auch Aristoteles und Thomas von Aquin waren der Überzeugung, dass alles Seiende inspiriert ist. Das Tier, lehrt Thomas, ist beseelter als die Pflanze, der Mensch beseelter als das Tier, die Engel sind beseelter als wir Menschen, und der Geist an und für sich, die allumfassende Seele, ist Gott. Ich muss gestehen: Dieser Gedanke gefällt mir. Ich liebe es, mit Kellers *Abendlied* ausgedrückt, »auf dem Abendfeld« zu wandeln und durch die »Augen, meine lieben Fensterlein«, »Bild um Bild« hereinzulassen. Ich liebe es, passiv zu werden, die Dinge als Phänomene zu erleben und zu trinken, »was die Wimper hält / Von dem goldnen Überfluß der Welt«. Allerdings glaubt heute kaum noch jemand an Seelensterne. Wir haben uns ganz und gar in unser Subjekt eingesperrt, und was einst Seele war, Hauch der Götter, Atem des Absoluten, halten wir mit Sigmund Freud für ein System von Trieben und Affekten. Besoffenheit durch den Überfluss aus dem Unendlichen – das ist vorbei.

Vor Descartes war die Wirklichkeit im Allgemeinen, im Universellen (das waren die berühmten Universalien der Scholastiker); wirklich waren die Götter, die mit ihren dicken Backen die Schifflein der armen Menschen vor sich hertrieben, etwa Odysseus und seine Gefährten an die Felsenküste Siziliens. Mit Descartes verschwanden die Universalien. *Cogito ergo sum*, lautet sein Dictum, ich denke, also bin ich. Was wirklich war, kam nun nicht mehr von außen, schon gar nicht von oben, sondern aus dem Innern: aus dem menschlichen Verstand – wieder mit Keller gesagt: Die Läden vor den Augenfenstern wurden geschlossen.

In der *Kritik der reinen Vernunft* bezeichnet Kant den Verstand als eine Insel. Diese Verstandesinsel, schreibt er, »ist durch die Natur selbst in unveränderliche Grenzen eingeschlossen. Es ist die Insel der Wahrheit, umgeben von einem weiten und stürmischen Ozeane, dem eigentlichen Sitze des Scheins, wo manches bald wegschmelzende Eis neue Länder lügt, und in dem es den herumschwärmenden Seefahrer unaufhörlich mit leeren Hoffnungen täuscht.« Eine symptomatische Aussage! Kant, der Königsberger, hatte das Meer vor der Tür, die Eisbänke, die Stürme, den Nebel, und dachte nicht im Traum daran, in diese Scheinwelt hinauszufahren. Er war so sehr auf seinen Verstand konzentriert, dass er es sogar vermied, den eigenen Körper zu berühren und sich von seinem Diener Lampe im Dunkeln an- und auskleiden ließ. Für Kant war selbst der eigene Leib ein Sitz des Scheins und, wie das böse Meer, ein Abgrund voller Ungeheuer und Tiefenwesen. Einzig die klare Vernunft erhob sich aus dem brodelnden Chaos der Affekte, der Lügen, der Illusionen, und indem er, der kritische Philosoph, den Verstand beim Denken beobachtete, hat er diese seine Insel vermessen und kartographiert.

Tausende von Seemeilen von Königsberg entfernt geschah draußen im Pazifik genau das Gleiche. Robinson, ein »herumschwärmender Seefahrer«, erreichte nach einem Sturm einen unbekannten Strand, erklärte sich zum König und zum einzigen Untertan und begann, das Eiland zu vermessen, zu kartographieren. Kant ist der Robinson der Philosophie, Robinson der Kant der Kolonisation.

»Robinson Crusoe« gilt als erste *novel*. Das Neue an der *novel*: Die Welt ist entgöttert, der Mensch bezieht sein Sein und seinen Sinn nicht mehr aus dem Himmel, sondern aus dem eigenen Verstand, aus dem eigenen Gewissen. Alles andere ist Vorstellung. Anschauung. Projektion. *Cogito ergo sum* – ich denke, also bin ich Robinson, der Alleinherrscher und Alleinuntertan meiner Verstandesinsel.

Im Oktober 1848 geht Gottfried Keller zum zweiten Mal auf große Fahrt – nicht in die Weiten des Pazifischen Ozeans, aber doch bis Heidelberg am Neckar. In den Jahren zuvor hat er intensiv E. T. A. Hoffmann gelesen, einen Protagonisten der Romantiker, und ich nehme an, dass er sich nicht zufällig für jene Stadt entschieden hat, die zwischen 1806 und 1815, in der Zeit der Napoleonischen Kriege, zum Zentrum der romantischen Bewegung geworden war. Die Romantik hat gegen das rigide Programm der protestantisch geprägten Aufklärung rebelliert und liebte es, sich mittelalterlich und katholisch zu dekorieren. Während Napoleons Heere brandschatzend durch die Lande zogen, träumten die Romantiker von diesseitigen und jenseitigen Vaterländern. Clemens Brentano, Achim von Arnim, Görres, Eichendorff und viele andere sahen durch die Fenster der Heidelberger Schlossruine ergriffen in jene Nacht hinaus – Novalis hat sie in seinen Hymnen besungen –, deren Sterne beseelt waren wie bei Aristoteles in der Antike oder bei Thomas von Aquin im Mittelalter. Das heißt, nach der Reformation und nach der Aufklärung, die den Menschen auf sich selbst verwiesen hatten, auf sein Inneres, auf Gewissen und Verstand, richteten die Romantiker ihre Antennen wieder nach außen, nach ganz außen, auf das Metaphysische. Mit Hölderlin drängten sie ins Offene, denn ihre Wahrheit entstand nicht, wie bei Descartes und Kant, aus dem reinen Verstand, vielmehr kam sie aus der Ferne, aus der Tiefe, aus den Abgründen, aus der Nacht. »Manches bleibt in Nacht verloren«, flüstert Eichendorff und beobachtet dann, wie in seinem Turmgemach auf dem mondscheinfahlen Blatt die unsterblichen Verse der nach Hause fliegenden Seele entstehen. Die Romantiker haben die Fensterläden wieder aufgestoßen, aber ihr Zuhause ist nicht die Schlossruine, wo sie sich aufhalten. »Wo gehen wir denn hin?«, fragt Novalis und verweist mit seiner Antwort in die unerreichbare Ferne, »immer nach Hause.« Immer und überall nach Hause, das heißt: das wahre

Schloss erhebt sich auf dem Abendfeld, auf den Traumwiesen der blauen Blume, und um dort wandeln zu können, müssen wir zurückfinden zum Staunen, zum Glauben. »Religion«, heißt es in Friedrich Schlegels Fragment, das zum Glaubensbekenntnis des Heidelberger Kreises wurde, »ist Sinn und Geschmack fürs Unendliche.«

Dieses Wunderreich, das das Gemeine ins Märchen erhöhte und das Gewöhnliche in die Poesie verklärte, hat Gottfried Keller magisch angezogen. Aber als er in Heidelberg eintraf, war die Hohe Messe der Romantiker gelesen, und hoppla! – der verspätete Alt-Student aus Zürich landet in den Vorlesungen und am Kneipentisch des radikalen Antireligionsphilosophen Ludwig Feuerbach. Es war eine Bruchlandung. Keller, der noch vor kurzem gegen Feuerbach polemisiert hatte, fiel aus allen Wolken seines Kinderglaubens und bekannte in einem Brief an Wilhelm Baumgartner: »So viel steht fest: Ich werde *tabula rasa* machen (oder es ist vielmehr schon geschehen) mit allen meinen bisherigen religiösen Vorstellungen, bis ich auf dem Feuerbachschen Niveau bin.« Er bemühte sich, den »Gedanken des wahrhaften Todes« zu denken und den religiösen Zweifel zur Leugnung des Absoluten zu verhärten. Mit Feuerbach gewann Keller die Überzeugung, Gott sei eine Projektion des menschlichen Verstandes. Der Mensch hat Gott erschaffen – nicht umgekehrt. Die universelle Wirklichkeit, an die Keller bisher geglaubt hatte, verwarf er nun als Schein, als Illusion, oder, wie Nietzsche wenig später höhnen wird, als »höchsten Blödsinn«. Es war eine Konversion zum Neu-Heidentum – und zugleich der Start seines Romanprojekts. Man kann sogar sagen: Der Prozess des Umdenkens bildete sich auf dem Papier nicht nur ab, vielmehr hat er ihn dort vollzogen. Während seiner Robinsonade in den Atheismus entstand Bogen für Bogen jenes neue Ich, das sich beim Wachsen und Werden genauso akribisch und kritisch zusah, wie Immanuel Kant dem Verstand beim Denken zugesehen hatte. Indem Keller beschrieb, wie er wurde, was er war, wurde er, was er beschrieb, nämlich die Hauptperson, die seinem

Buch den Namen gab: *Der grüne Heinrich. Novels* heißen in der Regel nach dem Ego, von dem sie berichten – Defoe hat diese Tradition mit dem *Robinson* begründet. »Madame Bovary, c'est moi«, behauptete Flaubert, und ein Gottfried Keller hätte es nicht einmal nötig gehabt, diesen Satz zu sagen. Wagners Ausruf »Sie sind's!« meinte selbstverständlich beide, den Autor und seinen Helden – da würde mir Keller wohl zustimmen: »Ich kann es nicht bestreiten!«

3

Aber! Aber Kellers Ich-Erzählung hat in der ersten Fassung einen Bruch. Während Flaubert der strenge Cartesianer bleibt, der die Haut seiner Bovary Quadratzentimeter für Quadratzentimeter kartographiert und sogar die Kitschromane referiert, die ihr Liebesempfinden geprägt haben, hört Keller plötzlich auf, *Henry vert, c'est moi* zu sagen. Im dritten Kapitel des dritten Bandes kippt das Ich in ein Er um, und das ist ein so gewaltiger Einschnitt, ein so schmerzhafter Riss, dass wir nach seiner Ursache fragen müssen. Klar, nur in dieser Erzählform lässt sich die Titelperson begraben, und tatsächlich hockt sich der neue, nun auktoriale Erzähler dem armen Heinrich auf den Buckel und treibt ihn auf einem langen Umweg in den Tod. Doch lang vor Heinrichs Begräbnis stirbt das Ich, und es stirbt, ähnlich wie der Romantiker Novalis, der seiner Sophie hinterherstarb, mit Anna, seiner Liebsten.

Vielleicht ist es die schönste Stelle in Kellers Werk. Am Kopfende von Annas Sarg ist eine Glasscheibe eingefügt, die man einem Bilderrahmen entnommen hat. Das Bild, drei Engelknaben, hat auf der Scheibe seinen Abdruck hinterlassen, und als die Sargträger die Kuppe eines Bergs erreichen, wird der zart farbige Abdruck durch die Sonne ins Sichtbare gestrahlt – drei Engel umschweben das Haupt der auf dem Sargkissen ruhenden Toten. Der Ich-Erzähler legt Wert darauf, die Erscheinung »*objektiv*« erlebt zu haben. Ein wichtiges Bekenntnis, denn es bezeugt, dass Keller die cartesianische Position, die alles aus dem *Subjekt* heraus erfasst, verlassen hat. Im Zusammenspiel von Sonne und Glasscheibe fließt durch das Sargfenster eine Botschaft auf ihn zu, dass die Augen, seine lieben Fensterlein, nur staunend trinken können – da hat die stolze Behauptung einer Welt als Wille und Vorstellung ein Ende. Das Antlitz der jungen Toten, die Strahlen der Sonne und die geflügelten Himmelsboten verschmelzen zu einer Offenbarung des Absoluten. Wenn je einer Engel gesehen hat, dann war's der grüne Heinrich. Die Epiphanie wird ihm auf einem Berg zuteil, auf einem frühen Gipfel seiner Lebensbahn, und da ein Sarg das Zentrum des Geschehens bildet, begreift der ergriffene Leser, dass das mühselig erarbeitete Ich diesen Augenblick nicht überleben wird. »Ende der Jugendgeschichte« lautet der Abspann des Kapitels lapidar, und was danach noch folgt, ist trotz der weiten Ausfahrt in die Fremde ein einziger Heimweg. Besser gesagt: Es ist der Versuch, die verlorene Heimat wiederzufinden. Der auktoriale Erzähler möchte seinem Heinrich Flügel verleihen, damit er wie Eichendorffs Seele nach Hause fliegen kann.

4

Eine kurze Rückschau. Der grüne Heinrich liebte es, im Estrich des Elternhauses an einer Fensterluke zu hängen und »freundlich Bild um Bild« hereinzulassen. Zu diesen Bildern gehörte sogar Gott, der sich ihm in einer Dämmerstunde als Turmhahn gezeigt hat. Dass das Imaginäre wirklich sein kann, bewies ihm auch der früh verstorbene Vater. Obwohl abwesend, war er da, anwesend in der Erinnerung. Und ausgerechnet in Heidelberg, wo er diese Erinnerung im Roman beschwören wollte, war er bei Feuerbach gelandet, dem radikalen Jenseitsleugner, der den »goldnen Überfluss« als überflüssig abtat. Fensterläden zu! Abendfeld ade! Aber während der Heidelberger Alt-Student, Neu-Heide und Jungdichter seinen Heinrich in der Erzählung von dessen Jugendgeschichte zum Ich machte, beschlichen ihn erste Zweifel. An Pfingsten 1849 muss er sich eingestehen, »die schöneren unter den christlichen Festtagen, wie Ostern und Pfingsten, doch zu lieben«, besonders bei strahlendem Wetter. Er bemerkt dies nebenbei, fast verschämt, leicht ironisch, und doch belegt das Geständnis, dass sein poetisches Gemüt trotz der philosophischen Radikalkur spürt: Das Pfingstfest macht den strahlenden Tag in den Wäldern Heidelbergs zu etwas Besonderem. Er bekommt, würde Schlegel sagen, jene »Färbung«, die ihm das Ich niemals verleihen könnte. »Färbung«: das Wort ist wichtig, denn auf der Glasscheibe, die am Kopfende von Annas Sarg eingefügt ist, »färbt« sich durch die Einstrahlung der Sonne der vorher unsichtbare Abdruck der Engel und zeigt dem objektiven Beobachter, wie Imaginäres und Reales verschmelzen können. Es ist ein Augenblick der Beseligung, der Beatmung durch eine Tote. Es ist tiefste Trauer und höchste Liebe, und damit, das hatte der Schüler Feuerbachs bald gerochen, wusste sein Lehrer nichts anzufangen. Feuerbach war ein »Cyniker«, wie er in der ersten Fassung des *Grünen Heinrich* porträtiert wird, »ein eitler Verächter der Frauen« – und mit der »komischen Blasphemie« des nihilistischen Aufklärers konnte Keller nicht von Liebe erzählen.

5

Den Bruch erlebten sie alle. Wagner, ursprünglich ebenfalls Feuerbachianer, baute sich in Bayreuth einen Operntempel, den er den germanischen Göttern weihte. Nietzsche wird am Silvaplaner See von einer Inspiration übermannt. »Der Begriff Offenbarung«, gesteht er in *Ecce homo*, »beschreibt den Thatbestand«. »Man hört, man sieht nicht; man nimmt, man fragt nicht, wer da giebt« – eine höhere Macht reißt die Läden auf, und die Augen, die lieben Fensterlein, können nur noch trinken, »was die Wimper hält«. Nietzsche, der radikalste aller Gottesleugner, schreit verzweifelt »Weh dem, der keine Heimat hat!« und verwandelt sich in eine unheilige Dreifaltigkeit von

Dionysos, Zarathustra, Christus. »Singe mir ein neues Lied«, telegraphiert er am 4. Januar 1889 aus Turin an seinen Freund Peter Gast, »die Welt ist verklärt und alle Himmel freuen sich.« Unterschrift: »Der Gekreuzigte«. Retour à Dieu. Der Rest ist Wahn. Und Gottfried Keller?

Keller geriet ins Zwischen von Immanenz und Transzendenz. Er konnte seine Freude nicht verhehlen, wenn er als Dichter einer atheistischen Weltanschauung gefeiert wurde, aber sein *Abendlied* stand mit sämtlichen Worten und Metaphern in der Tradition der gottgläubigen Romantiker – selbst die »lieben Fensterlein« verweisen auf jenes ferne Haus, auf das wir laut Novalis immer und überall zugehen. Doch ach, es wohnten zwei Seelen in Kellers Brust, präziser: eine fromme Seele und ein kritischer Geist. Er fühlte jenseits der Welt noch eine andere, eine unsichtbare Wirklichkeit und stellte fest, wie sie in seinen Werken *abfärbte*, wie sie ihnen den Glanz gab, aber eine Konversion wie Wagner oder Nietzsche vollzog Keller nie. Er blieb der nüchtern wägende Zürcher Protestant, eingesperrt in seine Innerlichkeit, worin er keine Erlösung fand, sondern seiner Schuld begegnete.

6

In Franz Kafkas Roman *Das Schloss* hat die Hauptfigur keinen Namen, nur noch einen Buchstaben. K. ist Landvermesser, also einer wie Kant oder Robinson. Aber dieser K. kommt dort, wo er vermessen soll, präziser: wo er *vielleicht* vermessen soll, niemals an. Er ist der »Unwissende«, wie es wörtlich heißt, und im Unwissen, ob das Schloss imaginär oder wirklich ist, bleibt bis zum Schluss auch der Leser. Das Schloss ist zugleich phantastisch und realistisch, es ist transzendentales Heidelberg, von Hollywood nachgebaut, und so berichtet dieser Jahrhundert-Roman, der zugleich eine *novel* ist, von einer Heimkehr ins Unheimliche. Gewiss, das Haus des Novalis ist *da*. Schon im Titel. Vom geduckten Dorf führen Wege zum Schloss hinauf, und die

Tore und Fensterläden stehen offen. Allerdings lässt sich eine Heimat, die zugleich an- und abwesend ist, zugleich Transzendenz und Realität, zugleich kakanisches Heidelberg und dessen Parodie, nicht vermessen. Er hat keine Chance, dieser K. Wer hier nach Hause kommt, kommt nicht nach Hause.

Gottfried Kellers letztes Werk, *Martin Salander*, hat bereits etwas Kafkaeskes. Salander kehrt nach einer siebenjährigen Robinsonade aus der südamerikanischen Fremde nach Münsterburg zurück, ebenfalls als »Unwissender«, wie K. Sein Vermögen, das er vorausgesandt hat, ist verloren, und statt gleich zu Frau und Kindern zu eilen, verhockt er im Wirtshaus, wie K. Und wie K. das Schloss fremd bleibt, bleibt Salander Münsterburg fremd – es hat sich während seiner Abwesenheit bis in die Sprache der Kinder hinein in eine neue Stadt verwandelt. Von den ersten Kapiteln ist der Leser fasziniert, aber der Roman blieb Fragment, trotz der Publikation, und nach dem furiosen Anfang, zu dem die zweite Abreise und die zweite Heimkehr gehören, verfranst er sich in den Schicksalen der »seelenlosen« Nachkommen.

Gewiss, Keller hatte mit der missglückten Heimkehr den Schlüssel in der Hand, um seine Zwischenlage, sein Hin-und-her-gerissen-Werden zwischen romantischer Gläubigkeit und einem Feuerbachschen Nihilismus zu gestalten. Er war eine Art Kafka ante portas. Kafkas Schloss und Kellers Münsterburg, das ist unheimlich gewordene Heimat. Doch hat der alternde Dichter nur den Anfang hinbekommen, nur das Tor aufgeschlossen, in den vielen folgenden Kapiteln gelang es ihm nicht mehr, das hereinscheinende Abendlicht auf dem Papier abfärben zu lassen. Der alte Romancier verlor sich im Gesellschaftskritischen. Er, der so lebensprall erzählen konnte, wurde zum grauen Prediger.

Wie lässt sich das Desaster erklären? Vielleicht mit den zahlreichen Räuschen. Er war ja oft in den Gastwirtschaften unterwegs – als wollte er seiner Unbehaustheit einen konkreten Ausdruck geben. Aber der Hauptgrund war ein anderer. Keller hatte bereits zweimal, in beiden Fassungen des *Grünen Heinrich*, auf großartige Weise erzählt, wie einer heimkehrt, der an das heimatliche Haus nicht mehr glaubt.

In der ersten Fassung heißt es: »Es sollte uns übrigens nicht wundern, wenn der dünne Feldweg dieser Geschichte doch noch in eine frömmliche Kapelle hineinführt.« In der Kapelle ist der grüne Heinrich nicht angekommen, allerdings fast, und wie er sie verpasst hat, ist wiederum ein kafkaesker Vorgang. In den Kapiteln »Heimatträume« und »Weiterträumen« der zweiten Fassung nähert sich Heinrich der Vaterstadt, ohne sie erreichen zu können. Er gerät auf eine Brücke, die bei der Ausfahrt aus Holz war, wie ein Sarg, und ihn nun, bei der Rückkehr, als eine ausgemalte Heimathalle empfängt. Die Figuren treten »aus den Bildern heraus und wirken unter den Lebendigen mit«. Alles ist Übergang, alles ist Strömen, ist Fließen, selbst die Brücke, die sich vom Fluss, den sie überquert, kaum noch unterscheidet, so dass sie im Wortsinn zu jenem »goldnen« Über-Fluss wird, der sich vom jenseitigen Ufer her in die Augenfensterlein ergießt. Einem dozierenden Pferd, dem der Heimgeher auf der Brücke begegnet, »laufen im Mund sämtliche Widersprüche herum«. Das Pferd trifft mit seinen Gegen-Sätzen genau die Zwischenlage, die diese Brücke, dieser Übergang bedeutet. Sie reicht bis zur Kapelle – doch führen die Stufen nicht ins Innere, nicht zum Altar oder, wie bei Wagner, zum Gral, sondern in die Realität zurück: hinunter nach Zürich. Abbruch der Heimkehr. On ne revient jamais. Wer über so eine Brücke geht, ist ein verfrühter K. Ein K. namens Keller. Er überquert zwar den Fluss, aber das andere Ufer erreicht er nicht.

7

An Gottfried Kellers Sterbebett saß sein Freund Arnold Böcklin, der Maler der *Toteninsel*. Ihm hat Keller, bereits in den letzten Zügen, seinen letzten Traum erzählt. Auch im Traum, wie in der Realität, liegt Keller im Sterben – da öffnet sich über ihm das Dach, er möchte auffahren in den Himmel, der sich schon freut, wie bei Nietzsche, aber auf halber Höhe misslingt die Levitation – er sinkt zurück auf sein Lager. So hat Gottfried Keller noch auf dem Sterbebett erfahren müssen: Ich komme nicht nach Hause.

TEXTNACHWEISE

FÜR DIE BRIEFE:
Über Gottfried Keller. Sein Leben in Selbstzeugnissen und Zeugnissen von Zeitgenossen. Hrsg. v. Paul Rilla. Zürich: Diogenes, 1978

FÜR DIE GEDICHTE:
Gottfried Keller: Sämtliche Werke in sieben Bänden. Hrsg. v. Thomas Böning, Gerhard Kaiser, Kai Kauffmann, Dominik Müller, Bettina Schulte-Böning. Frankfurt a. M.: Deutscher Klassiker Verlag, 1995, Bd. I

»Schöne Brücke«
Aus »Nachgelassene Gedichte« in: *Gottfried Keller: Sämtliche Werke.* Hrsg. v. Jonas Fränkel und Carl Helbling. Bd. 15, II. Bern: Benteli, 1949

»DER GRÜNE HEINRICH«
Gottfried Keller: Der grüne Heinrich. Erste Fassung. Frankfurt a. M.: Insel, 1978. Daraus auch »Das Geheimnis« (3. Bd., 8. Kap.; Titel vom Hrsg.)
Gottfried Keller: Der grüne Heinrich. Zweite Fassung.
Aus: *Sämtliche Werke in sieben Bänden,* a. a. O., 1996, Bd. III

Spiegel, das Kätzchen
Romeo und Julia auf dem Dorfe
Aus: Die Leute von Seldwyla. In: *Gottfried Keller: Sämtliche Werke in sieben Bänden,* a. a. O., 1989, Bd. VI

Der schlimm-heilige Vitalis
Das Tanzlegendchen
Aus: Gottfried Keller: Sieben Legenden. In: *Sämtliche Werke in sieben Bänden,* a. a. O., 1991, Bd. VI

Martin Salander
Aus: *Gottfried Keller: Sämtliche Werke in sieben Bänden,* a. a. O., 1991, Bd. VI

Wertvolle Hinweise für die Zusammenstellung der Texte wurden entnommen:
Gottfried-Keller-Handbuch. Leben – Werk – Wirkung. Hrsg. v. Ursula Amrein. Stuttgart: Metzler, 2016